山东省社会科学规划研究项目文丛·青少年专项一般项目

鲁东大学博士科研基金

社 会 学 丛 书

"制造青春"：
当代流行文化与青少年的自我认同

刘 芳 著

中国社会科学出版社

图书在版编目(CIP)数据

"制造青春": 当代流行文化与青少年的自我认同 / 刘芳著. —北京:
中国社会科学出版社, 2015. 12
ISBN 978-7-5161-7244-5

Ⅰ. ①制… Ⅱ. ①刘… Ⅲ. ①现代文化—关系—青少年—
自我评价—研究 Ⅳ. ①C913. 5

中国版本图书馆 CIP 数据核字(2015)第 291072 号

出 版 人	赵剑英	
责任编辑	冯春凤	
责任校对	张爱华	
责任印制	张雪娇	

出 版	中国社会科学出版社	
社 址	北京鼓楼西大街甲 158 号	
邮 编	100720	
网 址	http: // www. csspw. cn	
发 行 部	010 - 84083685	
门 市 部	010 - 84029450	
经 销	新华书店及其他书店	

印 刷	北京君升印刷有限公司
装 订	廊坊市广阳区广增装订厂
版 次	2015 年 12 月第 1 版
印 次	2015 年 12 月第 1 次印刷

开 本	710 × 1000 1/16
印 张	21.75
插 页	2
字 数	355 千字
定 价	78.00 元

凡购买中国社会科学出版社图书, 如有质量问题请与本社营销中心联系调换
电话: 010 - 84083683
版权所有 侵权必究

目　录

第三篇　经验研究：流行文化与自我认同的关系模型

第四篇　活在流行文化中的自我

第五篇　管理自我认同：社会和个体的共同课题

前　言

在大众媒介技术高度发达的当代社会，信息具有全球化的特征。地方性的传统秩序和日常的"生活世界"日益被重构，传统社会中相互分离的公共空间和私人空间正在媒介技术的作用下相互融合。传统社会学中所谓的"结构"和"互动"的差异正在媒介信息的影响下日益消解。

在传统社会，公共空间是与私人空间相分离的，个体因某些社会分层属性（如性别、种族、等级等）而清楚地将自我与他人相区别。但是，随着沟通工具的发展，传统的公共空间被打破，取而代之的是新的公共空间的形成：由传播技术引发的社会和文化在空间上的重组有效地废除了"公共的"和"私人的"的传统区别，人们足不出户便可尽知天下事，近如自己居住的社区，远至"索马里海盗"；上至"嫦娥二号"，下至"地沟油"……公共空间日益侵入私人空间。而私人空间也越来越融入了公共空间的元素——本属私人空间的博客、微博可以因某个言论而引发公共领域的讨论；而"政客落马"，"本·拉登被灭"等公共话题也照样会成为老百姓的日常谈资。"一人一电脑一世界"、"一人一手机一世界"就是我们生活于这个世界的素描画像。电脑、手机，确切地说是互联网技术，将属于私人空间的"个人"和公共空间的"社会"联结起来，这样，来自于"公共空间"社会要素中的快速变化性和多样性很快便会对个人的私人生活产生影响。于是，自我、他人和外部世界之间的界限也相应地变得模糊起来。

"在高度现代性的时代，远距离外所发生的事变对近距离事件以及对自我的亲密关系的影响，变得越来越普遍。在这方面，印刷或电子媒体明显地扮演着核心的角色……伴随大众传媒尤其是电子传媒的发展，自我发展和社会体系之间的相互渗透，正朝向全球体系迈进，这种渗透被愈益显著地表达出来。"① 吉登斯所描绘的"社会"和"自我"的关系图景，正是我们今天所面对的"社会事实"——"自我"与"社会"的关系问题，被当代的媒介传播推至个人问题的中心。

　　然而，正是在这种时代背景下，新型媒介（主要是指互联网）所传递的共同经验越来越使世界变得复制化、单一化——放眼全球，全世界的"STARBUCKS"都是同样的 LOGO 和同样的口味；全球知名的服装品牌在任何一个发达国家和发达城市的商业橱窗内都可以看得到；拥有"世界第×高楼"的"建筑奇观"给城市管理者所带来的"国际化姿态"和"至上荣耀"……在每个国家、每个地域都害怕被全球化"甩掉"而在拼命地向世界"开放"的同时，复制化、单一化也成了我们这个世界的景象，以至于我们虽然身处异乡却也会忽然因某种似曾相识而突然不再陌生……

　　而作为媒介信息最重要部分的流行文化，无疑是重塑我们的社会结构和生活世界的重要影响因子。流行文化是与工业社会尤其是晚期资本主义社会高度相关的一种特殊的文化现象，它不仅依托于高科技大众传媒而具有全球化传播的特质，而且，通过"赋意"的符号学特征而成为一种具有社会学意味的文化现象，对当代人的心理、行为产生了广泛和强烈的影响。在宏观上，流行文化对经济、政治、社会等一系列领域产生了巨大的影响和推动作用；在微观上，流行文化则体现为对人的心理、行为、社会交往、生活方式等方面的冲击。而更令我们感兴趣的，是流行文化通过其"社会化"的职能，成功地将其塑造的结构化的"意识形态"转化为日常生活世界中的"互动意义"。流行文化从而得以"自然地"、"令人身心愉悦地"、"毫无强迫地"影响了个体最为内在的部分：自我认同。作为个体对反思性的自我身份的认可与接纳，自我认同必然不能脱离流行文化这一后现代语境的影响。青少年期是自我认同发展的关键时期，同时青少年也是对流行文化最为敏感的群体。这种影响增加了青少年产生自我认同危机的可能性。

　　当然，以上仅是理论上的猜想。应当说，流行文化和自我认同各自并

---

　　① ［英］安东尼·吉登斯：《现代性与自我认同》，赵旭东、方文译，生活·读书·新知三联书店 1998 年版，第 5 页。

不是崭新的话题，而于两者之中探寻其关系并辅之以经验研究的手段，则是令人期待的。加之文化的更迭与演进总会生出许多新的现象，并与生活在其中的人们产生千丝万缕的联系。因此，流行文化与自我认同的研究是一个生生不息的课题。那么，从经验层面上，流行文化作为现代社会尤其是20世纪以来人类所面临的最重要的文化情境，对青少年的自我认同究竟会产生怎样的影响？影响的程度和状态是怎样的？这种影响的发生机制又是怎样的？作为研究者，又如何对这种影响提供一些有价值的建议？种种思索使我们感到，以青少年为研究对象的该命题的验证工作具有强烈的时代性和紧迫感。

带着前人理论的鼓励和对社会现象的观察，作者提出了"流行文化对自我认同产生影响"这一假设命题，并从"作为一种宏观社会结构要素的流行文化"和"作为人际交往纽带的流行文化"两个层面来论证这一影响的发生机制。在实证主义研究范式的指导下，利用山东三个城市在校青少年的抽样调查数据，对该问题做出解释。得出的结论是：从总体上说，当代流行文化对青少年的自我认同具有显著的影响作用。其中，媒介流行文化通过社会化的方式，型塑青少年的自我认同。当代媒介流行文化通过"类型化"和"序列化"的商业运作手段，使个体在对"物"的功能消费和"符号"的文化消费之上确认自我在社会中的位置。又通过"赋予意义"和"识别意义"的手段传达自我认同。与此同时，媒介流行文化又通过广告、消费刺激等媒介手段，不断诱导着青少年违背现实、作出不切实际的自我心理期望值，导致期望和现实之间的认同落差，必然增加了自我认同危机的发生率。可以说，媒介流行文化在青少年自我认同发展中是"塑造者"的角色。而作为青少年重要交往纽带的群体流行文化，却在青少年自我认同发展中扮演着"颠覆者"的角色。群体流行文化的传播，干扰了青少年对自我确定性的认识，同时也降低了自我认同的心理需求度，因此一定程度上也消解了自我认同危机发生的可能性。

借用经验研究的结果，本书试图对"流行文化与青少年的自我认同"研究的相关理论成果进行验证，希望能够弥补在这一主题上缺乏实证研究的缺憾，丰富和拓展"文化与自我认同"研究以及"自我"与"社会"研究的相关理论。同时，尝试性地提出适合我国文化环境和青少年成长特点的"流行文化鉴别术"，减少其自我认同危机的发生，也希望能对家庭、学校、社会的青少年教育和心理辅导起到一定的实践指导作用。而更值得我们关注且倍感责任重大的，是如何在流行文化无孔不入的时代语境下，促使青少年自我认同的稳定、健康地发展，从而使之获得"心理安宁"的真正幸福感，而不是任由其在紧张、焦虑、矛盾的心理状态下度过人生中最美好的时光。

需要指出的是，本书意在通过小范围的经验研究来反映当代流行文化与青少年自我认同的关系问题，因此并没有刻意追求数据的广泛代表性。在资料取证和测量工具的验证方面还存在不足，有待于进一步后续研究。恳请同行和读者给予批评指正。

刘芳
2015 年于鲁东大学

序　言

流行文化已经覆盖了我们的生活。

这是一种以满足"为需要而需要的虚拟幻想"为目的的文化，也是一种造梦与圆梦的文化，一种让"美梦成真"同时也让"恶梦成真"的文化。

而今，最最无法想象的，就是去想象当下的人类倘若失去流行文化将会怎样？

然而，就学术界而言，流行文化却又堪称不速之客，天才的文化先知麦克卢汉早年担任大学教师时，就曾经不无尴尬地发现：在西方，人们往往对流行文化不屑一顾，即使是到了他所生活的时代，也没有证据可以表明，学者们已经改变了长期一惯的对之置之不理的鸵鸟政策。以至于，直到今天，哪怕我们再竭尽心力，却仍旧无法为其在学术国寻觅到一个适宜的角落。

就我而言，情况倒是有些不同。从1995年出版《反美学——在阐释中理解当代审美文化》（学林出版社）到2002年出版《大众传媒与大众文化》（上海人民出版社）、《流行文化》（江苏教育出版社），在将近十年的时间中，流行文化，都始终是我密切关注的领域。

在我看来，20世纪，既是一个自然人化的过程（以符号交流的信息世界取代实体交流的自然世界），也是一个个体社会化的过程（以等价交换原则实现人的全部社会关系），还是一个世界大同化的过程（以开放、流动的公共空间取代封闭特定的私人空间与共同空间）。在这当中，审美、文化的能力被技术化加以转换，审美、文化的本源被市场化加以转换，以及审美、文化的领域被全球化加以转换，显然是关键中的关键。在这当中，技术化的介入为审美与文化提供了特殊的载体，市场化的介入为审美与文化提供了特殊的内容，全球化的介入则为审美与文化提供了特殊的领域。当然，在这一切的一切的背后，最为集中的体现，就是：流行文化。

而且，凭借着技术化、市场化、全球化的力量，流行文化甚至已经成为所谓的"美学意识形态"。现实作为一种"他者形象"既不被建构，也不被反映，而是在想象中被虚构、被重新定义，被不断地生产、再生产、再再生产。进而，流行文化还存在于对个体的召唤之中（个体因此而"自由地同意"成为主体），以话语权力的形式诱惑大众去默认它所提供的"美好生活"的观念是既"合情"也"合理"的，并且主动承担起被召唤者与召唤者的双重角色，从而得以完成了通过事物 A 来传达概念 B 这一看似不可能的历史使命。犹如以事物"鹿"来传达概念"马"，并且"指鹿为马"，流行文化也以它的在毫无必然联系的事物 A 与概念 B 之间建立必然联系的神奇叙事而成为我们这个时代的特定文化症候，并且由"革命"的时代长驱直入了"消费革命"的时代，从而，在客观上维护并且再生产着一种带有特定意识形态内涵的社会生活方式与利益格局。

也因此，20 世纪精神生产与消费的内在机制与流行文化存在什么根本的联系？这成为刚刚跨入新世纪的人们所必须共同关心的问题。而且，不言而喻，正是这一对于 20 世纪精神生产与消费的内在机制与流行文化的根本联系的深刻反省，推动着人类文化在新世纪的健康发展，也内在地决定着人类文化在未来的发展方向。

遗憾的是，因为种种原因，在十年之后，也就是从 2002 年开始，我的这一研究却停滞了下来。为什么会如此？原因当然不止一个，但是，其中最为重要的，却无论如何都应该是对于实证研究、具体研究的渴望。流行文化的研究，不应该仅仅是美学的，更不应该止步于美学，而应该引进社会学的维度、引进实证的研究方法。而这，对我这样一个长期从事美学研究的学者来说，却是一个致命的先天缺憾。无疑，这也就是我之所以涉足流行文化研究十年却又从 2002 年开始嘎然终止的重要原因。

令人欣慰的是，刘芳博士的新著《制造青春》在弥补我的这一缺憾方面，迈出了坚实的一步。

刘芳博士发现：作为媒介信息最重要部分，流行文化是重塑我们的社会结构和生活世界的最重要的影响因子。流行文化，是与工业社会尤其是晚期资本主义社会高度相关的一种特殊的文化现象，它不仅依托于高科技大众传媒而具有全球化传播的特质，而且通过"赋意"的符号学特征而成为一种具有社会学意味的文化现象，对当代人的心理、行为产生了广泛和强烈的影响。在宏观上，流行文化对经济、政治、社会等一系列领域产生了巨大的影响和推动作用；在微观上，流行文化则体现为对人的心理、行为、社会交往、生活方式等方面的冲击。尤其是，流行文化通过其"社会化"的职能，成功地将其塑造的结构化的"意识形态"转化为日常生活世界中的"互动意义"，从而得以"自然地"、"令人身心愉悦地"、"毫无强迫地"影响和干扰了个体最为内在的部分：自我认同。由此，一个重要的研究课题也就凸显现而出。这就是：作为个体对反思性的自我身份的认可与接纳的自我认同，必然不能脱离流行文化这一后现代语境的影响。尤其是青少年时期的自我认同。青少年时期是自我认同发展的关键时期，同时，青少年也是对流行文化最为敏感的群体，无疑，这就决定了流行文化在对于青少年时期的自我认同的关键影响。

　　当代青少年是在流行文化中"泡"大的一代，在一定意义上，甚至可以说，流行文化事实上就是一部"生产"青春、"制造"青春的机器，就像三十年前的一首流行歌曲中所唱的，是"我被青春撞了一下腰"。可是，犹如人们常说的，流行文化中的爱情其实都不是"爱情"，而是"煽情"，其实，流行文化中的"青春"其实也并非真正的青春，而是被构成、被制造、被开发的。青年接受了流行文化，可是，却并不是把流行文化当作"文化"来接受的，而是把流行文化当作一种理想的、渴望一过的"青春"来接受。他们不约而同地认定：只是从流行文化中才第一次找到了自己、认识了自己。因此，对他们而言，投身流行文化，就犹如投身一场无比神圣的现代的"成人仪式"、"青春仪式"。

　　然而，流行文化对于青春的隐形书写究竟是什么？流行文化又究竟是如何"生产"青春、"制造"青春的？这又毕竟还是一个令人困惑的流行文化之谜和青春之谜。我不由想起，当年东西方在批评流行文化时候的口气却竟然又往往会不约而同。西方报刊宣传说：流行歌曲是东方无产阶级进攻西方资产阶级的"糖衣炮弹"；东方报刊也宣传说：流行歌曲是西方资产阶级进攻东方无产阶级的"糖衣炮弹"。可惜，对于流行文化本身，却偏偏全都一无所知。我还不由想起，罗大佑在一首歌曲中感叹说："是我们改变了世界，还是世界改变了我和你，谁能告诉我，谁能告诉我"。对于流行文化的"生产"青春、"制造"青春，我们是不是也会问：是流行文化改变了青春，还是青春改变了流行文化？从经验层面上，流行文化作为现代社会尤其是 20 世纪以来人类所面临的最重要的文化情境，对青少年的自我认同究竟会产生怎样的影响？影响的程度和状态是怎样的？这种影响的发生机制又是怎样的？作为研究者，又如何对这种影响提供一些有价值的建议？"谁能告诉我，谁能告诉我"？

　　而这就恰恰正是刘芳博士新著的一个突破。

　　《制造青春》从流行文化与青少年两者之间去探寻其内在的隐秘关联并辅之以经验研究的手段，提出了"流行文化对自我认同产生影响"这一假设命题，并从"作为一种宏观社会结构要素的流行文化"和"作为人际交往纽带的流行文化"两个层面来论证这一影响的发生机制。根据山东三个城市在校青少年的抽样调查数据，刘芳博士得出的结论是：从总体上说，当代流行文化对青少年的自我认同具有显著的影响作用。其中，流行文化通过社会化的方式，形塑青少年的自我认同。流行文化通过"类型化"和"序列化"的商业运作手段，使个体在对"物"的功能消费和"符号"的文化消费之上确认自我在社会中的位置。又通过"赋予意义"和"识别意义"的手段传达自我认同。与此同时，流行文化又通过广告、消费刺激等媒介手段，不断诱导着青少年违背现实、不切实际的自我心理期望值，这样一来，期望和现实之间的认同落差，就必然增加自我认同危机的发生率。总之，媒介流行文化在青少年自我认同发展中是"塑造者"的角色。而作为青少年重要交往纽带的群体流行文化，却在青少年自我认同发展中扮演着"颠覆者"的角色。而且，群体流行文化的广泛传播，干扰了青少年对自我确定性的认识，同时也降低了自我认同的心理需求度，因此一定程度上也消解了自我认同危机发生的可能性。

　　更加令我赞叹的是，借用经验研究的结果，刘芳博士不但试图对"流行文化与青少年的自我认同"研究的相关理论成果进行验证，希冀能够弥补过去学界在这一主题上缺乏实证研究的缺憾，丰富和拓展"文化与自我认同"研究以及"自我"与"社会"研究的相关理论。同时，更尝试性地提出了适合我国文化环境和青少年成长特点的"流行文化鉴别术"，以达致减少青少年自我认同危机的发生与对家庭、学校、社会的青少年教育和心理辅导起到一定的实践指导作用的目的。

　　当然，正如刘芳博士所已经意识到的那样，《制造青春》一书毕竟还是借助于小范围的经验研究来考察当代流行文化与青少年自我认同的关系问题，在数据的广泛代表性上还有着难以避免的遗憾。而且，在资料取证和测量工具的验证方面，也还存在不足。不过，相对于这本书所给与我们的惊喜，这毕竟是次要而又次要的。

　　刘芳博士就读于南京大学。在三年的学习期间，由我担任她的博士指导教师。我记得，我们师生的第一次见面，是在她被录取以后，2009 年的暑假，我应邀去青岛的某高校讲学，而她的工作单位鲁东大学，也正好就在附近的烟台市。于是，她专程赶来，并且陪同我在青岛讲学。当时，她给我的第一印象，是谦逊、朴实、热情、聪慧。后来，进入学习阶段以后，她所留给我的，也始终还是这一印象。遗憾的是，就在她入学一年以后，我应聘澳门科技大学人文艺术学院副院长（院长余秋雨教授因为事物繁忙，除了开学典礼和毕业典礼，绝少到校视事），开始了长达几年的每周一次往返南京与澳门之间的航空旅行。这样一来，尽管我们师生彼此都很珍惜每次的见面时间，而且我每周回南大上课，那怕是本科生的课，也都会安排她去参加，但是，无论如何，我对她的指导，却毕竟少了一些。这在我，是有些歉疚的。可是，刘芳博士却因此而更加努力。而现在，她的博士论文能够被国内的著名出版社——中国社会科学出版社接受出版，应该说，也是对于她的博士阶段的学习状况的一个肯定。

　　当然，这一切又远远不够！西方著名学者卡西尔说过："事实的财富并不必然就是思想的财富。除非我们成功地找到了引导我们走出迷宫的指路明灯，我们就不可能对人类文化的一般特性具有真知灼见，我们就仍然会在一大堆似乎缺少一切概念的统一性的、互不相干的材料中迷失方向。"流行文化同样是人类的一笔"事实的财富"，但它也确实曾经使很多学者"迷失方向"。其中的原因，就在于人们往往只注意到它是一笔"事实财富"，但是却忽视了它还是一笔"思想财富"。然而，只有把流行文化从"事实财富"提升为"思想财富"，对于流行文化，我们才可以说，是"具有真知灼见"，也才可以说，已经成功地找到了"引导我们走出迷宫的指路明灯"。再进一步，假如这一探讨能够与流行文化本身的成长同步，那么，我们才能够毫无愧色地宣称：自己的思想已经无愧于这个时代，并且无限自豪地发现：我们以及我们所置身的全部世界都在对于流行文化的思考中变得聪明了起来。

而要"具有真知灼见"和"聪明起来"，当然还要期待继续的努力。

为此，我有理由寄希望于刘芳博士今后的努力，也有理由寄希望于刘芳博士的下一个未知的精彩！

潘知常
2015 年 10 月 25 日   南京大学

引论 流行文化语境中的自我叩问

当满大街行走的都是黄头发和长筒靴，当每个角落里都是低头不语、"指点"江山的手机一族，当遍地传唱的都是撕心裂肺的"死了都要爱"……抑或如约翰·费斯克曾做过的那个有意思的小调查一样——费斯克有一天询问他的125个学生，发现其中有118名穿着牛仔裤，而另外的7人也有牛仔裤，只不过碰巧那天没有穿罢了[①]——从晚期资本主义的西方当代社会，到今天的中国当代社会，我们不禁要问，是谁，使我们如此雷同？

这一思考触及了三个层面的观照：社会学式的观察、哲学式的追问以及心理学式的反思。三个层面的观照既是全书提出问题的逻辑起点，同时又贯穿着全书的思维逻辑架构。

对人的主体性地位以及人与宇宙、与世界、与周围环境的关系的思考与追问向来是哲学思考的重心。但是，不可忽略的事实是，哲学观照虽强调理论思辨，但其起点一定是社会学式的观察，即由"社会事实"导入、然后再上升为哲学思考。而哲学思考究其本源就是"我们是谁？""人类从何而来？""应该去向何方？"等关于人类自身的反思性问题。当然，本书中，这种反思更多是心理学式的反思，而不是纯粹思辨式的反思。因而，本书中，社会学式的观察是起点，哲学式的追问是问题，而心理学式的反思则是落脚点。即，本书从当代流行文化这一"社会事实"入手，提出"流行文化会对青少年个体的自我认同产生怎样的影响？"这一研究问题，然后以心理学的概念和视角对这一问题进行反思。

---

① ［美］约翰·费斯克：《理解大众文化》，王晓珏、宋伟杰译，中央编译出版社2001年版，第5页。

一　"社会事实"：我在流行文化中，流行文化在我心中

迪尔凯姆所倡导的"社会事实"概念为我们进行社会学的经验研究提供了逻辑起点。当代社会，流行文化成为一种大众普遍接受的文化样态；对流行文化最为敏感的青少年群体正在流行文化的"趋同性"和"模仿性"特质影响下出现了越来越多的雷同行为。而这两个"社会事实"正是本书的切入点。

（一）无所不在的流行文化

工业革命的爆发引发了文化领域中的革命。这一革命使文化从前现代社会的精英话语中挣脱出来，得以与科技、商业和市场相结合，从而能够以文化产品的身份大批量地出现在消费市场上。这些被称作"大众文化"（mass culture）的文化产品由于通俗、廉价而深受广大平民大众的喜爱，也更进一步推动着文化产业化的继续向前发展。历史的车轮踏入 20 世纪 80 年代，西方社会愈发凸显出它的晚期资本主义性质，社会各个方面的"后现代"特征日益明显，"消费社会"几乎成为后现代社会的中心特征。而文化领域中的大量的符号生产以及"模拟"和"拟象"的运作更是将后现代社会的消费特征推至无以复加的高度。作为精英文化的嘲讽对象和政治意识形态控制手段的"大众文化"，由于与更先进的现代传媒和更广泛的商业市场紧密勾连而逐渐演变为我们今天称之为"流行文化"（popular culture）的文化样态。因之能够以更加丰富的内容满足社会各阶层的需要，流行文化逐渐消解了它的意识形态性质，也不再是精英阶层鄙视和嘲讽的对象，转而成为社会各阶层争相追捧和广泛喜爱的文化形式，并随着全球化和后殖民主义的推动而波及欧美世界以外的其他国家。

时至今日，流行文化已经成为一种具有全球化特征的文化现象和社会现象，并已在现代大众传媒的推动下渗透到了世界的各个角落和社会的各个领域，以至于政治经济上的前现代和现代因素都被文化上的后现代特质所遮蔽，人们的日常生活的方方面面、时时处处都充斥着流行文化的影子，流行文化已经上升至社会生活的中心。费瑟斯通曾说："（后现代社

会）消费文化中的趋势就是将文化推至社会生活的中心。"① 詹明信则更为激进地干脆用"后现代主义"一词来意指文化，并把后现代主义作为一种文化逻辑或文化支配来讨论。他指出，后现代社会的一个突出特征就是"遍及社会领域的惊人的文化扩张，我们社会生活中的一切……可以说都已变成了'文化'"②。而波德里亚更将流行文化产品所构筑起来的消费社会看作是"人类自然环境中的一种根本变化"③。他认为流行文化通过"模拟"和"拟象"的符号化运作将传统文化的创作模式及其运作原则彻底打破，并造成了虚假和真实之间的混乱，造成整个社会不是以人为中心，而是以受人崇拜的物为中心。

中国社会，同样卷入了这场流行文化的风潮之中。从 20 世纪 80 年代流行文化涌入我国内地消费市场而被视为"洪水猛兽"，到 90 年代经历了学界集中尖锐的讨论，再到 21 世纪以来，流行文化的空前繁荣直至被作为"文化软实力"的文化产业而被推崇备至，流行文化也已渗透至中国社会生活的各个方面，并已经对社会结构和心理结构产生了不同程度的影响。可以说，在当代中国，流行文化对青年人的影响力甚至已经超过了主流文化的影响力，超过了家庭和学校的正统文化的影响力，越来越多的主流媒体，成为流行文化的制造者和传播者。喜欢流行文化、追逐流行文化的不再是社会中的"小众"，而是扩大至更广泛的群体。

来看看下面这些场景吧。

电影的魔力：大众对电影的关注与热衷始终是流行文化永恒不变的主题。近些年随着全球化的扩张，好莱坞电影的全球影响力逐年攀升。2015年 5 月上映的《速度与激情 7》创下了全球票房 15.1 亿美元的佳绩；《复仇者联盟 2：奥创时代》狂收 13.5 亿美元。回到国内，2014 年电影版

---

① ［英］迈克·费瑟斯通：《消费文化与后现代主义》，刘精明译，译林出版社 2000 年版，第 166 页。

② Jameson, F. *Postmodernism*, *or the Cultural Logic of Late Capitalism*, In Durham Meenakshi Gigi and Kellner Douglas (Eds.), *Media and Cultural Studies*: *Keyworks*, *Malden*, MA: Blackwell, 1984, pp. 482 – 519.

③ ［法］让·波德里亚：《消费社会》，刘成富、全志钢译，南京大学出版社 2000 年版，第 1 页。

《爸爸去哪儿》大年初一首日上映，就出现了一票难求的盛况。有的观众连跑两家影院都没有买上票，许多影院就是早晨去也只能买到晚上的票，下午去买则只能苦等第二天的票。"爸爸去哪儿"变成了"票房去哪儿"。朋友圈内纷纷转发《〈爸爸去哪儿〉买票指南》，戏称"请至少提前一天买票；请选楼层低的影厅，因为电梯挤不上去；请为手机充电，以防伙伴们挤散；不要吃喝太多，卫生间没有位置……"而观众群则以一家三口居多，实现了真正的"合家欢"。《爸爸去哪儿》如此强劲表现也直接导致了第二天排片量逆袭，达到36.17%，在影院内势压群雄。同日，3D电影《西游记之大闹天宫》1.19亿元；《爸爸去哪儿》高达9000万元，刷新了《私人订制》首日8000万的国产2D影片纪录。据不完全统计，大年初一仅一天的电影票房大盘就达到2.25亿元，盛况空前。

回想一下，20世纪90年代，VCD机、家庭影院风靡之时，影院经营惨淡，险些成为被人们遗忘甚至遗弃的场所。这一沉寂的场景与近几年重新火爆的电影院观影热潮相比，实在不可同日而语。

图为2010年《让子弹飞》的抢票盛况

手机的捆绑："人世间最遥远的距离不是生与死，而是我在你面前你却在玩手机！""举头望明月，低头玩手机""一机在手，天下我有"……这是人们对当下人类"手机综合征"的自我嘲弄。曾有一幅生动的漫画展示了人类的进化历程：弯腰——直立——弯腰。人类历尽千辛万苦终于得以直立行走之时，何曾想过有一天会因为一部小小的手机而重新使直立的腰椎再度弯曲？有记者曾经在红绿灯处观察，短短十几分钟的时间内便有10余名市民边过马路边低头玩手机，这其中还包括了出租车司机、私家车车主和电瓶车司机。事实上，手机已经从我们的工具变成了我们的主人，从专家、教授，到在校学生，手机依赖已经成了不是症候的"症候"：晨起找手机，如厕看手机，出门带手机，排队抢手机，开会看手机，上课玩手机，聚会聊手机，等车看手机……倘若一日忘带手机，一刻不看手机，则神魂出窍，不知可否。有人笑言，自从我上了微博（微信）之后，拍菜水准蒸蒸日上，吃菜的兴趣则江河日下。

可以毫不夸张地说，当代流行文化不仅是整体文化领域中最活跃的部分，而且也成为整体社会生活领域中最活跃的部分。"不娱乐，毋宁死"的宣言直击人心，从影视、流行音乐、明星、综艺节目到衣食住行……每一个流行文化的元素都在左右着人们的生活，也都有可能引发一段时间的流行风潮或街谈热议。人们在津津乐道、评头品足的同时，流行文化也已经深深地嵌入个体的"自我"之中，借用康德的话就是"我在流行文化中，流行文化在我心中"。

（二）21 世纪的青少年流行文化 "旋风"

青少年从来都是流行文化最忠实的拥趸。中国社会的改革开放已使中国进入到全球化的文化进程之中。在现代科技和大众传媒推动下发展起来的流行文化工业同样也影响到国人尤其是青少年的日常生活。特别是进入到 21 世纪，伴随着互联网的兴起和发展，流行文化成为影响青少年社会化和个性化发展的、与主流文化相抗衡的重要的文化现象。细心的读者也许会发现，当今青少年的课余生活和前互联网时代大有不同。

> 穿越一下吧。我上小学和初中的时候，一到周末或假期，邻居家的同龄朋友就会不约而同地在楼前的空地上集合，那时，就会听到"马兰开花二十一，二五六，二五七，二八二九三十一……"的欢快歌声。打沙包、跳方块、玩玻璃弹珠更是经常性的游戏。

> 回到今天，童年的游戏场景已不再出现，跳皮筋、玻璃弹珠、沙包已经成为我们这一代人的回忆。今天的青少年拥有的是电视、电脑、Ipad、手机、学习机及各种智能玩具。用 QQ、微信来交流，他们的话题是周杰伦、TFboys、英雄联盟和大天使之剑……

有学者曾对进入 21 世纪以来，我国青少年的流行文化现象特征做过梳理和总结：2000 年，《大话西游》咸鱼翻身，引导"无厘头"文化；2001 年，《蓝色生死恋》引来阵阵"韩流"；2002 年，短信文化方兴未艾，催生"拇指文化"；2003 年，《木子美的博客》引发博客"客来客往"；2004 年，网络音乐还未过去，"嘻哈文化"又已兴起；2005 年，"超级女声"唱响草根"秀潮"；2006 年，《一个馒头引发的血案》带出

"恶搞文化"；2007年，青少年流行文化大融合的一年；2008年，"志愿者文化"和"山寨文化"引领新的分化①。

21世纪的第二个十年，流行文化元素与新媒介和互联网技术结合得更加紧密。2009至2010年，"微博"成为广受关注的流行议题。"今天你'围脖'了吗?"成为当时青年人热衷的社交标语。一时间与微博有关的新浪、腾讯及有相似功能的各类网络空间空前火爆，从偶像明星、专家教授、网络名人到普通百姓，"秀出自我"与"展示个性"成为新时代大众认可的社交方式。2011年，"淘宝体"、"甄嬛体"、"咆哮体"等"XX体"网络文本充斥各类媒体，在青少年中也广为流传："亲，快车道很危险哦!"、"你妹，太有才了，伤不起啊，有木有?"、"蛋定，整个场面要hold住，你懂的。"这些丰富诙谐的语言表达不仅流行于非正式交往空间，也被很多官方场合采纳。郑州市交巡警将"淘宝体"用于交通安全宣传，外交部微博的"淘宝体"招聘启事，南京理工大学的"淘宝体"录取短信，都令人倍感亲切。2012年，"高富帅"、"屌丝"、"正能量"、"中国式"等概括式、类型化的标签不断出炉，既寄托了青年人对理想生活的向往，也表达了对平凡现实的自我解嘲，俨然成为一种情绪的宣泄和娱乐化的消费与调侃。2013年，微博尚未落幕，微信又将崛起。当腾讯微信团队于元月15日深夜宣布全国微信用户破3亿时，意味着另一种全新的网络社交工具或者说一种全新的生活方式流行开来。微信所包含的朋友圈（个人相册）、语音对讲、二维码、摇一摇、公众平台，满足了青年人喜欢简单、随机、展示自我的心理特点，填补了碎片化的时间空白，也成为青年人打发无聊和空闲的首选工具，直接催生了"低头族"的出现。2014年，Iphone风潮再次席卷中国。抢购潮、跨境购、Iphone真是"爱疯了"，Iphone6和Iphone6plus上市短短半年时间，大街小巷随处可见手持苹果手机的用户，无论是月薪两千还是月薪两万，"苹果"都要收入囊中;有钱没钱都是这么任性!

可以见到，青少年流行文化已经成为一种具有风尚化、类型化特征的重要的社会文化现象。而随着时代的前行，新的流行文化现象仍将变化万千，层出不穷。

---

① 万美容、叶雷:《21世纪初青少年流行文化的流变》,《中国青年研究》2009年第4期。

那么，一股又一股的流行"旋风"会给正处于适应外界环境、发展健康自我的青少年带来怎样的影响呢？可以看到，流行文化已经以不可阻挡之势，毫无商量地侵入了青少年的成长空间，并控制了青少年日常生活的每一个层面：流行文化告诉他们应该吃什么以及怎样吃才是时尚的，告诉他们穿怎样的衣服梳怎样的发型才够"潮"，用什么样的手机才够"炫"，说怎样的语言做怎样的表情才够"酷"，做怎样的行为玩怎样的游戏才够"High"……当代青少年是在流行文化中"泡"大的一代，流行文化成了"生产"青春、"制造"青春的机器。流行文化日益强大的影响力使青少年呈现出风潮般的集体盲动性，以至于他们的需要、期望、目标、梦想，他们的情绪、态度和行为，他们的选择和决定，他们对外部世界的认知和对自我身份的确认无时不受到变幻的、时尚的流行文化的挑战。这不能不让我们这些即使已然成熟却偶尔也会在流行文化影响下摇摆不定的成年人，对青少年内心的平静和安宁产生担忧——他们能成功地应对这一切吗？他们会不会有"借我一双慧眼吧，让我把这世界看得清清楚楚明明白白真真切切"的烦恼和忧虑？他们如何追逐别人又如何看待自我呢？

二   "哲学追问"：我是谁？

自我的研究具有内在的哲学逻辑，那就是凡是涉及自我的研究主题，就一定是涉及人类对自身的反思、反省的问题，也就必定要上升为人与外部世界关系的哲学主题。"人何以为人？自我的本质是什么？自我又如何体现在我们的日常生活之中？这些看似深奥的哲学问题，实则是心理学家在开展自我相关的研究时必须认真思索和深入探究的核心议题。"[①]

"主体之于外部世界，它的存在意义究竟是什么？""他和外部世界之间的关系究竟怎样？"自有人类始，这个问题就一直困扰着有识之士。先哲苏格拉底早就提出了"认识你自己"的著名言论。遗憾的是，在西方，对自我的思考一直伴随着宗教神学的影子。而在中国，奴隶社会、封建社会的等级制度也让"天命观"成为牵绊人们进行自我反思的枷锁。直到

---

①   杨国枢、陆洛：《中国人的自我：心理学的分析》，重庆大学出版社 2009 年版，第 2 页。

西方世界从前现代社会过渡到现代社会，笛卡儿一声"我思，故我在"的呐喊才让沉睡了几千年的人类开始重新思索自身存在的价值。

可是，没有探索，就不会有真正的痛苦！大脑醒了，内心却不安……

（一）从依附权威到获得自由：自我认同成为一个问题

在前现代社会，人的自我认同主要依靠宗教神学、正统的家庭教育、学校教育来形成，人们在自己所属的等级秩序内清晰地知道自己是谁，应该做什么。"肉食者谋之，又何间焉？"（《曹刿论战》语，意思是（打仗这种事）自有大人物、统治者去操心，你又何必参与呢？）古人很早就知道什么该自己做，什么不该自己去做。因而，自我认同不是问题，或者说，自我认同只是个人层面的问题而不构成社会问题。查尔斯·泰勒指出，"在现代之前，人们并不谈论'同一性'和'认同'，并不是由于人们没有（我们称为的）同一性，也不是由于同一性不依赖于认同，而是由于那时它们根本不成问题，不必如此小题大做。"①

然而，进入现代社会，宗教的神话逐渐泯灭，人们希冀死后超生的愿望被现代主义的理性击得粉碎。家庭、道德、传统的权威逐渐弱化，不再有人为自我规定好一切。人们被给予过度的自由，而与过度自由相伴而生的即是过度的压力："人们要频繁地对与他人的各种关系做出反应；要不断地提前做计划；对自己的生活做出选择；要对自己的失败和不足负责任；克服影响他们的结构性障碍，比如说社会等级、种族、性别和年龄等等。"② "我是谁？"便随之成为困扰现代人心理安全感的重要问题。弗格森认为，自文艺复兴开始，特别是经历了资本主义的出现，"自我"（ego）才第一次出现在我们的视野中，而随着现代社会的出现和发展，"认同"开始成为问题，个人认同实际上是现代性的一种结果。③ 丹尼尔·贝尔也指出："（资本主义）在文化上，它的特征是自我实现，即把个人从传统

① ［英］查尔斯·泰勒：《自我的根源：现代认同的形成》，韩震等译，译林出版社2001年版，第55页。

② Furlong, A. and Cartmel, F., *Young People and Social Change：Individualization and Aisk in Late Modernity*, Buckingham, UK：Open University Press, 1997.

③ Ferguson, H., *Deception and Despair：Ironic Self - identity in Modern Society*, Joseph E. Davis (editor), Identity and Social Change, New Jersey：Transactions Publishers, 2000, p. 185.

束缚和归属纽带（家庭或血统）中解脱出来，以便他按照主观意愿'造就'自我。"① 而埃利亚斯则更尖锐地指出，现代社会变成了"我的"世界（"my" world），在某种程度上，世界具体化为"自我"问题，除此之外，一无所是。②

因此，戴维斯曾说："认同事实上是一个现代性现象。"③ 自我认同不是一个暂时性问题，而是现代条件下的一个永久性的和具有强烈变化性的问题。

（二）从获得自由到逃避自由：流行文化"实现"了人的"自我拯救"

过度的自由将会走向自由的反面。从前现代社会步入现代社会直至后现代社会，人类在获得自由的同时，也失去了自我认同的外部支持而变得焦虑、混乱和无所依傍。然而，正当人们心无所向、迷茫万分之时，铺天盖地的广告和消费商品成为他们疗伤和治愈心理顽症的"良剂"——他们穿着时尚杂志里的漂亮衣服，追求潮剧中明星般的生活方式，讲着网络中流行的语言，以大家追捧的评价标准满足自我实现。他们好别人之所好，恶别人之所恶，在效仿别人和被别人效仿中不断获得心理安全感和自我满足感……流行文化，似乎是一棵救命稻草，适时地"拯救"了"自由而孤独"的社会大众的心灵。正如弗罗姆指出的那样，现代社会，人成为一个"个人"，但却是一个疑虑重重无安全感的个人。而有些因素可以帮助他们克服这点，使潜在的不安全感不至过分表现出来。首先，他的自我是以他拥有的财产为支撑的，他越觉得自己什么都不是，就越需要拥有财产；而声望与权力则是支持自我的其他因素。④

然而，消费社会本就虚实掺杂，真伪难辨。在流行文化的"拯救"下，个体内心是否真的有如埃里克森所说的"心理社会安宁之感"⑤？是

---

① ［美］丹尼尔·贝尔：《资本主义文化矛盾》，赵一凡等译，生活·读书·新知三联出版社 1989 年版，第 25 页。

② Elias, N. , *The Society of Individuals*, trans. by Edmund Jephcott, Oxford：Blackwell, 1991.

③ Davis, J. E. , *Identity and Social Change*. New Jersey：Transactions Publishers, 2000, p.137.

④ ［美］埃里希·弗罗姆：《逃避自由》，刘林海译，国际文化出版公司 2007 年版，第 84 页。

⑤ Erikson, E. H. Identity, Youth, and Crisis, New York：Norton, 1968, p.165.

否自知"何去何从"？"我现在所追求的就是我真正认同的吗"？"我跟他人有什么不同"？"明天的我跟今天的我一样吗"？这些关于个体内在自我的叩问，实际上就是千百年来人类关于自我认同的哲学之思。这种思考从古希腊的先哲开始就从未停止过，而当时光之箭穿过后现代社会的大门，这些问题又重新回到人们的视野，并且有了新的讨论空间。后现代社会，人类的"自我"再一次面临一个不同于以往任何一个时代的外部世界，"传媒帝国"、"消费社会"、"景观社会"、"拟像"、"内爆"、"虚假"……这一系列对我们所生存的这个外部世界的描述似乎时刻在提醒我们，在后现代语境中再一次反思自我、思考人的自我认同问题是必要的也是必须的。后现代社会所制造出的五彩斑斓的流行文化幻象真的就是人们的"心灵鸡汤"？流行文化所构筑的多元的、碎片化的、瞬时的、真伪难辨的外部世界是否会使自我认同的连续性和同一性遭到侵扰和破坏？流行文化影响下的自我认同究竟是一个什么样的状态？流行文化所制造的表面和谐，似乎掩藏着自我认同的更深层次的痼疾。

三　"自我反思"：我应如何？

现代性使人的自我浮出水面，而流行文化又将人的自我集体性地带入了另一个漩涡。没有反思的经验是狭隘的，至多只能成为肤浅的知识，"成长＝经验＋反思"的公式告诫我们，我思故我新。自我反思本质上是一种自我超越。吉登斯认为，自我认同就是个体以亲身经历为依据，在不断的反思中理解到的自我。他指出，自我认同并不是被给定的结果，而是个体在反思性活动中不断生成的。[①]最早将自我认同的哲学思考放在心理学框架内进行研究的是美国心理学家埃里克森，他也由此而获得"自我认同研究之父"的美誉。埃里克森研究自我认同问题是缘于他做临床精神病医师的经历，当时他发现一些由"二战"战场返回的士兵由于经历了外部环境的变化而导致自我的连续性和同一性受阻，从而产生了心理和行为上的问题。由此，"自我认同"概念被用来研究自我认知的内在一致

---

① ［英］安东尼·吉登斯：《现代性与自我认同》，赵旭东、方文译，生活·读书·新知三联书店1998年版，第52、53页。

性和连续性，而当这种一致性和连续性出现断裂，"自我认同危机"就会产生。

所谓自我认同（self - identity），其实就是对"我是谁?""我跟别人有何不同?""我对自己满意吗?""我希望自己成为什么样的人?"等这种类似反观自我的问题的思考与追问。自我认同反映了当外界环境发生变化时，个体对自我认识的稳定性、连续性和一致感。

自我认同是个人一生发展中的一个重要的心理社会过程，是个体人格成熟和心理健康的重要衡量尺度。"事实上，西方心理学家在将人格理论和自我论述应用于临床治疗和咨询辅导时，都将找到真我（自我了解）、活出真我（自我接纳）视为心理健康的终极指标。[1] 与此同时，这样的'真我'是有其内在统整性和一致性的（coherent and consistent），这也是西方心理学者在论述自我时相当有共识的看法"[2]。

自我认同发展与个体所处的外界环境高度关联。从个体层面来说，个体遭遇人生变故和环境的剧烈改变，容易引发个体的自我认同危机；而从群体层面来说，社会每遇大的时代变革和社会变迁，也会引发群体心理的震荡，从而引发具有一定规模的群体式的自我认同危机。毫无疑问，现代人的认同危机是带有群体特征的，青少年则更是这一危机的主体。埃里克森认为，青少年期是自我认同产生、发展再到成熟的一个关键时期，也是最易出现认同危机的时期。[3] 而外在环境的变化，常常是自我认同产生问题的诱因。有学者称，后现代是青少年认同发展的一个新的社会语境。[4]

----

[1]　Coan, R. W. , Hero, Artist, sage, or saint: A survey of views on what is variously called mental health, normality, naturity, self - actualization and human fulfillment. New York: Columbia University Press, 1977. 转引自杨国枢、陆洛：《中国人的自我：心理学的分析》，重庆大学出版社 2009 年版，第 5 页。

[2]　Suh, E. M. , Self, the hyphen between culture and subjective well - being. In Diener, E. and Suh, E. M. （Eds. ）. Culture and subjective well - being. Cambridge, MA: The MIT Press, 2000, pp. 63 - 86. 转引自杨国枢、陆洛：《中国人的自我：心理学的分析》，重庆大学出版社 2009 年版，第 5 页。

[3]　Erikson, E. H. , Identity, Youth, and Crisis, New York: Norton, 1968.

[4]　a. Côté, J. E. and Levine, C. G, Identity formation, agency, and culture: a social psychological synthesis. Mahwah, NJ: Lawrence Erlbaum, 2002.

　　b. Côté, J. E. and Schwartz, S, Comparing psychological and sociological approaches to identity: Identity status, identity capital, and the individualization process. Journal of Adolescence, 2002, 25 （6）.

而另一些针对成长过程中经历人生剧变的青少年的研究，则发现：当有足以改变青少年的环境及信仰系统的强大外力接触时，他们对于道德观、良心、英雄观、人际关系与世界公正性的观念都会因此扭曲甚至断裂。①

青少年期，就像种子萌发的时期，处于全面的生长阶段，他们对任何事物都抱有相当大的好奇心，当然也包括对他的自身。他们关心最近都有哪些好看的电视剧，同学们都在听什么歌，大家都在玩什么游戏，讲着怎样的时髦语言……他们在追赶流行以与所属群体保持一致的同时，"向内思考"的种子也在不断地萌发——那么，问题来了："我"何以为"我"？"我"在同龄群体中处于怎样的位置？我善于交际吗？我的自我形象是否令人满意？是"众我"还是"独我"？二者如何平衡、如何取舍？……思考、探索、努力、选择，对于一个尚未长成却又对自我有着初步探索愿望的青少年而言，是一种巨大的考验。作为一种反思性投射（首尾一贯但又持续修正的个人经历的维系）②的自我认同，也因此必须同时面对两种考量：共同性和个性化的考量。而当这种考量被置于流行文化的情境之中，就显得格外的艰巨。

后现代社会消费主义、流行文化的魔幻将人们集体性地带入了一个怪圈：当代社会既呈现出复制化和单一化的景象；而与此同时，当代社会的信息传播又是瞬息万变的、多元的和碎片的，"个性化"、"特立独行"又成为被标榜和推崇的标签。詹明信曾言，尽管处于后现代社会的人们不清楚自己的个人身份，失去了计划性，但是，世界呈现出的即时、无分化的状态，却导致人们的一种生动体验：一种充满神秘而压抑情感刺激的生动体验。③ 正是这种"生动体验"，使得被流行文化包围着的青少年们一方

---

① a. Goenjian, A., Stilwell, B. M., Steinberg, A. M., Fairbanks, L. A., Galvin, M. R., Karayan, I., and Pynoos, R. S., *Moral development and psychopathological interference in conscience functioning among adolescents after trauma.* Journal of American Academy of Child and Adolescent Psychiatry, 1999, (38).

b. Pynoos, R. S, Steinberg, A. M., and Piacentini, J. C. A *developmental psychopathology model of childhood traumatic stress and intersection with anxiety disorders.* Biological Psychiatry, 1999, (46).

② ［英］安东尼·吉登斯：《现代性与自我认同》，赵旭东、方文译，生活·读书·新知三联书店1998年版，第5页。

③ Jameson, F. *Postmodernism and the Consumer Society*, Foster, H. editor, Postmodern Culture, London：Pluto Press. 1984, p. 120.

面欣赏着、期待着、投入着，却同时又纠结着、矛盾着、恐慌着。在正统的、主流的家庭、学校教育中接受的价值观念和行为方式无时不受到多元的、即时的、另类的流行文化的冲击。而"选择"本身，就是一个困惑的过程，甚至是产生危机的过程。正如吉登斯所言："在保持解放的可能性之外，现代制度同时也创造自我压迫而不是自我实现的机制。"①

综上所述，当代流行文化，作为媒介信息的最重要的组成部分，无疑是影响当代人进行"选择"和自我身份确认的重要外部因素。流行文化不断改变着人际沟通方式、消费方式和生活方式，影响着当代人的思维、价值和信仰，更为重要的是，流行文化所制造和传播的共同性和多样化信息的特质以及其强大的信息冲击力，增加了个体"向内思考"的频度和压力。而当"我是谁？"一旦成为个体经常思索的问题并推动个体付出探索努力的时候，自我认同的危机或许也就已经产生了。本书也正是按照上述论及的"社会事实"——"哲学追问"——"自我反思"的三段式问题逻辑来切入研究主题的。

而本书接下来的内容，就是要通过经验资料，来证明"当代流行文化对青少年的自我认同产生影响"的理论假设，并试图说明，当代流行文化究竟对青少年的自我认同产生怎样的影响，影响程度如何，结果又是怎样。

---

① ［英］安东尼·吉登斯：《现代性与自我认同》，赵旭东、方文译，生活·读书·新知三联书店1998年版，第6页。

第一篇

概念梳理：理解流行文化和自我认同

第一章　流行文化的内涵及研究范式

流行文化扎根孕育于"文化"的母体。既具有文化的主体特征，又有其独特性。欲了解流行文化，需先从文化的概念入手。

第一节　何谓文化？

对于什么是"文化"，我们已经很不陌生了，文字，书法、绘画、饮食、服饰、音乐……列举一大堆文化现象不是什么难事，但为之下一个统一的定义却费尽了古今中外许多学者的心思。尼采曾说，凡有历史者，再怎么为它下定义，都是徒劳无功的。的确，自有人类始，就有了文化。至今，文化的定义已达一二百种之多。可是，与浩瀚的人类文化相比，这些定义实在是有些苍白无力。可见文化本身的复杂性及其在人类发展历史中的重要性。

一　"文化"概念的演变

"文"和"化"在我国最初是分开使用的。文，本义指甲骨文上各色交错的纹理，同"纹"，即花纹，"织文鸟章，白旆央央"。引申为后天形成的品德、修养，与表示先天素质的"质"相对。在政治领域，则引申为"文治教化"，主张利用礼乐教化提高人们的修养而使国家安定，与诉诸军事征服他国的"武功"相对；化，本义是指改易、生成、造化，指事物形态或性质的改变。直到战国时期的《易传》，"文"和"化"才并联使用。《易·贲卦·象传》中有"观乎天文，以察时变；观乎人文，以化成天下"的语句。这里的"人文"，指人伦社会规律，即社会生活中人与人之间纵横交织的关系，如君臣、父子、夫妇、兄弟、朋友之间构成的复杂网络，而"化"则指教化。"观乎人文，以化成天下"表达的意思就是"以文教化"。这里已经初步蕴含了我们今天所讲的"文化"的含义。西汉以后，"文"与"化"才合成为一个词使用，如《说苑·指武》中的"文化不改，然后加诛"，《文选·补之诗》中的"文化内辑，武功外悠"。这里的"文化"，或与自然相对，或与无教化的"质朴"、"野蛮"相对。因此，在中文世界中，"文化"的最初含义就是指精神范畴中的礼仪、教化，用以陶冶性情、涵化品德。

在西文世界中，"文化"一词最初来源于拉丁语 cultura。与拉丁文同一语系的英文、法文，也用 cultural 来指代文化，意为"耕耘"、"耕作"。可见，文化在西方社会的本源含义就有对自然的开拓之意。至文艺复兴时代，人们将农业、手工业、商业、教育等活动都归入了文化的范畴，认为凡是与自然状态、天然状态相对立的都属于文化现象。在文化概念的起源上，中西方存在着较大的差异。西方世界的文化（cultural）是从人类物质生产活动生发，进而才引申到精神活动领域，内涵更为宽广；而中国的"文化"概念一开始则主要是精神活动领域。

文化的包罗万象和巨大魅力，吸引了古今中外大批学者的注目。文化的概念在 19 世纪末被作为人类学的中心概念提出后，对 20 世纪的社会科学产生了巨大的影响力。在西方学术界，作为分析范畴的文化的概念的提出，被认为是现代科学的最主要的成就之一。围绕文化的概念，产生了一整套解释和理解人类行为的原则。而在 20 世纪八九十年代的中国学术界，对文化的关注可谓盛况空前，大量关于文化的讨论和论著问世，文化的概念几乎被运用于人文社会研究中的所有学科领域。

当"文化"一词被纳入学术研究的范畴之后，便体现出不同的学术立场和学科特点。

二 "文化"的定义

英国人类学家爱德华·泰勒这样来定义文化："所谓文化或文明乃是包括知识、信仰、艺术、道德、法律、习俗，以及包括作为社会成员的个人而获得的其他任何能力、习惯在内的一种综合体。"① 在泰勒那里，文

---

① ［英］爱德华·泰勒：《原始文化》，浙江人民出版社 1988 年版，第 1 页。

化是精神要素层面的。泰勒的文化研究被公认为西方真正学术意义上的文化研究的开始。

人类学家林登指出，"社会遗传即文化。文化作为一般词语意味着人类的全部社会遗传，作为特殊词语意味着一种特殊社会遗传。"[①]

美国社会学家戴维·波普诺在分析文化定义时认为，"社会学家与人类学家对文化的共同定义是：文化是人类群体或社会的共享成果，这些共有产物不仅仅包括价值观、语言、知识，而且包括物质对象。"[②]

英国文化研究的奠基人之一威廉斯根据自己的经验，认为必须从三大层面来认识文化：第一类文化是用来描述18世纪以来思想、精神与美学发展的一般过程；第二类文化不管在广义或是狭义方面，用来表示一种特殊的生活方式（关于一个民族、一个时期、一个群体或全体人类）；第三类文化用来描述关于知性的作品与活动，尤其是艺术方面的。[③] 其中，第一类与第二类的意涵是比较接近的，有时甚至无法区分；而第二类意涵则是由泰勒的文化定义发展而来；第三类文化是19世纪末20世纪初的重大演变，这类文化的意涵似乎是现在最普遍的用法，即文化是指音乐、文学、绘画与雕刻、戏剧与电影。

汤林森则将文化看作特定"语境"（context）之下，人们从某种行动与经验汲取"种种意义"（meanings），并从中领悟甘苦。[④]

美国著名文化学专家克罗伯和克鲁克洪的《文化：一个概念定义的考评》一书共收集了166条文化的定义，这些定义分别由世界上著名的人类学家、社会学家、心理学家、哲学家、化学家、生物学家、经济学家、地理学家和政治学家所界定。将这些定义总结分组，两位学者总结了七组定义，分别为：描述性定义、历史性定义、行为规范性定义、心理性定义、结构性定义、遗传性定义和不完整性的定义。并对文化的概念做了

---

① Linton, R. *The Study of Man.* New York：D. Appleton Century, 1936, p. 78.

② ［美］戴维·波普诺：《社会学》（第十版），李强等译，中国人民大学出版社1999年版，第63页。

③ ［英］雷蒙德·威廉斯：《关键词：文化与社会的词汇》，刘建基译，生活·读书·新知三联书店2005年版，第106页。

④ ［英］约翰·汤林森：《文化帝国主义》，冯建三译，上海人民出版社1999年版，第13页。

总结："文化由明确的或含蓄的行为模式和有关行为的模式构成。它通过符号来获取和传递。它涵盖该人群独特的成就，包括在器物上的体现。文化的核心由传统（即历史上获得的并经选择传下来的）思想，特别是其中所附的价值观构成。文化系统一方面是行为的产物，另一方面是下一步行动的制约条件。"①

而克鲁克洪在《文化与个人》一书中对文化的概念又进一步作了一些总结：（1）文化是学而知之的。（2）文化是由构成人类存在的生物学成分、环境科学成分、心理学成分以及历史学成分衍生而来的。（3）文化具有结构。（4）文化分为各个方面。（5）文化是动态的。（6）文化是可变的。（7）文化显示出规律性，它可借助科学方法加以分析。（8）文化是个人适应其整个环境的工具，是表达其创造性的手段。②

《现代汉语词典》中，文化是指：（1）人类在社会历史发展过程中所创造的物质财富和精神财富的总和，特指精神财富，如文学、艺术、教育、科学等。（2）考古学用语，指同一个历史时期的不依分布地点为转移的遗迹、遗物的综合体。同样的工具、用具，同样的制造技术等，是同一种文化的特征，如仰韶文化、龙山文化。（3）指运用文字的能力及一般知识。③

尽管古今中外学者对文化的定义、文化包含的内容、层次观点不尽相同，但有一个方面是基本达成共识的，那就是认为文化可分为广义上的文化和狭义上的文化。广义的文化概念，范畴很广，主要是针对一般动物和自然界而言的，既包括认识方面（语言、哲学、科学、教育）、规范方面（道德、法律、信仰）、艺术方面（文学、美术、音乐、舞蹈、戏剧），也包括器用方面（生产工具、日用器皿以及制造它们的技术）、社会方面（制度、组织、风俗习惯）。而狭义的文化概念，则不包括物质的部分，而专指精神领域。而从文化的结构层次上来说，人类学的观点值得借鉴，也与全书的思维主线相吻合。"20 世纪 90 年代，一些人类学者认为，文

---

① L Kroeber, A. and Kluck – hohn, C., *Culture：A critical review of concepts and definitions.* New York, 1952, p. 181.

② ［美］克莱德·克鲁克洪：《文化与个人》，浙江人民出版社 1986 年版，第 6 页。

③ 《现代汉语词典》（第 5 版），商务印书馆 2005 年版，第 1427 页。

化定义可以归纳为两种，一为社会结构意义上的文化，另一为个体行为意义上的文化。前者指的是一个整体社会中长期、普遍起作用的行为模式和行动的实际准则，这些模式在那些给事件和人际关系以明显结构的形态和反复出现的周期规律性中呈现出来，并且构成常被归为'生活方式'的那种东西。……后者是个体习得的产物，包括一个人类群体成员为了在他参与活动的这个群体中被相互接受地交往而必须知道的东西。据此认识，文化不必为该社会甚或该群体所有成员所共享，而是在相互学习的过程中，有关成员彼此授受意义，以至这些意义能够使他们达到共同的目标，因为他们建立了共同的理解和文化的想象。"①

总而言之，文化是与自然现象不同的人类社会活动的全部成果，它包括人类所创造的一切物质的与非物质的东西。也就说，自然界本无文化，凡是经过人类"耕耘"的东西都属于文化。

第二节　流行文化的概念体系

流行文化是文化的一种形式，那么对于流行文化的理解自然也就主要集中在什么是"流行"上。从直观语义上来看，所谓"流行"，就是指某物或某种现象广泛传播且深受喜爱。在《辞海》中，"流行是迅速传播或盛行一时。它是指一定时期内在社会上或一个群体内迅速传播或盛行一时的规格或样式，也称作时尚、时兴、时髦等"；而从外延上来看，"流行"又具有更广泛的含义。《中国大百科全书·社会学卷》指出，流行是一种普遍的社会心理现象，指社会上新近出现的或某权威人物倡导的事物、观念、行为方式等被人们接受、采用，进而迅速推广以至消失的过程，又称时尚。②

流行文化涉及的内容广杂，研究者们也因其关注的重点不同而在流行文化的定义上呈现出不同的面向。本书试图通过受众视角、内容视角、功能视角及比较视角等四个面向对流行文化的概念和内涵进行

---

① 夏建中：《当代流行文化研究：概念、历史与理论》，《中国社会科学》2000 年第 5 期。

② 中国大百科全书编写组：《中国大百科全书·社会学卷》，中国大百科全书出版社 1991 年版。

理解。

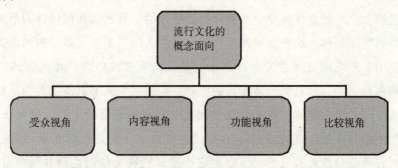

一 受众视角

"受众"一词本身属于媒介传播的范畴。主要是指报刊和书籍的读者、广播的听众、电影电视的观众以及新媒介的信息接收者。流行文化借助于受众而在人群中传播开来，因此流行文化的受众既是信息的接收者同时也是信息的传递者。从受众视角探讨流行文化的定义，主要围绕"流行文化由哪些人来使用？""流行文化的传播主体和传播范围如何？"等方面展开。

威廉斯在《关键词：文化与社会的词汇》一书中指出，所谓的流行文化，并不是老百姓自己定义的，而是由"其他人"认定的。[①] 这里的"其他人"其实就是暗指精英阶层。换句话说，流行文化是非曲直的价值判断，皆因精英阶层而起。精英立场的流行文化意涵包含两个方面：一是低下的工作；二是刻意讨人欢心的工作。当然，流行文化还有一个比较现代的意义是"受到许多人喜爱的"。可见，威廉斯认为，对流行文化的价值评判标准掌握在精英阶层手中，在他们眼中，流行文化是通俗、粗陋，没有多少文化含量的，只有那些产业工人才对此津津乐道。非精英阶层或者干脆说工人阶级，在西方流行文化受众研究中是非常受到重视的。主流的两派就是"受众无权论"和"受众有权论"。前者的核心观点在于，工人阶级在营造流行文化的过程中并不重要，重要的是制造流行文化的企业家，他们才是控制流行文化内容和形式的决定者。而后者则认为受众在消

①　[英] 雷蒙德·威廉斯：《关键词：文化与社会的词汇》，刘建基译，生活·读书·新知三联书店 2005 年版，第 356 页。

费流行文化时并非毫无权力，他们拥有解读、选择信息的权力。当然，两种观点在今天仍然没有达成共识。原因在于，受众的"权力"究竟是什么？应该在何种范畴下来定义受众的权力？双方并没有寻求交集。就像莱里·梅和史蒂夫·罗斯争论的那样，梅认为，受众可以从自己的立场来解读流行文化，自主选择流行文化产品，那么，受众就是有权；而罗斯则认为，受众权力不可夸张，因为当他们只能从电影中做出选择，而不能主动去制作本阶级、集团的电影的时候，受众的权力就受到了极大的限制。①

二　内容视角

迪克·赫伯迪格指出：流行文化是指"一系列普遍可用的人工制品（a set of generally available artifacts）"，包括电影、唱片、时装、电视节目、沟通和交流的模式（modes of transports）等等。②

凯尔纳认为流行文化的内容主要集中于"媒体文化"（media culture）。他认为，媒体文化是诸种系统的组合：包括收音机系统以及声音的再生产（慢转唱片、卡带、CD以及它们的传播工具如收音机、录音机等）；电影以及电影的播放形式（剧场放映、租录像带、电视播放）；从报纸到杂志的印刷媒介；处于媒介文化中心地位的电视系统。③可见，在凯尔纳眼中，流行文化某种意义上就是媒介文化，它不仅是指流行文化的内容，也是指传播流行文化的形式。而且，凯尔纳认为，用"媒介文化"一词，可以表达这样的意涵，即"我们是生活在一个由媒体主宰了休闲和文化的世界里……媒体文化是当代社会中的文化的主导性形式与场所"④。

高宣扬从广义和狭义两个层面来理解流行文化的内容。在广义上，流行文化是指特定时期内，以一定周期和一定形式而广泛传播与社会中的各种文化。而在狭义上，流行文化仅指流行时装。⑤

---

① Ross, S., *Working class Hollywood*: *Silent Film and the Shaping of Class in America*. Princeton: Princeton University Press, 1998, p. 195.

② Hebidige, D. *Hidding in the light*: *On images and things*. London, Routledge, 1988, p. 47.

③ Kellner, D., *Media culture*. London and New York: Routledge, 1995, p. 1.

④ 同上。

⑤ 高宣扬：《流行文化社会学》，中国人民大学出版社2006年版，第57—63页。

三　功能视角

斯宾塞将流行文化看作是区分等级、表现不同阶层社会礼仪的一种工具。他认为，流行是社会关系的一种表演活动。人的天性促使人在社会生活中追求时装的外观形式，而且，通过时装外观的讲究和不断变化，各个阶级和阶层的人之间实现了相互模拟和区分化。在这种情况下，流行文化产品的使用也具有一定的社会礼仪的意义。[①]

吉登斯则弱化了流行文化的阶级区异功能，在当代社会语境中重新评价流行文化的功能，他认为当代流行文化的主要功能是娱乐："术语'流行文化'指的是被成千上万或几百万人观看、阅读或参与的娱乐。"[②]

此外，流行文化在法兰克福学派眼中是维护资本主义稳定性和连续性的工具；而马克思主义者的政治经济学观点也表达了对流行文化的同样的看法；女性主义者则将流行文化看作是某种宣扬男权而反对女权的家长制意识形态（patriarchal ideology）；符号学家则将其视为权力的遮蔽；结构主义学者则认为流行文化永远作为社会和精神结构的某种表达而存在；后现代主义者则认为流行文化体现了大众媒体角色的急速变化——大众媒体消隐了幻象与真实之间的区别。

四　比较视角

流行文化曾一度与大众文化混杂使用，并与高雅文化、传统文化等文化因子相较而论。厘清这些相关概念，有助于增加对流行文化概念的理解。

（一）流行文化与传统文化

流行文化与传统文化、高雅文化的博弈从流行文化产生伊始就从未停止过。时至今日，无论是在西方国家还是在国内，关于流行文化与传统文化、高雅文化之争已渐趋平静，但了解流行文化与传统文化、高雅文化之间的关系，仍然是我们把握流行文化概念的重要环节。

"传统文化"的提法首先以时间为参照。通常是指文明史上存在过

---

① ［英］赫伯特·斯宾塞：《群学肄言》，严复译，商务印书馆1931年版。
② Giddens, A., *Sociology*（Eds. 3），Cambridge：Polity Press，1997，p. 364.

的、已经发生的，在当代或者继续沿用或者被变异的文化形式。从西方来看，传统文化主要是针对现代文化、后现代文化而言，目前较为统一的观点是将前现代社会（大约指17世纪以前的农业社会）的文化称为传统文化或经典文化。而从中国来看，传统文化主要是指鸦片战争之前传统农业社会的文化形态。流行文化则主要是指18、19世纪以来特别是后现代社会以来，以工业为基础、以消费为特征、以大众传媒为载体的批量制造的人工制品。

传统文化更多地还是指一种民族文化。世界各民族的文明经过历史演化而形成反映民族特质和风貌的独特的民族文化，这种民族文化是各民族历史上各种思想文化、观念形态的总体表征。传统文化往往历史悠远、博大精深，是各民族的宝贵精神财富，是独一无二、无法复制的；相比之下，流行文化则更多地具有全球化的特征，其生产机制、传播机制及消费特质决定了流行文化更多地具有复制性和相似性，其求新求变的特质也使其某种程度上缺乏文化的累积性和厚重感。

传统文化还深深嵌入社会成员的骨髓之中，较为持久地影响着人的思想观念、行为方式和生活方式。这种影响代代相传，其间可能会发生不同程度的改变，但总体上，没有极为特殊的文化震荡，传统文化的精神内核不会发生大的改变，因此我们一谈到"传统文化"，就会想到"源远流长"这个词；而相反的，流行文化却追求短、平、快，流行风潮就像"长江里的浪"，一浪高过一浪，而人们则必须有足够的"能耐"去做流行文化的"弄潮儿"，否则就真的被"拍死在沙滩上"，被踢出局了。传统文化中通常是长辈向晚辈传授知识经验，即玛格丽特·米德所谓的"前喻文化"，而当代社会中"三年、五年形成一个代沟"则更多是一种"文化反哺"[①]，造成这种代际文化格局，流行文化显然是一个极为重要的原因。

此外，传统文化面向的是统治阶层、体现的是精英话语。由于传统社会教育制度和传播手段的限制，使得传统文化主要是由统治阶层、精英阶层来掌控，广大平民百姓接触文化的机会很少；而流行文化则依靠高科技的传播手段打破了阶层之间的文化壁垒，以其广泛的社会影响力使更多的

---

① 周晓虹：《文化反哺：变迁社会中的亲子传承》，《社会学研究》2000年第3期。

底层人民同样可以享受到丰富多样的文明成果。

近三十年来，传统文化势头衰微，流行文化大行其道。许多青少年只知周杰伦不知周恩来，只读玄幻不读经典。传统文化的精髓、要义、智慧、礼仪统统被流行文化的姹紫嫣红遮盖住。的确，传统文化是黑白的，单调的，流行文化则是彩色的，跳跃的。青少年愿意接受哪个呢？因此，传统文化只有借力流行文化，才能永久葆鲜，源远流长。

给传统文化加点"鲜"

传统文化和流行文化应联袂出手。传统文化融入流行元素，更容易被当代人接受，亦可以得到广泛传播；而流行文化在传统文化中来个"回炉"，也可增加丰富感和厚重感，保有较长的生命力。近些年，传统文化和流行文化在寻求合作的过程中不断碰撞出火花。如此，我们认识了《百家讲坛》中"流行的传统文化学者"于丹、易中天、曾仕强；欣赏过火爆海峡两岸的台湾知名作家白先勇等人创作的青春版昆曲《牡丹亭》；愉快地收看了《一站到底》、《成语英雄》、《中华好诗词》等绿色娱乐节目；更有蔡志忠的漫画版《论语》；方文山和周杰伦为代表的"中国风"；"随乐器一起摇摆"、在日美等海外市场广受欢迎的"女子十二乐坊"。

我们熟知的香港著名音乐人黄霑，一生创作的众多流行音乐流露出浓郁的中国文化味道，其作品的特点是借用古韵词曲的反复吟唱特征，将自己深厚的古文功底渗透到流行歌曲的创作中。在保持优秀传统和本土情怀的同时，不断敞开怀抱，与时俱进。他创作的电视连续剧《射雕英雄传》主题歌"逐草四方，沙漠苍茫，哪惧雪霜扑面"等歌词被人们广泛传唱。更有大气豪迈的《沧海一声笑》征服听众。后者正是借助古书《乐志》中"大乐必易"的启发，创作出旋律简单却又饱含传统古曲风韵的经典之作。

台湾著名音乐词人方文山，以擅长将古典诗词融入流行音乐中而广受欢迎，再加上与周杰伦的珠联璧合，成为中国流行音乐史篇上不可或缺的人物。他所自称的"方道·文山流"风格体现了极强的传统情怀和东方韵味。又集古典婉约和时尚轻盈于一身。其中国风作品如《东风破》、《青花瓷》、《菊花台》等无疑给流行音乐增添了更高雅的情致。正如中国日报评，在这个时代，能在流行音乐中恣意书写，将传统文化如此淋漓尽致推向前台的词人，恐怕也只有方文山了。

给传统文化加点"鲜"，为流行文化输点"氧"。二者方得共生共赢之道。

（二）流行文化与高雅文化

如果说流行文化与传统文化的分界在于时间和内容上的差异，那么，所谓的高雅文化（精英文化），其对立面便是"通俗文化"（大众文化）。很显然，这是精英主义的文化立场，是以群体间的文化差异为依据的。具体来讲，诸如作家、诗人、画家、音乐家等"知识精英"或专业性的知识分子常常是高雅文化的创作者和拥有者。这类人往往只在人群中占少数。正如前文提到的，反对精英立场、倡导平民文化的威廉斯中所言，大众文化不是因为大众，而是因为其他人才得到命名的。[①] 这里的"其他人"显然是指精英文化主义者。而这一立场暗含了"大众文化"的两个含义：低等次的作品和刻意炮制出来以博取欢心的作品。但在威廉斯看来，这些"低等的作品"和"可以炮制出来的作品"在现代却为许多人所喜爱。在精英主义者眼中，属于他们这一阶层的文化是高雅的，统治阶层和知识分子阶层是知识的运作者，承担着社会教化使命，发挥着价值规范的导向功能，而市井文化则庸俗不堪，无足轻重。这暗含了精英文化具有先导性、规范性和权威性的假设，他们是确立价值尺度和审美趣味的标准，他们永远处于文化舞台的中心。

从内容上来说，高雅文化主要包括古典音乐、名家书籍、严肃小说、诗、话剧、舞蹈、音乐会等高雅艺术。具备底蕴深厚、人文内涵丰富、格调典雅、较高的精神性等特点。而流行文化则是被普遍喜欢和热烈追随的文化，物质性、娱乐性较强。

时至今日，后现代社会已经消弭了精英文化和通俗文化之间的差异。精英文化眼中的通俗文化（大众文化）已经演变为覆盖各个阶层的"流行文化"。尽管各阶层之间流行文化的具体内容和形式仍有差异，但早已经不是高雅文化和通俗文化之间的二分对立。原先意义上的精英文化已经

---

① ［英］雷蒙德·威廉斯：《关键词：文化与社会的词汇》，刘建基译，生活·读书·新知三联书店 2005 年版，第 356 页。

走向终结，代之而起的是经济、政治、科技、商业与文化的全面渗透或互相交融。传统文化、高雅文化向流行文化伸出了言好合欢之手，而流行文化也在越来越多地吸收传统文化、"高雅文化"的过程中不断推陈出新。1990年，世界著名"三高"之一的帕瓦罗蒂演唱普契尼的《今夜无人入眠》在英国流行歌曲畅销榜上位列第一；2009年中央电视台春晚舞台上，宋祖英和周杰伦演绎的《本草纲目》混搭之作，可谓将高雅与流行结合的典范；同年，多明戈、宋祖英和周杰伦在北京鸟巢举办的同台音乐会引来万人追捧；而Bandari（班得瑞）乐团和久石让的轻音乐则既充满了高雅的韵味，又被成千上万的音乐爱好者追捧和喜爱。"高雅的流行文化"正在越来越受到推崇。

《红楼梦》也可以这样"红"

相比于四大名著中《三国演义》、《水浒传》和《西游记》的草根性、故事性和通俗性，《红楼梦》可谓高雅中的高雅文化。其内容之博、人物之多、场景之宏大、关系之复杂，曾令多少红学专家殚毕生之精力投入其中，而终不能玩其味、解其意。鲁迅说，一部《红楼梦》，"经学家看见《易》，道学家看见淫，才子看见缠绵，革命家看见排满，流言家看见宫闱秘事"。如此鸿篇巨制，对于普通大众阅读者而言，显然无法望其项背。于是，《红楼梦》变成了束之高阁的"梦"，不能触碰，不敢触碰，只由它成为沾满灰尘的摆设了。众多的高雅文化基本上都是这样的宿命，令人神往，却高不可攀。

如何让高雅文化"放下身段"，和普通大众来一场接地气的"约会"？这是那些力主推崇高雅文化、排斥流行文化的学者们经历了二十几年的思想斗争后，所做出的一项重大的文化思考。至21世纪的最初十年，这一文化思考开始落实到文化的建设、改革与发展的实际行动中来。一大批高雅知识分子正在努力通过将高雅文化"通俗化"，而让更多的普通大众也可以近距离接触高雅文化。

著名学者潘知常，曾将"俗解"红楼梦的题材搬上南京台《书香大讲堂》、上海台《文化中国》的电视银幕，并有《说红楼人物》、《说水浒人物》等作品出版问世。2015年播出的《书香南京大讲堂》第一季《青春红楼·红楼梦为什么这样红?》栏目，一改讲坛式"你讲我听"的传统形式，以脱口秀和真人秀相结合，随着讲解者的讲述，将伏案疾书的曹公、葬花的黛玉、身着云锦的模特和现代舞蹈一并展现在观众面前。而潘教授则用当下流行的时髦语体将红楼"梦中人"清晰地展现在观众面前。比如《红楼梦》为什么这样红？潘认为，《红楼梦》是一部充满了"爱"的著作，这个"爱"是博大的爱，是人性、是正能量。实现"中国梦"，必须"让一部分人先爱起来"。而主人公"没有爱万万不能"的贾宝玉和"人生有爱才美丽"的林黛玉的"木石前盟"，则集中体现了人性中爱的光辉。此外，贾政和贾宝玉的父子冲突是"青春期撞上更年期"，妙玉是"不爱那么多，只爱一点点"的"另类小资美女"，更有"铿锵玫瑰＋前卫美女"的贾探春、"我本善良"的薛蟠、"赢了婚姻、输了爱情"的"冷美人"薛宝钗……通俗诙谐的描画使这些"红楼梦中人"的形象愈发真实、触手可及。这般"流行化"的高雅文化，既传递了高雅情趣，又满足了时尚口味，怎叫人不击掌欢迎！

（三）流行文化与大众文化

在语义上，"mass culture"和"popular culture"可以看作是西方社会对"大众文化"和"流行文化"的两种不同表达，"mass culture"较早产生，这一提法也较早采用；"popular culture"则是一个后来者。可见，在西方，"大众文化"和"流行文化"是两个具有不同语境和不同内涵的概念。而在国内，却很少有人注意到这一点，并常将这两个概念混淆使用。其实，从严格意义上讲，大众文化和流行文化并不能画等号。

首先，从产生时间上来看，大众文化可以看作是流行文化的早期阶段。

大众文化产生于19世纪早期的西方社会。随着18世纪工业革命的展开，"大众"阶层的崛起和"大众社会"的出现为大众文化的产生培植了土壤。正如麦克唐纳在《大众文化理论》（1957）一文中指出，大众文化产生于19世纪早期的西方社会，在当时，随着政治民主化的开展以及精英教育逐渐向大众教育的转变，上层阶级垄断文化的局面逐步被打破。而商人们则发现新兴大众的文化需求将给市场带来利润，恰好科技的进步使得廉价的、批量的文化产品如书籍、杂志、绘画作品、音乐等能够满足大众文化市场的需求，且创造出新兴媒体如电影和电视等以配合大众产品。

于是，大众文化应时而生了。① 大众文化可以看作是早期的流行文化，但在内容、形式、产生过程、传播手段等各方面无论如何不能与今天的流行文化相提并论。

其次，从文化品质来看，大众文化主要作为精英文化主义者的批判对象而存在。

相对于"雅"文化而言，大众文化又可被称为"通俗文化"。大众文化总是作为精英文化主义者批判的对象而存在的。在谈到大众文化和高雅文化的关系时，麦克唐纳生动地指出，大众文化是高雅文化的寄生物，它跟高雅文化的关系不是像一片叶子和一根树枝的关系，而是一个毛毛虫跟一片叶子的关系。② 可见"mass culture"这一提法表现了西方早期文化精英的文化姿态，他们以"mass"来指称那些懵懂的、没有受过教育的平民大众，带有明显的贬低大众文化、维护上层文化的精英主义色彩。前面提到的阿诺德、利维斯等人的大众文化观点就是典型的文化精英论者，在他们眼中，大众的文化通常是低俗的、粗劣的，在艺术价值和美学价值上根本没法与高雅文化相提并论，而且大众文化的出现和发展只能是毒害大众的思想和心灵，对高雅文化构成威胁。由此，大众文化成了精英、严肃、高雅、正统文化的对立面，而变成世俗、娱乐、低级、非主流的文化。

而流行文化，更多地强调的是"popular"，表达出流行文化在各个阶层的广泛影响力和广泛受欢迎的程度，已经从"mass"这种群体指涉向流行文化的社会效用转化。大家已经不再过多地关注究竟是哪个阶层在消费流行文化，而是更多地关注人们究竟能从流行文化中获得些什么。

再次，从产生过程来看，大众文化比流行文化带有更多自上而下的"意识形态"成分。

大众文化虽然被冠以"大众"的称呼，但并不是大众以其本身的需要自发创造的。麦克唐纳指出，大众文化是由商人雇佣的科技人员制造的，它的听众是被动的消费者，他们所谓的参与行为也仅仅限于买与不买之间（buying and not buying）。那些控制着生产低劣文化产品的人为了获

---

① Macdonal, D. , *A theory of mass culture*. In Rosenberg, B. and White, D. W. （Eds）, *Mass culture：The popular arts in America*. Macmillan, New York：Free Press, 1957, pp. 59 – 73.

② 同上。

取商业利润或者获得阶级统治（在共产主义国家，主要是第二种目的，如苏联）而不断开发大众的文化需求（注意，并不是满足（satisfy）大众的文化需求，而是开发（exploit）、刺激大众的文化需求，如好莱坞的电影）。① 可见，在麦克唐纳眼中，大众文化并不是大众的真正的文化需求的反映，不是大众由内而外的自发需求，而是自外而内的引诱、自上而下的愚弄。从这个意义上说，"大众文化"不只是精英文化主义者批判的对象，同样也是大众文化批判学派深刻讽刺的对象。在他们看来，"大众"就是统治阶级的玩偶，"大众文化"就是愚弄和麻痹这些玩偶的工具。人们有的只是看似疯狂的虚假需要，却已经忘记了自己真正想要的东西是什么。正如阿道尔诺所言，"人们需要的只是他们已被给予的东西"，他们"不断重复地需要一道他们已经吃过的菜"②。

然而，当代的流行文化已经逐渐消弭了它的意识形态成分，人们更多地讨论的是流行文化所附着的消费主义文化霸权，关注的焦点已经与大众文化阶段不甚相同。

最后，从受众群体来看，流行文化比大众文化更强调受众的主动性。

对于大众文化与流行文化的关系，直到英国文化学者费斯克的文化研究才逐渐明晰起来。在费斯克之前的大众文化批判都将大众看作是被动的、没有思考能力的"乌合之众"，而费斯克却力排众议，认为大众并不是完全被动的，也有思考、创新文化的能力。也由此，西方的大众文化研究范式开始发生转向。可以看到，费斯克在 *Understanding Popular Culture* 一书中使用的概念是"popular culture"而不是"mass culture"，而该书在国内的译本却都翻译成《理解大众文化》。可见，在国内，并不把"popular culture"和"mass culture"看作两个不同的概念，而是混淆使用。这说明国内学者并没有对大众文化和流行文化的本质和区别做深刻理解，曲解了费斯克的本意。

综合以上四种理由，在本书看来，大众文化和流行文化二者确实存在交叉的地方，比如都是文化工业的产物，都是相对于严肃、高雅的正统文化而言的，都是广受大众欢迎的文化形式。但是科技的进步和社会语境的

---

① Macdonal, D. , A *Theory of Mass Culture*. In Rosenberg, B. and White, D. W. (Eds), *Mass Culture*: *The Popular Arts in America*. Macmillan, New York: Free Press, 1957, pp. 59 – 73.

② Adorno, T. , *On the Fetish Character in Music and the Regression of Listening* . In Bernstein, J. M. (Eds), *The Culture Industry*: *Selected Essays on Mass Culture*. London: Routledge, 1991, p. 42, 45.

变化使大众文化和流行文化越来越显示出诸多方面的不同。因此，我们可以把大众文化和流行文化看作是同一种文化形式的两个不同的阶段。正如前文所言，大众文化是在 19 世纪早期随着大众社会的出现而产生的一个历史性概念。在当时科技进步和阶级严重分化的历史时期，"大众文化"这一概念具有特殊的历史意涵和政治效用。换句话说，大众文化是与资本主义不顾一切获取商业利润的罪恶以及阶级斗争紧密相连的。因而，"大众文化"与其说是个文化概念，毋宁说是一个政治概念，它成为统治阶级控制大众的工具，也成为揭露资本主义、批判统治阶级的靶子。

流行文化同样是一个历史性概念，它脱胎于大众文化，但是其产生过程、内容、载体、社会影响力等方面都与大众文化极不相同。时至今日，科技的进步和传媒的发达已使流行文化空前繁荣，人们在享受流行文化的过程中释放压力，获得身心的愉悦，并成为创造、传播流行文化的主体。今天，流行文化常常是推动科技进步、引领消费时尚的先锋。文化的商业化、产业化已经成为推动 GDP 发展的巨大动力。流行文化对各个阶层皆产生了广泛的社会影响力，流行文化不单是"大众"的专属，更是社会精英阶层争相追逐的风尚。流行文化也不仅只是几首庸俗的流行歌曲，而被认为是蕴含了最多的想象力和创造力的文化形式。

当然，流行文化的空前繁荣也使消费主义霸权的影响达到了无以复加的程度，这也是流行文化与大众文化的不同之所在。

（四）流行文化与民间文化

民间文化（folk art）是特定群体在长期的生产实践和社会生活中自发流传并习以为常的价值观、行为方式和精神文化产品，主要包括以下内容：服饰、饮食、居住、生产、婚丧、文娱活动、节庆、礼仪、禁忌等方面。它有下述属性：不记名，非职业的，也就没有谁能从中博取金钱和名誉；与特定情境相联系，不包含情境外的功能，就是为情境中的人及其活动的；其中的一些部分，尤其是风俗习惯、象征符号，是悠久的传统。民间文化又被称为民俗文化、乡土文化、口承文化。① 麦克唐纳在论述民间文化时指出，民间文化是自下而上产生的，它是普通大众按照自己的需求

---

① 高丙中：《精英文化、大众文化、民间文化中国文化的群体差异及其变迁》，《社会科学战线》1996 年第 2 期。

自发、自主的某种表达，直接反映了大众的实际生活和经验。"民间文化产生于普通大众的私人空间，就好比在自家的一个有墙壁的私人花园中，而这墙壁将民间文化与高雅文化远远地相隔开来，互不干涉。"①

　　民间文化的特点是规模比较小、相对孤立和封闭、一般产生于较为内聚性的社会，地域性突出，其本质是一种民俗。民间文化守住的是自己的一方净土，未被打扰，好比一块未经雕琢的璞玉，具有更多的文化原生态气息。在文化主体上，民间文化产生和流传于特定的群体内，如家族、民族、村落、城镇，依靠家族、民族与宗教的力量作为联系纽带；在传播手段上，主要由那些少数有特殊才能的民间艺人创造和传承，依靠艺人或祖辈的亲手授艺、口耳相传。

　　与民间文化相比较，流行文化传播范围广，更为开放；商业性突出，更多地与市场和消费相互勾连；其文化内涵具有寄生、嫁接、混合、杂糅的特质，缺乏纯粹性和历史厚重感，因而难免其通俗、易变的本质；流行文化的主体并不局限于特定的群体，但更多地是以城市中产阶层和青年群体为主力军；传播手段更主要依赖于高科技手段和大众传媒。

　　当然，流行文化与民间文化并非截然不可跨越。借助于现代传媒，加入一些流行元素，民间文化也可以演变为大范围的流行文化。

Hip Hop 的文化演变

　　Hip Hop 作为近些年在全世界范围内流行的文化元素，在它诞生之初只是一种民间文化。美国纽约市黑人社区布朗克斯区和布鲁克林区，被视为 Hip Hop 的发祥地。20 世纪 70 年代的美国，由于受到战争、失业、住房、教育、社会不均等社会问题的影响，黑人、拉丁、墨西哥等少数族裔是最先受到不公平待遇的群体。出生和成长于贫民区的美国黑人和其他少数民族孩子们在经济贫困和种族歧视等因素的影响下，成为社会底层中的一个较为封闭的特殊群体。不同的街区、族群以及不同年龄段的孩子们划分成不同的群体或帮派，他们各自有着自己的地盘。为了发泄对社会的不满，进行族群互动和自我认同，他们通过属于自己帮派的涂鸦、音乐、舞

　　① Macdonal, D., *A theory of mass culture*. In Rosenberg, B. and White, D. W. (Eds), *Mass culture：The popular arts in America*. Macmillan, New York：Free Press, 1957, pp. 59 – 73.

蹈、服饰来招引同伴，并逐步发展出一种属于底层青少年的特有的 Hip Hop 亚文化。Hip Hop 将黑人传统文化与美国城市街头文化相结合，其典型的文化特征是 RAP 音乐风格（一种在机械音乐伴奏下、节奏感、押韵感很强的说唱音乐）；DJ（碟片连接切割和混合）；涂鸦（在地铁车厢内外、街道的外墙上等所有可用的地方随意涂画，用特殊的字形和阴影来区分各个地区不同帮派的讯息）；街舞（黑人街头舞蹈，具有较强的参与性、竞技性、表演性）；宽松肥大的服饰（因买不起衣服只能穿父母或兄长的衣服，却恰因宽松肥大适合街头舞蹈、竞技等活动而成为标志性的文化特征）。可以见到，Hip Hop 亚文化的起源和早期的发展是一种纯粹的黑人民间文化，处于弱势地位，以反叛和斥责政府与社会、发泄不满情绪为主要出发点。

Hip Hop 在发展的过程中，受到了政府的关注。政府发现，着迷于 Hip Hop 的黑人青少年参加斗殴、吸毒、盗窃的比例比没有迷上 Hip Hop 的人要少很多，于是对 Hip Hop 的发展予以支持。再加上 Hip Hop 文化本身的反叛性也迎合了青少年身心发展特点，因此也得到了一些白人青少年的认同。Hip Hop 文化逐渐发展起来。20 世纪 80 年代，Hip Hop 传入日韩国家，90 年代在我国香港地区出现，并于 21 世纪的最初十年在中国大陆流行开来。

Hip Hop 文化发展到今天，已经不是最初的小范围的民间文化，也不仅仅是底层群体的专属文化，而是一点点演变成为一场全球性的青少年文化运动。其特立独行、追求自由、直率感性、崇尚公平的主张与青少年的身心发展特点一拍即合，并且其早期拥有的一些文化元素经过时间的流变也发展出许多新的时代特征。比如衣服依然宽松，但昂贵代替了窘迫；头巾或运动帽需是名牌，且穿典藏版的球鞋；饰物要精心搭配，金属质感强烈；涂鸦越来越被当作一种个性化的艺术形式而受到关注；街舞和音乐配备的是高端的音响设备和 DJ 技术；步伐摇晃、"嘻哈"心态。

在 Hip Hop 从民间文化发展为全球性的流行文化的过程中，广播、电视、互联网等现代传媒极大地推动了文化的发展速度，各种与 Hip Hop 有关的网页、社区、论坛、公众号纷纷推出，使 Hip Hop 文化得以具有广泛的影响力。同时，商业化的促销手段也对 Hip Hop 从民间文化走向流行文化起到巨大的推动作用。与"嘻哈"风相关联的服饰品牌，如 MECCA 的复古鞋和棒球外套，Timber 防水靴，LRG 的牛仔裤成为"嘻哈"风的专属品牌，而我们熟知的世界大牌 Gucci、LV、NIKE、ADIDAS 等也都适时推出"嘻哈"系列的产品。另外与 Hip Hop 文化有关的唱片业、用具设备及各大 Hip Hop 乐团的演出，都使作为流行文化的 Hip Hop 文化日益受到大众瞩目。Hip Hop 文化不仅早已成为全球青少年关注的时尚文化，还在某种程度上引领着青少年流行文化。

第三节　流行文化的内涵及特征

一　流行文化的内涵

从流行文化的概念体系中我们不难看出，无论是传统文化、高雅文化还是民间文化，缺少了大众传媒的推波助澜，就只能是小范围的群体文化，最多是"时尚"，而绝非"流行"。比如在诗词文化上，唐诗多慷慨之歌，宋词多悲凉之音，但那也只是少数文人雅士的风格和情趣，与普通大众无关。再比如在服饰上，古代汉族士人喜着羽扇纶巾、长袍马褂，中世纪后欧陆贵族则偏爱燕尾西装、高顶礼帽，但这也是特定阶层的衣饰风尚，下层民众无权效仿。而所谓"流行"，则必须是事物呈现出一种扩散状态，它是开放的，无特定的壁垒。推衍开来，"流行文化"则特指某种文化现象的扩散状态，它不特定地属于某一个阶层，局限于某一个地域，而是影响范围广，参与人数多。20 世纪 50 年代的"猫王"，曾将一代美国青少年引向摇滚乐的风潮，其漂亮的容貌、标志性的扭胯动作和出色的舞台表演，成为具有反抗精神的一代青少年的鲜明标杆。再来看 60 年代的"披头士"，不仅在当时凝聚了大批的拥趸，成为一个时代的标签，更在日后若干年浸润着全世界的披头士狂热者。再细数今天的"日韩风"、"欧美风"、"中国风"，哪一个不是"一呼万应"？

由此我们看到，流行文化的形成离不开两个重要条件：大众传媒、人。前者制造了流行文化并使其快速传播；后者则体现为主体行为的嵌入其中，并通过心理表征和行为表征表现于外，最终通过人际传播而形成流行文化。因而，从这个意义上说，"流行文化"只能是现代意义上的流行文化。当人类进入到现代社会尤其是后现代社会，流行文化无论在产生过程、运作逻辑还是在时代特征、内容形式上比以往任何一个时代都有了颠覆性的改变。大众媒体的出现和日益发达不断推动着流行文化以更快的速度和广度向外扩散，并且日益将大众的主体心理和行为卷入其中。因此可以说，流行文化真正成为一种普遍的文化现象和特殊的社会现象与工业革命紧密相关，尤其是与晚期资本主义的消费社会和消费文化紧密相关。历史上从未有任何一种文化像流行文化一样表现出如此强烈的时代印记和全球化的广泛影响力。因而我们现在所谈的流行文化是特指与工业社会和后现代社会语境紧密相关，以全球化的现代传媒（特别是电子传媒）为主要媒介，大批量生产的，以时尚和消费为引导，以休闲和娱乐为主要功能，与社会心态紧密关联的当代文化形态。流行文化涉及的范围之大、内容之多，使我们无法一一列举，但总的来说主要包括服饰、美容、健身、饮食、身体、空间、流行艺术、流行文学、互联网等一切与现代传媒和消费市场紧密关联的文化形态。而与每个人日常的心理和行为具体关联的，则是个体将流行文化具体投射到某一对象上，体现为迷或接近迷的状态。

二 流行文化的特征

我们可以用很多词来表达流行文化的特征，正如汉密尔顿所言：流行文化是"通俗的（为大众而设计的）、短暂的、易忘的、低廉的、大量生产的、为年轻人的、诙谐的、性感的、欺骗性的、有魅力的、大企业式的"①。我们还可以找出更多的形容词，如平面的、即时的、奢侈的、浮华的、模糊的、多元的……无论我们有多少词语来概括流行文化的特征，都会发现，其特征都是建立在流行文化产生的两个基本条件即大众传媒和人之上的。具体体现为以下几个特征：

◆商业性、复制性
◆相对廉价
◆传播速度快
◆覆盖范围广，大批拥趸者
◆开放、多元
◆"同"与"异"并存

---

① 转引自邹跃进：《通俗文化与艺术》，湖南美术出版社 2002 年版，第 34 页。

◆物质内容多，精神内涵少

◆短暂、周而复始

第四节 西方流行文化的研究范式

流行文化研究与文化研究一样，一直是一个跨学科的研究领域，涉及文学及其批评、历史、心理分析、文化人类学、社会学和新闻传播学等学科。根据前文对流行文化的定义，显然，多样化和系统化的流行文化研究主要始自现代社会。其中，尤以 20 世纪以来的成果为主。根据流行文化研究内容、方法以及发展时间段的不同，可以将一个多世纪以来的西方流行文化研究从总体上分为六个阶段或六种范式。可以看到，每个阶段的流行文化研究都与当时社会总体的经济、政治和文化状况紧密相连，具有鲜明的时代特征。

一 经典流行文化研究阶段

经典流行文化研究范式阶段或者纯理论研究范式阶段，时间大约在 19 世纪末到 20 世纪 30 年代。这一时期流行文化研究的特点主要是采用逻辑分析、理论阐述和哲学思辨的方法。

西方资本主义社会在这一阶段已经进入繁荣发展时期，消费已成为资本主义社会经济发展的主导，而商品也在消费的刺激下逐步流行化。这一时期的主要代表人物有斯宾塞、西美尔、桑巴特、凡勃伦、托克维尔、塔德、索罗金以及巴赫金。

斯宾塞最早发现流行时装礼仪的社会意义。他认为流行是社会关系的一种表演活动，人的天性促使人在社会生活中追求时装的外观形式，而且通过时装外观的讲究和不断变化，各个阶级和阶层的人相互间实现了相互模拟和区分化。[①] 西美尔关于时尚和流行文化的研究可谓影响深远，他从 1890 年陆续发表的一系列关于时尚研究的杂文中总结了他对于时尚和流行的独特看法。他指出，社会中总有一部分人为了标新立异，而在服饰和生活方式上与众不同，正是这部分人，引发了社会中其

---

① ［英］赫伯特·斯宾塞：《群学肄言》，严复译，商务印书馆 1931 年版。

他大部分人的模仿和追随，而当大部分人正对新潮趋之若鹜之时，也正是那些引领时尚的先驱者们抛弃先前的时尚而选择更新的时尚之际。也正因此，时尚成为了阶层区隔的标志。① 桑巴特从资本主义的奢侈消费入手，指出奢侈的生活方式从一开始就与资本主义有着密切的关联，而奢侈恰恰是当代资本主义流行文化的一个主要特征。② 另一位美国的社会学家凡勃伦则从"炫耀闲暇"和"炫耀消费"的角度来论述奢侈作为资本主义统治集团争相追捧的流行生活方式。③ 法国社会心理学家塔尔德则探讨了流行时装在社会中的传播和运作逻辑，指出引领服饰潮流的只是小部分人群，而社会中多数人则是靠"模仿"行为趋同上层社会。④ 而另一位法国著名的社会学家和政治学家托克维尔则在《论美国的民主》一书中以经验描述的方式叙述了美国的庶民文化，⑤ 其中许多关于美国人民日常生活方式的描写及论述，实际上可归为流行文化的范畴。索罗金在流行文化研究上的贡献则是他提出以"逻辑—意义分析"与经验研究相结合的方法对流行文化进行研究。他的研究方法虽然采用了经验的实证研究，但他认为，在社会科学研究中，单纯的逻辑思考和单纯的发现事实都有失偏颇；调查统计分析固然重要，但哲学理论诠释批判也同样非常重要，毕竟文化研究不同于自然现象的研究。⑥ 而苏联文化研究者巴赫金则提出了流行文化研究中著名的"嘉年华理论"⑦，他以独到的眼光指出，流行文化之所以受到人们的欢迎，就是因为它通过生产和营销一种"狂欢"的气氛，使大众能够卸下所有的禁锢和包袱，感受投入到流行文化中的释放和快乐。

---

① ［德］齐奥尔格·西美尔：《时尚的哲学》，费勇、吴蓉译，文化艺术出版社2001年版。

② ［德］维尔纳·桑巴特：《奢侈与资本主义》，王燕平、侯小河译，上海人民出版社2000年版。

③ ［美］凡勃伦：《有闲阶级论：关于制度的经济研究》，蔡受百译，商务印书馆1964年版。

④ ［法］加布里埃尔·塔尔德：《模仿律》，［美］埃尔希·克鲁斯？帕森斯英译，何道宽中译，中国人民大学出版社2008年版。

⑤ ［法］托克维尔：《论美国的民主》，董果良译，商务印书馆1988年版。

⑥ Sorokin, P. A., *Social and cultural dynamics*, New York: Bedminster Press, 1962.

⑦ ［苏］巴赫金：《巴赫金全集》，钱中文译，河北教育出版社1998年版。

二　批判的流行文化研究阶段

最早对流行文化进行批判的可追溯到英国学者阿诺德。他在《文化与无政府主义》一书中，虽没有专门论述流行文化，但却将文化一分为二：一部分文化属于知识分子所专享，是"所思所言的最好的东西"；而另一部分文化则是由现代工业文明所创造"无政府状态"的文化，是属于那些没有知识没有修养的大众的文化或工人阶级的文化。①

至20世纪30年代，西方消费社会的高度发达已经带来了流行文化的过度膨胀，以消费为主的流行文化已经成为西方世界的文化主流。在当时的英国，正是电影、广告、流行小说等迅速发展的时期，作为文学杂志主编的利维斯开始注意到流行文化对高雅文化的威胁。利维斯在30年代发表的《大众文明与少数派文化》和《文化与环境》中谈到，是西方的工业文明导致了文化生产的标准化、平面化。用文学的眼光来看，这些大众文化是毫无文学和美学价值的，但却被愚昧的大众一味追捧。在这些大众文化的影响下，真正的高雅文化正在日益衰弱，无不令人堪忧。

如果说，阿诺德和利维斯对流行文化的批评还只是抱有忧虑、贬抑的态度，那么接下来要谈到的法兰克福学派则是对流行文化进行坚定的、尖锐的批判。从20世纪30年代开始至60年代产生广泛的社会影响，法兰克福学派的学者一直致力于对资本主义进行批判和揭露，其中，有相当一部分论断是针对资本主义文化的批判。代表人物是霍克海默、阿道尔诺和本雅明等人。霍克海默和阿道尔诺在1947年合著的《启蒙辩证法》一书中通过对流行文化生产、销售的机制和流程的分析，提出了著名的"文化工业"概念，即在资本主义统治集团手中，流行文化通过与技术手段、现代传媒的结合和商业运作的方式，实现了它谋取商业利润和愚弄宰制人民大众的双重目的。因而，流行文化是资本家欺骗大众的有效的意识形态工具。他们认为，流行文化制造的各种"幻象"使大众在享乐的体验中丧失了应有的批判能力，甘心情愿地成为流行文化的奴隶。而阿道尔诺个人也在《论音乐的社会情境》、《论流行音乐》等一系列文章中探讨了流

---

① Arnold, M., *Culture and anarchy: An essay in political and social criticism.* Cambridge, Cambridge University Press, 1883.

行于美国平民大众的"爵士乐"的异化现象。另一位颇具文学气质的法兰克福学派代表人物本雅明则用他独到的眼光对流行文化进行诠释和批判。他在著名的《拱廊街计划》和《机械复制时代的艺术品》等一系列作品中，痛斥了资本主义金钱经济和科技发展对文化的负面影响。资本主义对经济利益的追逐必然导致艺术品的成批复制，其结果是低价的、粗糙的文化产品充斥于市，从而破坏了艺术的整体氛围。此外，法兰克福学派的马尔库塞、克拉考尔、洛文达尔、哈贝马斯等人，也都对流行文化进行了尖锐的批判。法兰克福学派的学者对流行文化持坚定的批判立场，揭露了流行文化作为意识形态的欺骗性质，无疑为置身于流行文化之中忘我狂欢的大众敲响了警钟。但他们忽略了流行文化对艺术创新的贡献以及人民大众在体验流行文化的过程中同样也创造流行文化这一事实，未免对流行文化过于苛刻。

可以看到，无论是阿诺德、利维斯还是法兰克福学派，他们对大众文化、流行文化的批判都带有明显的精英主义色彩。所不同的是，阿诺德和利维斯看到的只是流行文化在内容和美学上的低劣，他们在批判流行文化的同时其实是表现出对过去精英文化深深的怀旧情绪和保守主义立场；而法兰克福学派却是站在流行文化与资本主义政治意识形态相互勾结的宏观视角，对流行文化进行无情的批判，体现的却是一种激进主义的立场。

三　文化主义研究范式阶段

从 20 世纪 50 年代开始，以霍加特、威廉斯、汤普森等人为代表的早期英国伯明翰文化学派，发展了新的文化研究理论和方法。在理论上，文化主义者不再采取精英主义文化观的态度，而认为"文化与我们的日常生活方式几乎成为同义的"，他们承认文化有高雅和低俗之分，但并不认为文化有高低之分。大众文化是属于民众和工人阶级自己的文化，是"自下而上的"，这就与批判范式将大众文化看作是"自上而下"的商业生产和政治工具相区别开来。在研究方法上，文化主义范式采用文本分析和民族志的方法对大众文化进行分析和研读，并强调"经验"在文化研究中的重要性，认为一种文化研究必须进入到一个特殊的群体内部，才能真正了解大众行动的意义。

可以看到，文化主义者的研究借鉴了社会学中符号互动论强调从微观的角度来了解行动的意义的观点，并且也采纳了人类学的重要研究方法，强调文化研究要"走下去"的实地调查方法。值得指出的是，以威廉斯为代表的英国大众文化研究队伍，不仅找到了用以指导研究的基本理论和方法论，而且也拥有属于自己的研究基地。威廉斯于1961年出版了《漫长的革命》一书，这本书可以看作是英国流行文化研究的新的里程碑。在系统总结英国文化研究历史经验的基础上，威廉斯提出和制定了流行文化研究的基本理论和方法论。威廉斯始终倡导以一种动态的、发展的目光关注适应时代的、新的文化特质的出现，他抛弃文化仅仅是精神和艺术产品的狭义的文化概念，确立了"文化是普通的"这一立论①，体现了他平民的、与文化精英主义对峙的姿态。之后，霍加特就在伯明翰大学创办了"伯明翰当代文化研究中心"，这个中心的建立标志着英国文化研究进入到一个新的历史阶段。

四　结构主义研究范式阶段

20世纪六七十年代，以列维—斯特劳斯、罗兰·巴特、阿尔都塞等人为代表的结构主义流行文化研究开始出现，列维—斯特劳斯主要采用结构人类学的方法，而巴特则采用结构主义符号学的方法。他们都是在索绪尔语言学的基础上，利用"能指"、"所指"、"意指"等语言分析概念对流行文化进行符号和文本分析。罗兰·巴特尤其擅长对身边的各种流行现象做符号分析，比如，他曾对流行服饰的图像想象形式和理智表现形式进行符号分析，区分了三大种类的时装，指出时装并不是人们幻想的美的概念，而是人为地书写出来的。资本主义正是通过符号生产，赋予一般商品以特定的意义。② 巴特的研究目的就在于揭露语言符号与实际物品之间的复杂关系及其相互转化过程。阿尔都塞对大众文化研究的贡献在于他吸收了葛兰西的文化霸权理论，成功地发展了大众文化研究中的意识形态理

①　[英]雷蒙德·威廉斯：《文化与社会》，吴松江、张文定译，北京大学出版社1991年版。

　　[英]雷蒙德·威廉斯：《关键词：文化与社会的词汇》，刘建基译，生活·读书·新知三联书店2005年版。

②　[法]罗兰·巴特：《流行体系：符号学与服饰符码》，敖军译，上海人民出版社2000年版。

论，提出了意识形态中的"主体性"概念①，从而对 20 世纪 70 年代的大众文化研究产生了巨大的影响。

当然，对于文化主义和结构主义两种研究范式在同一时期的争论和竞争，作为 70 年代伯明翰文化研究中心的负责人，霍尔在对两派各自的优势和不足做出分析之后，试图超越二者，为大众文化寻找新的研究路径。在《文化研究：两种范式》中，在阿尔都塞引介葛兰西的文化霸权理论的基础上，霍尔又进一步指出，文化霸权并不是通过意识形态的强行灌输而使大众接受统治阶级的影响，而是被统治阶级自愿接受的结果；文化的生产并不是统治阶级的主观意图所能单方面决定的，大众并不是没有头脑的、思想单纯的"文化傀儡"，他们具有主动理解、吸收和创造大众文化的能力。大众文化不再是法兰克福学派所谓的资产阶级宣传自身的意识形态、欺骗群众的工具和强加于人的政治操纵文化，也不是文化主义所谓的某种自下而上的自发的东西，更不是结构主义所谓的将主观性强加给某些被动的主体的机器。大众文化不再是一种阻碍历史进程的、强加于人的政治操纵文化，也不是社会衰败和腐朽的标志，而是抵抗和融合之间的一种不断变化的平衡力量。② 霍尔对葛兰西理论的发展形成了新葛兰西学派，也标志着文化主义和结构主义研究的葛兰西转向，对 20 世纪七八十年代的大众文化研究产生了深远的影响。

五　受众研究范式阶段

前面谈到的流行文化研究范式大都将注意力放在流行文化的生产、传播以及其与政治的相互勾连上，将大众看成是意识形态的傀儡和受欺骗者，忽略了大众在享用、创造流行文化过程中的主动性。

自阿尔都塞提出大众的"主体性"概念之后，这一概念对 20 世纪 70 年代的流行文化研究产生了重要影响，流行文化开始向受众研究转向。约翰·费斯克就是这一转向的先锋式人物。与其他精英主义文化研究者不同，费斯克本人就是一个"无可救药"的流行文化消费者。他更多地站

---

① ［法］路易斯·阿尔都塞：《保卫马克思》，商务印书馆 1984 年版。

② Hall, S., *Cultural studies*：*two paradigms*. Media Culture and Society, 1980, (2), pp. 57 - 72.

在为流行文化辩护而不是批判的立场上对流行文化进行解读，他的《解读流行》和《神话——理解流行文化》两部著作，可以看作是与批判学派的经典对话。以往学者将"大众文化"（mass culture）和"流行文化（popular culture）"相等同，而在费斯克眼中，这两个概念并不完全一样：大众文化是立基于"大众社会"的提出而产生的概念，在某种意义上，大众文化是与精英文化相对的，是来自社会大众的、或者说是被统治阶级的文化。在法兰克福学派看来，拥有这种文化的大众是愚昧的、被动的，成为统治阶级意识形态的牺牲品；而费斯克则认为"流行文化"的拥有者则有相当大的主动性，他们并不是毫无判断力地接受所有的文化产品。费斯克对流行文化赞誉有加而批判不足，这招致了其"文化民粹主义"[①]者的称号。

六　后现代主义研究阶段

凯尔纳将 20 世纪 80 年代中期以后的文化研究称为"后现代的文化研究转向"[②]。20 世纪 80 年代以后，西方社会更加凸显出它的晚期资本主义性质，消费社会的日益膨胀以及社会各个方面的"后现代"特征日益明显，全球化和后殖民主义已经影响到欧美世界以外的其他国家。大众文化研究也相应地进入到后现代问题框架，西方学者开始逐渐从对流行文化的沮丧、批判中走出来，以后现代视角来看待流行文化。他们开始逐步摆脱哲学的和文化史学的研究视角，转而采用社会学或文化人类学的研究取向，并利用更多样化的方法（实证的、田野的或内容分析的方法）来研究流行文化现象。

后现代主义者钱伯斯指出了流行文化在后现代社会的有效性，并指出，人们对流行文化的创造性运用抹平了高雅文化和低俗文化的界限。[③]对流行文化持更为积极观点的是赫伯迪格，他利用散文随笔的文本形式描述了流行文化能够增加文化生活的丰富性和可能性。他对英国卡通 *Biffs* 和时尚杂志 *The Face* 进行了研究，并指出，The Face 由于并未将流行音

---

①　[英]吉姆·麦克盖根：《文化民粹主义》，南京大学出版社 2001 年版，第 55 页。

②　[美]道格拉斯·凯尔纳：《批判理论与文化研究：未能达成的结合》，载陶东风主编：《文化研究精粹读本》，中国人民大学出版社 2006 年版，第 140 页。

③　Chambers, I., *Popular Culture*, *Methuen London and New York*, 1986.

乐、时尚、政治和文化评论严格区分界限而成为与生活在后现代世界中的青年最密切的刊物。①

后现代流行文化研究最为突出的代表人物是利奥塔、鲍德里亚等人。利奥塔认为，后现代社会是一个"元叙事故事"②逐步消隐的时代。所谓元叙事，就是指社会普遍认可的真理和原则。"元叙事"的消隐意味着高雅文化和通俗文化之间的界限逐渐被抹平。而波德里亚更是后现代流行文化研究中不得不提的人物。他在著名的《消费社会》一书中，指出当代消费社会的特征就是物质符号的大量膨胀及其迅速运作和转变，特别是在文化领域，各种人为的符号大量产生，而正是这些符号使后现代消费社会成为一个"模拟"和"拟象"的社会。③

这一时期的西方国家重视流行文化的经验研究，其中尤其突出的是美国。美国在这一阶段仍然继续发扬他们的实用主义经验研究传统。他们非常擅长以调查统计或田野研究方法研究某一领域（比如流行服装、麦当劳现象、流行音乐、好莱坞电影等）的流行文化现象，并在此基础上发展流行文化的理论研究。

西方的流行文化研究已经有了一百多年的历史，应当说，流行文化的理论和经验研究成果已经相当丰富，对我国的流行文化研究提供了坚实的基础。

第五节　中国流行文化的研究立场

严格意义上讲，中国内地流行文化的产生是 20 世纪 80 年代改革开放之后的事情。按照前文所谈及的流行文化定义，无论是流行文化产生的后现代语境、全球化电子传媒的传播方式，还是时尚性、消费性、娱乐性和大众化的特点，在 80 年代之前的中国文化事件中几乎都是零发生的。而当流行文化作为一个外来事物突然出现在初开国门的中国人面前时，各种批判、质疑、赞许的呼声不断，这种集中的文化大讨论曾一度成为中国流

---

① Hebidige, D., *Hidding in the Light: on Images and Things.* London, Routledge, 1988, p. 156.

② ［法］让·弗朗索瓦·利奥塔：《后现代状况：关于知识的报告》，岛子译，湖南美术出版社 1996 年版。

③ ［法］让·波德里亚：《消费社会》，刘成富、全志钢译，南京大学出版社 2000 年版。

行文化史上颇为壮观的景象。流行文化在中国内地发展的三十余年时间里，学界对流行文化现象的关注经历了从震惊、集中批判、逐渐认可到更广泛的深入研究的过程。陶东风将中国当代大众文化研究总结为三种范式：批判理论范式、现代化理论范式及新"左"派理论范式。① 其中，批判理论范式和新"左"派理论范式都可归入"批判"立场中来，所不同的是，前者主要是借用西方的大众文化批判理论（尤其是法兰克福学派的批判理论）对流行文化进行"道德主义"、"审美主义"的批判，认为流行文化带来的是"人文精神"的缺失。后者虽也属于激进的流行文化批判立场，但它更加注重政治经济学分析与阶级分析，而不是抽象的道德批判与审美批判，它们声称代表的是底层群体或弱势群体的利益立场。现代化理论范式相比于人文学科的批判思维和立场，更接近于社会科学或社会理论，更多地从中国社会的现代化、世俗化转型角度肯定大众文化的进步政治意义而不是审美价值。以此为基础，结合近年来国内流行文化的研究，本书将中国三十余年来的流行文化研究从总体上分为三种立场，即批判的流行文化研究立场、接纳的流行文化研究立场和多元中立的流行文化研究立场。

一　批判的流行文化研究立场

随着改革开放之后国门的打开，西方文化尤其是流行文化开始影响到国人的生活方式和行为方式。80 年代伊始，港台等"外来文化"对内地的文化冲击形容为洪水猛兽并不过分，习惯于"传统文化"的中国人对这种"另类"的文化形式很不适应。据说在当年，国内一位资深的老指挥家曾拒绝和一位流行歌手同台演出。而相当一部分国人对以邓丽君为代表的那种"咿咿呀呀"的"黄色歌曲"和"靡靡之音"也大为不齿。当年的这种"文化震惊"，曾一度使一些学者忧心于流行文化对传统文化和主流文化的冲击，并开始陆续对流行文化进行批判。

大陆学界对流行文化的集中批判大约开始于 20 世纪 90 年代初期。正如陶东风指出的那样，一类集中于道德和审美的批判；另一类则聚焦于政

---

① 陶东风：《中国当代大众文化研究的三种范式——一个历史兼形态学的考察》，中国文学网，（http：//www. literature. org. cn/Article. aspx？ID = 70987）。

治经济学的批判。前者以陶东风为代表，其在 1993 年第 6 期的《文艺争鸣》杂志上发表的《欲望与沉沦——大众文化批判》一文，借鉴了西方法兰克福学派的批判立场，从文艺批判或文化批判的角度对流行文化进行了道德批评和审美批评。陶东风本人将其文中的基本观点概括为："大众文化提供的是一种虚假满足并使人们丧失现实感与批判性，从而有利于维护极权统治；大众文化的文本是贫困的（机械复制的、平面化的、没有深度的、缺乏独创性的）；大众文化的观众（大众）是没有积极性批判性的，他们不能对于文本进行积极的、选择性的阅读（可以概括为：虚假满足论、文本贫困论、读者白痴论）。"① "这种大众文化批评的基本立场、研究角度和判断标准，在后来立足'人文精神'、借用西方批判理论的大众文化研究中，基本上得到了延续。"② 这种批判主要是站在精英文化的立场，认为流行文化是颓废的、背离主流价值的，不利于主流文化价值的传播。

　　政治经济学的批判立场则始于 1997 年第 2 期的《读书》杂志。该期《读书》的专题文章"大众、文化、大众文化"基本上奠定了新"左"派的大众文化理论的核心：大众文化是中产阶级/特权阶级的文化。③ 文艺批评家戴锦华在《大众文化的隐形政治学》中论述了大众文化及其所体现的消费主义与当代中国中产阶级或新富阶层利益的关系。她指出，90年代繁荣之至的大众文化与大众传媒，不约而同地将自己定位在所谓中产阶级的趣味与消费之上。大众文化就是中产阶级文化，是资本主义与资产阶级的意识形态。大众文化通过隐形的方式隐匿了权力关系和贫富差距。④

二　接纳的流行文化研究立场

　　批判的流行文化研究立场总体上是挪用西方资本主义文化情境下的批

---

　　① 　注：陶东风本人曾在此文中专门指出，"正是在与'人文精神'与'道德理想主义'的论争中，我逐渐修正了我前期机械搬用批判理论的做法，形成了我自己的大众文化观。我系统反思批判理论与中国大众文化关系的文章是发表在 90 年代中后期。我的论述角度开始从美学或伦理学转向社会理论。"

　　② 　陶东风：《中国当代大众文化研究的三种范式——一个历史兼形态学的考察》，中国文学网，（http：//www. literature. org. cn/Article. aspx？ ID =70987）。

　　③ 　同上。

　　④ 　戴锦华：《大众文化的隐形政治学》，《天涯》1999 年第 2 期。

判理论，而并未审视中国本土的社会历史的文化特殊性。而对大众文化采取接纳态度的学者则是站在中国特殊的文化情境下，认为大众文化有其进步的政治意义。比如，由激进的批判立场逐渐转为温和的现代社会理论派别的陶东风，就认为，大众文化的出现迎合了改革开放后国人对文化"神圣性"和"祛魅"的精神诉求，"世俗化与大众文化（特别是改革开放初期的大众文化）具有消解一元的意识形态与一元的文化专制主义、推进政治与文化的多元化、民主化进程的积极历史意义"。① 并且客观地指出，"从大众文化的本质来看，消遣娱乐对它而言无疑是第一位的，我们不能要求它以精英文化的方式来对抗政治文化或者追求终极意义"②。其他提倡"世俗精神"论者（如王蒙、李泽厚、张颐武、刘心武等）对于世俗化、大众文化、人的欲望、文艺的消遣娱乐性等也采取了肯定态度，认为世俗精神以及市场经济、大众文化等都不是"人文精神"的对立面。这在一定程度上接纳了流行文化的存在。

三　多元中立的流行文化研究立场

进入 21 世纪，大陆和港台学者对流行文化的研究开始向更广泛的领域拓展，流行文化研究融入哲学、文艺理论、美学、传播学、社会学等多维学科视野，研究者们开始对日常生活中的流行文化现象进行解读，对流行文化的研究不再一味批判而是更具包容性；且随着国内大众传媒的发展，流行文化的研究也逐渐与传媒研究相结合，对与大众传媒紧密相关的流行文化现象进行日益深入的研究，比如对网络文化、山寨文化、各类选秀节目、相亲节目、时尚报纸杂志等流行文化形式进行理论论述或内容分析的研究。此外，诸多学者围绕青年群体、青年亚文化如"韩流"、"追星"、"迷"与"迷群"等群体流行文化形式，对青年流行文化展开理论研究和调查研究。近年来的流行文化研究已经逐步显现出多学科、多角度切入的新的活力。

应当说，国内对流行文化的研究已经过了爆发式的集中尖锐讨论的时

---

① 陶东风：《中国当代大众文化研究的三种范式——一个历史兼形态学的考察》，中国文学网，（http：//www. literature. org. cn/Article. aspx？ ID = 70987）。

② 同上。

期，而是进入到多元化、包容式的平缓发展阶段，对流行文化的理解也更加全面化、多层次化和成熟化，但是在流行文化的经验研究上还有很多欠缺，总的来说理论假设多于经验验证。对流行文化与社会心理和个体的关系研究也还不多见，在研究方法上还有待于进一步拓展和改善。

第二章　自我认同的内涵、理论视角与学科取向

自我认同，顾名思义，是对"自我"的认同。可以看到，在这里，"自我"既充当了自我认同的主体，又是被"自我"认同的客观对象。发出认识的时候，"自我"是一个主体的我，而那个被认识的"自我"，则是一个客体的我。当一个人能够发展出认识自我的能力，他便形成了"自我概念"或称"自我意识"。"自我"、"自我概念"、"自我认同"是三个相互联系却又各自不同的概念。"自我"是自我认同的基础；自我概念是自我认同的起点；自我认同则是自我概念的高级的成熟的形式。那么，究竟何为"自我"？自我概念与自我认同又有何不同？

第一节　"自我"的三重视界

"自我"，简单来说，就是指一个完整的个人，一个具体的活生生的存在。研究自我，历来是人类亘古不变的课题。了解自己，关注人与其他动物、与自然、与人类社会自身的关系，是诸多学科领域的学者感兴趣的话题。其中，尤以哲学、心理学、社会学的研究成果最为集中和丰富。

一　哲学意义上的"自我"

哲学从本质上来说离不开人，更与人的自我意识紧密相连。人类最早对"自我"的认知很显然是纯粹哲学意义上的。

古希腊先哲对自我的哲学思考第一次使人类感觉到认识自己的重要性。苏格拉底第一次从哲学上提出了"自我"的概念。苏格拉底对人的自身意识的哲学命题就是：认识你自己。他认为上帝创造了世界和人类，

而人类所要做的就是认清自己，这是自我的神学使命，自我就是理性与心灵，认识自我就是认识自己心灵中的知识、理性及个人的能力，并得出了"我知道，我一无所知"的否定的确然性结论；柏拉图认为灵魂包括理性和非理性，前者专属于人，后者专属于动物，而理性的灵魂就是人的"自我"；而亚里士多德则认为，人的自我其实是人对自身"思想的思想"，具体来说就是"心智"对自己灵魂的认识，并指出"以自身为对象的思想是万古不没的"，并第一次明确提出"人是理性动物"的口号。当然，古希腊哲学中作为思想主体的那个"自我"离不开神的思想和旨意，可以概括为"神性自我"。

中世纪，在神学的支配下，对人的哲学思考也不免带有神学的色彩。古罗马帝国基督教思想家奥古斯丁"认识自我，认识你（上帝）"的思想，将人类自我第一次置于上帝的束缚之下。人只有信仰上帝，自我忏悔，洗刷原罪，人的自我才有存身的可能。自此，整个中世纪的自我思考都笼罩了神学的面纱。

至文艺复兴时期，随着文学、艺术、哲学的繁荣，人的自我问题也随之成为人们重新思考的课题。笛卡儿将自我等同于灵魂，并指出自我是"理性主体"，人的自我具有一种反思能力，其著名的"我思故我在"即是此意。在笛卡儿之前的自我哲学中，"思想主体"和"被思想对象"二者并不是对峙或者分离的，而是统一于"自身"，因此反思能力是有限的。而在笛卡儿的论述中，"思想主体"和"被思想对象"是对峙分离的，自我通过"思想主体"的哲学反思而被确立起来，成为有别于物和肉体的精神实体。当然这个精神实体只是一个"经验自我"，是一种仅停留在表象和有限的经验层次上的自我；洛克的自我仍然是"经验主体"；休谟则怀疑或否认"自我"的存在，认为"自我"不过是一束连续不断的知觉，所谓的自我就是因为它是知觉的存在；贝克莱也提出"存在就是被感知"的命题，区分了心灵自我与上帝本体自我的界限；康德则把自我（self）看成一种经验的意识统觉，用以与"纯粹自我"（the pure ego）相区别。这一时期，人作为"经验主体"获得了空前的自信，而与此同时，科学的精神与理性的权威也给了人类自我空前的支持。

至19世纪，克尔凯郭尔提出人类需要重新去发现那个陌生的自己。他提出，本真的自我就是人的精神，即为了实现自我而不断探索的过程；

尼采也指出，人类要"成为你自己"，最重要的方法就是回归生命本身，肯定生命，肯定自我的意志。而这一时期最有代表性的莫过于黑格尔关于自我的观点。与前人不同的是，黑格尔绕开了就自我论述自我的圈子，而是从"他人"的角度来看待自我，"自我意识只有在一个别的自我意识里才获得它的满足"，"他人"是另一个自我意识的存在，只有"他人"与自身相互作用，自我才能产生，从而确立了自我和他人的"互为主体性"的关系性自我意识理论；他之后，拉康又发展了黑格尔的学说，进一步提出，主体是由其自身存在结构中的"他性"界定的，并由此提出了"主体间性"的概念。他认为，当看守为了囚犯而固定在监狱的位置上的时候，那他就成了囚犯的"奴隶"，而囚犯就成了主人。在主体间性基础上，拉康提出了否定笛卡儿"我思故我在"的相反思想："我于我不在之处思，因此，我在我不思之处。"①

19 世纪至 20 世纪，随着身体、他者、语言的介入，关于"自我"的哲学更加重视自我的"生命本性"。海德格尔用"此在"的概念来表达自我，即个体能体悟到在"当下的时间"里自我的存在，与古代哲学中自我只是非对象化的直觉体验显然不同。②

中国传统哲学中关于"自我"的思辨并不鲜见。在秦代以前的中国哲学思想中，"自我"的主体性并未得到确立，"我"的认识活动仍然处在"身"、"心"的混沌之中。至先秦儒家哲学，"自我"虽然体现了一定的主体性，但这种主体性并未和自然（天道、天命）相分离，独立性不够，反思性还很薄弱。并且这个自我的主体性更多地与道德相联系，如孔子的"失诸正确，反求诸其身"，曾子的"吾日三省吾身"，都将"我"理解为一个道德修养的主体。至道家学派，因其主张"内皆泯"、"由此达外"，也就是人应克服自我意识，排除一切精神和意识活动，由此才能达到"齐物"、"玄同"，而与自然浑然一体。可见，道家主张"丧我"、"忘我"，认为"自我"和外物应融为一体，从而在根本上排除了自我的反思性和主体性。

中国传统哲学中的"自我"在相当长的时间内，都是与自然、世界

---

① 《拉康选集》，上海生活·读书·新知三联书店 2001 年版，第 449 页。

② 海德格尔：《存在与时间》，北京生活·读书·新知三联书店 1987 年版。

混杂在一起的。到程朱理学阶段，虽然重视人的理性，认为人和物皆"禀理而生"，但这个"理"仍然是"天道"，是自然。自我仍然融入天道之中，而并非独立的精神实体。

直到陆王心学，自我的主体性地位才基本确立起来。陆象山主张"心即性，心即理"，将主体的精神存在看作是包含宇宙万象的"大我"，可以说无我即无万物。陆氏的心学至王阳明而被进一步发扬光大。"心外无物"、"无心则无一切"充分强调了"心"作为自我的精神实体的重要地位。可谓一切唯心，一切唯我。

总的来说，中国传统哲学中，"自我"并非是一个真正独立于外部世界的精神实体，尽管陆王心学强调了"心"的重要性，树立了自我的独立性地位，但始终未摆脱宗教、"天命"的束缚。这与西方近代哲学中从自我和他人的二元对立中认识自我，以及在科学精神和理性权威基础上发展自我的概念是截然不同的。直到近代以后，中国学界对"自我"的认识才在外来思想的影响下逐渐跳出哲学的藩篱，而走向科学理性的高度。

二　心理学意义上的"自我"

19世纪中叶以后，自我的哲学研究呈现出与心理学相互交融、相互影响的局面。比如罗洛·梅借用存在主义哲学对自我的精神分析学说的改造，拉康在对弗洛伊德的理论进行反思的过程中形成的自我镜像理论等等。随着心理学逐渐从哲学中分离出来，对自我的研究越来越成为心理学家关注的命题，而且已经成为心理学和社会心理学领域的重要命题。

1890年，詹姆士在其著名的《心理学原理》一书中第一次系统而科学地阐明了自我的概念。这标志着自我的研究从思辨的哲学范畴跨入了科学主义的大门。心理学对"自我"的研究不像哲学那样泛泛而谈，而是更加细化。在心理学领域中，有两个高度不同的概念都被译作"自我"，一个是英文"self"，一个是英文"ego"。前者最早由詹姆士提出，是指以自身为对象的、具有反身意识的与他人相对应的"自身"。[①]"（self）指认识、行动着的主体，主要受后天和社会环境影响，是由生

① James, W., *The Principles of Psychology*, NY：Henry Holt and Co., 1890.

物性、社会性以及自我意识诸因素结合的有机统一体"①；而后者主要
是从弗洛伊德的人格结构理论中发展而来，用以协调本我（id）和超我
（superego）的概念。前者更多地与意识相连，而后者则更多地与无意识
或潜意识相连。

　　"自我"是分层次的。詹姆士将自我（self）划分为主我（I）和客我
（Me）两个部分。主我是与环境和他人相区别的"我"，是环境中的主动
行动者，是自我的主动认识者，虽然它在客体我的框架范围内活动，但它
具有面向未来的前瞻性，它使人可能超出既有的客体我框架，使人的行为
具有自由特征、创新性与新异性；客我是被主我认识的对象和本体，它是
通过接受别人（社会）对自己的有组织的态度系统而形成起来的。詹姆
士还进一步作出了物质自我、社会自我与心理自我的分类。詹姆士及其之
后的研究者如罗杰斯、米德、格根、库利等人都是在反身意识的层面上使
用"自我（self)"概念。自我概念的含义也已经变得明确，即自我概念
既包括客体我（Me），也包括主体我（I）。

　　而"ego"这一用法最早由弗洛伊德提出，之后经埃里克森等人进一
步丰富和发展。ego主要指个体发展的内在指导和内部机构并引导个体与
社会的关系。在弗洛伊德的人格理论中，ego是人格结构中非常重要的部
分，它连接着本我（id）和超我（superego）。它协调着人格结构中各部
分之间的联系，并且也协调着机体与环境之间的关系。而埃里克森最初的
自我认同（ego identity）正是在"ego"概念基础上提出的，他说："（自
我认同）这种一致感和连续性必须归因于自我（ego）的工作，因为没有
任何其他内部机构能完成这种贯穿于儿童期的有意义的认同作用的选择性
任务，完成对于在同一感中达到顶点的自我意象逐渐整合的任务。正是由
于这个原因，我才首先称认同为自我认同。"② 当然，后来由于考虑到
"认同"这一概念是无法与社会因素割裂来开的，埃里克森就将ego iden-
tity的内涵扩展为self identity。

　　两种关于自我的不同表述在当代自我心理学中已经逐步融合，"一方
面由ego向反身意识的self过渡，一方面又使反身意识的self带有了某种

---

① 郭金山、车文博：《自我同一性与相关概念的辨析》，《心理科学》2004年第5期。

② Erikson, E. H., *Identity, youth, and crisis*, New York: Norton, 1968, p. 209.

程度的潜意识色彩"①。二者在各有偏重的基础上相互融通。

1908 年，当英国的麦独孤和美国的罗斯分别将自己的《社会心理学》著作公诸于世从而标志着社会心理学成为一门独立学科的时候，自我的研究也自然而然地纳入了社会心理学的领域之中。麦独孤作为一个机能主义者虽然强调行为研究的重要性，但也涉及了自我的论述，他指出，"自我的观念和自尊情操，本质上是社会的产物……这种自我观念，不只是一个自我概念，而总是自我和别的自我关系的概念"②。重视自我和他人与社会的关系，这无疑是社会心理学关于自我研究的典型立场。

当然，"自我"也曾在心理学上遭到冷遇甚至否定。以华生为代表的行为主义，对"自我"的存在自然是不屑一顾。早期行为主义就主张开展行为研究，放弃意识研究。其著名的"S（刺激）—R（反应）"模式，认为人们的行为只不过是对外界刺激的某种反应。这一模式中，有机体（自我意识）是缺位的。随着新行为主义"S（刺激）—O（有机体）—R（反应）"模式的推出，自我意识的能动性才逐渐受到重视。至人本主义心理学和认知心理学阶段，自我的研究更加受到集中关注，也更系统化、科学化。

人本主义将自我的研究集中到对自我概念的关注。自我概念是反思性更强的"自我"意识，对人的行为和心理健康也极为重要，自我概念的研究在人本主义心理学中占有重要的地位，并由此发展出一套心理治疗方案。为我们所熟知的人本主义心理学家马斯洛，在其需要层次理论中提出的"自我实现"概念，是对自我的另一个新的发展。他指出，自我中拥有一个促进自己成长、改进并使潜能发挥到最充分的内驱力，而自我实现就是个人充分实现其潜能并达到最高发展水平。

心理学发展到更高层次的认知学派阶段，自我的主体性地位获得了空前的重视，自我的研究也进入到一个崭新的格局。一些重要概念如心理表象、知识表征、记忆、问题解决、推理、判断和决策、语言等属于个人类认知的信息加工过程成为认知心理学的研究焦点。其中，认知心理学家马

---

① 王益明、金瑜：《两种自我（ego 和 self）的概念关系探析》，《心理科学》2001 年第 3 期。

② 转引自李汉松：《西方心理学史》，北京师范大学出版社 1988 年版，第 234 页。

科斯的"自我图式（self‐schema）"① 概念可以说是对自我的思维层面的高度概括。自我图式是关于自我的信念，这个信念组织并引导着与自我有关的信息的加工。进入到 20 世纪 80 年代，"动态自我"的概念开始受到关注。马科斯在过去—现在—未来的时间维度上发展了动态自我概念理论，将自我分成"过去自我"、"现在自我"和"可能自我"②。

心理学对自我的研究还体现在对自我进行的量化研究。比如 1976 年沙沃森从自我的多层次、多维度角度提出的"多侧面等级自我概念模式"③；1982 年，Harter 的"儿童能力自知量表"④；1984 年，Marsh 等人的"自我描述问卷"（SDQ）⑤。为自我走向更为科学的实证研究提供了基础。

当代心理学对自我的研究在理论和方法上更加多元化，在研究思潮上体现出批判、解构、重建自我的动态发展态势。比如格根认为，在当代社会信息多元化的时代背景下，"自我的连续性、恒常性"是受到破坏的。并认为多元异质的人群、多变的信息导致"交往饱和的自我"，增加了自我身份的不确定性。⑥ 包梅思德提出将"自我状况"分为反身意识、人际存在和执行功能三部分。并认为这三部分是人们把握自我基本意义的经验原型。其中，反身意识是基础，人际存在表明自我与他人的联系，执行功能则揭示了自我发生作用的机制。⑦

未来，"自我"仍将是心理学研究一以贯之的主题，且心理学所秉承的科学主义研究传统必将使自我的研究更加精细。随着社会环境

---

①　Markus, H. , *Self‐schemata and Processing Information about the Self.* Journal of Personalty and Social Psychology, 1977, 35（2）.

②　a. Markus, H. and Nurius, P. , *Possible selves.* American Psychologist, 1986（41）.

b. Markus, H. and Murius, D. *Possible selves: The interface between motivation and self‐concept.* In Yardley and Honess（eds.）Self and identity: Psychological perspectives. New York: Wiley, 1987.

③　Shavelson, R. J. , Habner, J. J. and Stanton, G. C. , *Validation of construct interpretations.* Review of Educational Research, 1976（46）.

④　Harter, S. , *The Perceived Competence Scale for Children*, Child Development, 1982（53）.

⑤　Marsh, H. W. , Smith I. D. and Bures, J. *Multidimensional self‐Concepts: Rlationships with infererd self‐concepts and Academic Achievement.* Australian Journal of Psychology, 1984（36）.

⑥　Gergen, K. J. *The saturated self: dilemmas of identity in contemporary life*, New York: Basic Books, 1991.

⑦　Baumeister, R. F. , *The Handbook of Social Psychology: The Self.* McGraw‐Hill, 1998.

的不断变化，未来自我的研究还会面临许多新的机遇和挑战。

三 社会学意义上的"自我"

社会学意义上的"自我"是无法与群体及更大范围的社会相剥离开来的。从这个意义上说，社会学所关注的"自我"与哲学上"关系自我"的理论是异曲同工的。人的意识不是天生就有，而是在正常的社会环境中逐步形成和发展起来的。儿童发展心理学的研究早就证实，自我的发展过程必须在正常的人类社会环境中进行，否则，自我就会扭曲。现实中的一些残酷例证已经充分说明，如果脱离了与他人和社会的正常互动，不仅自我的发展会受到威胁，连生命也是岌岌可危的。来看下面这个例子：安娜是个私生子女，母亲由于害羞，生下安娜后，便把她藏在一间房子里，不与人接触。安娜6岁半被发现时，还不会走路、说话、自己吃饭，也不会保持个人卫生。她没有任何情感表达，对人十分冷漠。安娜被发现后，首先被送到一个智残儿童之家，而后又送到一家育婴所。她的社会技能逐渐提高，到11岁她去世的时候，她已开始学会说话。此外，还有一个叫珍妮的小女孩，从18个月至13岁一直是被关在一间小屋子里，在一个小便椅上长大的。她的父亲、哥哥从不与其交流，只允许妈妈给她喂食，但不许发出嘈杂声。珍妮13岁被发现时送到医院治疗，但因隔离时间太长，治疗一年之后仍不能发展出自我概念，而且从未说出一个完整的句子。

人首先是对外部世界、对他人的认识，然后才逐步认识自己。自我意识是在与他人交往过程中，我们根据他人对自己的看法和评价而发展起来的，这个过程在人的一生中一直进行着。人从出生到老死的每一个发展阶段，都面对着社会的角色期待，因此生活在一个特定群体中的人们都会有着共同的观念、情感、思维方式和行为方式，这也就是所谓的社会化过程。而这些共同的经验也会内化到个体的自我之中，成为个人评价自我的核心构成部分，也是首要的和稳定的参照系。人类学家玛格丽特·米德曾对南太平洋萨摩亚群岛的原始部落进行过系统研究，发现人们进行价值判断的基点，与自己生活在其中的社会的价值取向是一致的。生活在鼓励男子女性化社会中的男性，价值取向与行为方式也高度倾向于女性化；而生活在鼓励女子男性化社会中的女子，其价值倾向和行为方式也高度倾向于男性化。① 可见，社会评价和社会认可是自我评判、自我价值的重要来源。这在一个互赖性很强的集体文化社会中更是如此。一个人只有获得社会的接纳和认可，才可能拥有自信与安全感，并由此形成稳定的自尊和自我认同。

从自我和社会的互动的层面来看待自我的发展，许多社会学家和社会心理学家都有着经典的论述。社会心理学家乔治·米德承袭了詹姆士的"主我"和"客我"概念，也将"自我"分为"主我（I）"和"客我（Me）"两部分，但米德对主我和客我的解释与詹姆士并非完全相同。米德的"主我"概念是自发的、能动的，为自我和人格发展提供动力；"客我"是内化了的社会要求和期待，是在社会互动过程中形成和发展起来的。在这里，米德的"主我"有些与弗洛伊德的"本我"相似，而"客我"则与弗洛伊德的"超我"类似。在其著作《心灵、自我与社会》中，米德提出，作为有别于非我（周围环境、客体）的自我是在"主我"与"客我"相互建构的过程中，经过"模仿"、"嬉戏"、"群体游戏"三个阶段的"角色扮演"逐渐发展起来的。童年期的儿童更看重"重要他人"（如家长、老师）的评价标准，而随着年龄的增长，人们逐渐将自己所面对的社会群体抽象为一个"一般化他人"的概念，个人的观念、情感和思维、行为皆以一般化他人为基础，个人在进行自我评判时也都以这个内化了的"一般化他人"的标准为参照。个人与社会是通过"符号"（动作、形象、言辞等）来实现相互作用和相互影响的。社会通过"符号"相互作用来型塑个体，影响个体的心智和自我的发展；同时，个人也通过符号相互作用来维持和改造社会。② 米德的观点显然非常强调社会和人际互动对自我发展的影响。

他人和社会的评判标准不仅是一个标杆，为个体成为一个合格的社会成员提供了努力的方向，同时，更是一面镜子，映射出自我的不足，使自

---

① 　a. Mead, M. , *Coming of age in Samoa.* NY：William Morrow and Company, 1928.

　b. Mead, M. *Sex and temperament in three primitive societies.* NY：William Morrow and Company, 1935.

② 　[美] 乔治·H. 米德：《心灵、自我与社会》，赵月瑟译，上海译文出版社 1992 年版。

我不断修复、调整、完善。这就是美国社会心理学家库利的"镜中我"理论（looking – glass self）。在《人类本性与社会秩序》一书中，他认为，人的行为很大程度上取决于对自我的认识，而自我是社会的产物，是通过社会互动而产生的。"自我"的发展经历三个阶段：（1）我们设想自己在他人面前的行为方式；（2）在做出行为之后，我们设想或理解他人对自己行为的评价；（3）我们根据自己对他人的评价的想象来评价自己的行为，并据此做出下一步反应。① 将他人的看法和评价看作自己的一面"镜子"，很显然，库利自我理论的着眼点在于自我是如何在他人这面"镜子"的映照下不断成长起来的。

此外，区分自我与他人的边界，也是弄清"自我"的有效途径。20世纪80年代以来，一些学者正是从这一角度对自我进行社会心理学的分析。如格林伍德等学者和从自我的动机层面将自我分为公我（public self）、私我（private self）和群体我（collective self）。② "公我"，是指个体为了获得社会赞许，而重视"有意义他人"的评价；"私我"是建立在内在自我评价基础上的个人成就，因此较少受到他人评价的影响；"群体我"则是自我为完成群体任务，达成群体对自我的要求而将群体目标和评价内化为个体之中。这一分类从自我的"公"和"私"两个面向确立了自我和他人的边界，从而也将"自我"的概念丰富和明晰起来。

需要提出的是，虽然自我是在与社会环境的互动中发展起来的，但不同的文化背景浸润下的自我则体现出不同的特点。西方文化（以美国为代表）较看重个体在群体中的独立性，当个体和群体的利益发生冲突时，个人利益在先，群体利益在后。个体更看重自我作为一个独立的个体所拥有的价值观、目标，将追求"真我"视为非常重要的人生目标，因此，西方社会自我和他人的关系是"场独立"型的。在这种关系下发展起来

---

① 〔美〕查尔斯·霍顿·库利：《人类本性与社会秩序》，包凡一、王湲译，华夏出版社2015年版。

② a. Greenwald, A. G. and Pratkanis, A. R., *The self. In*: *Wyer, R. S. and Srull, T. K.* (Eds.), Handbook of social cognition. Hillsdale. NJ: Erlbaum, 1984, pp. 129 – 178.

b. Breckler, S. J. and Greenwald, A. G., *Motivational facets of the self. In*: Sorrention, R. M. and Higgins, E. T. （Eds.）, *Handbook of motivation and cognition*: *Foundations of social behavior*. New York: Guiford Press, 1986, pp. 145 – 164.

的自我被马科斯和科塔亚玛称作"独立性自我"①，也就是说，个体虽然处在群体中，但群体中的他人只起到社会比较的功能，目的在于更好地了解自我，发展自我潜能。而东方文化（以中国、日本为代表）中，群体总是凌驾于个人之上的。个体较看重与群体中其他成员的和谐一致，当个体的目标、价值观、利益与群体发生冲突时，个人通常会选择放弃自我而和群体保持一致。个体由于较在意别人的看法和评价，因而这个"自我"往往是错位的，并非"真我"。东方文化中自我和他人的关系是"互赖型"的，在这种关系下发展起来的自我被马科斯和科塔亚玛称作"互赖性自我"②，因而自我的确立也更多地依赖于他人的评价。对此，费孝通也曾有过形象的比喻："西方社会中，个人和群体的关系就像捆柴，几根稻草束成一把，几把束成一扎，几扎束成一捆，几捆束成一挑。每一根柴在整个挑里都属于一定的捆、扎、把。每一根柴也都可以找到同把、同扎、同捆的柴，分扎得很清楚而不会乱。"而在中国，个人和他人的关系有如小石子投入水中的涟漪，由近及远地推衍开去，遵循着"差序格局"的局面。③ 中国人"家本位"和人情社会的文化特点决定了自我较看重与他人保持和谐一致的关系。

第二节 "自我概念"及其形成与发展

一 "自我概念"的定义

"自我"是一个客观存在，而能够对这个客观存在的"自我"进行觉知则需要发展"自我概念"。罗杰斯指出，自我概念是个人现象场中与个人自身有关的内容，是个人自我知觉的组织系统和看待自身的方式。④ 罗森伯格认为自我概念是个体对自我客体的思想和情感的总和，

---

① a. Markus, H. and Kitayama, S., *Culture and Self: Implication for Cognition, Emotion and Motivation*, Psychological Review, 1991 (98).

b. Markus, H. and Kitayama, S., *Culture Variation in the Self–concept, In Straus*, J. and Goethals (Eds). The Self Interdisciplinary Approaches, New York: Splinger–Verlag, 1991.

② 同上。

③ 费孝通:《乡土中国生育制度》，北京大学出版社1998年版，第24—26页。

④ Rogers, C., *Client–centered therapy: Its current practice, implications and theory.* Boston: Ioughton Mifflin, 1951.

包括个体对自己许多方面的看法。① 沙沃森认为，自我概念是通过经验和对经验的理解而形成的自我知觉，即个体的自我知觉，这种知觉源于对人际互动、自我属性和社会环境的经验体验，是多维度的，按一定层次组织到一个范畴系统之中。② 虽然不同的心理学者对自我概念的界定有所差异，但它们之间也有相通、相容之处。简言之，自我概念，又称自我意识，是指个体对自我所有特征的认识，包括性别、种族、外貌、性格、人际关系、价值观等一切方面的总的认识。也就是说，个体从"主我"的角度出发，把自身当作一个客观对象来认识。"自我是一本书，同时也是这本书的读者。" 自我概念的提出意味着对主体反思能力的高度承认和重视。

正如自我是层次性和结构性的，如"主我"、"客我"之分，自我概念同样也具有不同的结构和层次。詹姆士在主我、客我的基础上，又将自我概念分为四个部分，即物质自我、社会自我、精神自我和纯粹自我。③ 罗杰斯区分了两种自我概念：现实自我（the self）与理想自我（the ideal self）。④ 前者是我认为我是什么样的人，后者是我希望成为什么样的人。伯恩斯（Burns，1982）则把自我概念分为物质自我、社会自我与心理自我。⑤ 从詹姆士到罗杰斯，以及伯恩斯，都认为自我概念既包括作为认识客体的对象自我（self as known），也包括作为认识主体的主体自我（self as knower）。不过，另一位美国心理学家奥尔波特，则将自我概念称作"统我"（poroprium），认为"统我"只包括以自身作为对象的各个方面，而并不包括主体的我。⑥ 为了能将抽象的自我概念操作化为具体可测量的指标。一些心理学家还建构了自我概念的测量模型。比如，哈特根据不同

---

① Rosenberg, M. , *Conceiving the Self.* NY：Basic，1979.

② Shavelson, R. J. , Habner, J. J. and *Stanton*, G. C. , *Validation of construct interpretations.* Review of Educational Research，1976（46）.

③ James，W. , *The Principles of Psychology*，NY：Henry Holt and Co. ，1890.

④ Rogers，C. , *Client - centered therapy：Its current practice，implications and theory.* Boston：Houghton Mifflin，1951.

⑤ Burns，R. , *Self - concept development and education*，Henry Ling Ltd，1982.

⑥ Allport，G. W. （1955）. *Becoming：Basic considerations for a psychology of personality.* New Haven：Yale University Press.

年龄段儿童提出了不同的自我概念成分要素。① 沙沃森提出的自我概念的多维度层次理论模型，指出一般自我概念包括学业自我概念、社会自我概念、情绪自我概念和身体自我概念。②

二　自我概念的形成及发展

生物学和心理学的研究共同表明，人类的自我概念并不是天生有之，是经过后天社会化过程得以逐步形成的。从认知上，大约在 6 至 8 月龄时，婴儿开始有对自己身体、自身的连续性的感觉。③ 此时婴儿可以像认识不同时间的妈妈是同一个人一样，感觉到自己是一个连续"事件"。人在出生至二三岁之间，"自我"是混沌的，也就是说，人并不能将"我"与周围的环境和他人相区分，"我"并不知道"我"是谁。细心的读者会发现，二三岁之前的幼童在其语言表达中是没有"我"这个字的。他只会用自己的名字来表达"自己"。即便偶尔出现，也是一种单纯的模仿而已。更有一个有趣的现象来佐证这一结论：二三岁前的幼童在照镜子的时候，有一个通常的动作，就是拍打镜子，这说明他还不明确地知道镜子里面的那个影像就是自己。同样地一个对除人以外的其他动物（如大猩猩、海豚）所做的照镜子实验，也证明了并非只有人类才有自我概念。一个被打了麻药后在额头上涂上颜色的海豚，在它清醒之后让它照镜子，结果发生了什么？海豚会用它的鳍去触摸自己的额头！当然，结果我们是猜得出来的，海豚的自我意识也就仅限于此，不会再有大的提高。

如同社会化的进程一样，自我概念的发展也贯穿于人的一生之中。在基本的自我概念形成之后，个体还不断经历着自我概念的调整、修复、完善。当然，自我概念的发展有两个比较明显的高峰阶段，一是在 2—3 岁，自我意识开始萌芽。"我"字会经常出现，表明其能将自我从环境中抽离

---

① a. Harter, S., *Competence as a dimension of self – evaluation：Toward a comprehensive model of Self – worth.* In leahy, R. L. （Eds）, The Development of the self, New York：Academic press, 1985, pp. 55 – 121.

b. Harter, S., *Manual：Self – perception profile for adolescents.* Denver, Co：university of Denver, 1986.

② Shavelson, R. J., Habner, J. J. and Stanton, G. C., *Validation of construct interpretations.* Review of Educational Research, 1976 （46）.

③ 朱智贤：《中国儿童青少年心理发展与教育》，中国卓越出版公司 1990 年版。

出来，知道自己是与周围人和环境是不同的。这之后，自我概念随年龄而不断发展。但早期的自我意识是表面的、肤浅的，仅限于对自我的外在特征如性别、相貌、家庭等方面浅层认识，并没有上升到真正意义上的自我反思，如性格、价值观、人际交往等较深的层次，也就谈不上有自我认同的发展。直至第二个时期，即青春期阶段，儿童的自我意识开始逐渐由外在转向内在，如性格、爱好、人缘、能力等方面，自我反思才进入到一个更深的层面，自我认同也才开始逐步发展起来。可见自我认同是自我概念的高级形式。青春期自我概念的形成对日后自我概念的确立和完善起到非常重要的决定作用。

无论是社会学家还是心理学家，都认为自我概念是不断发展的，随着年龄的增长其层次结构越来越清晰。并且，形成健康的、成熟的自我概念必须要在个体与他人、社会的互动中进行，印度狼孩的经典案例说明，只有生理机能的单纯成长而缺乏与他人的正常交往，个人的自我发展一定会受到抑制。

三　自我概念的作用

那么，人为什么要形成自我概念？其意义何在？首先，自我概念是个体形成健康心理的首要条件。罗杰斯指出，对于一个人的个性与行为具有重要意义的并不是那个客观存在的自我，而是自我概念，因为自我概念控制并综合着对于环境知觉的意义，而且高度决定着个人对于环境的反应。当然，客体自我和自我概念都很重要，而且只有二者很好地统一起来，才不容易产生心理障碍。另外，罗杰斯还提出，只有将自己的情感与信息进行符号化、表征化，我们才会形成明确的自我意识。而这种明确的自我意识对个体来说非常重要。不准确的自我概念常以激发焦虑的形式引起心理问题。[①] 其次，有助于保持个体的内在一致性。人如何看待自己，将决定着人按照怎样的方式来行动。将自己定位为一个勤奋、高自尊、善良等优秀品质的人，其行为也基本上是积极、热情、社

---

① a. Rogers, C., *Client - centered therapy*: *Its current practice*, *implications and theory*. Boston: Houghton Mifflin, 1951.

b. Rogers, C., *A Theory of Therapy*, *Personality*, *and Interpersonal Relationships*, as Developed in the Client - centered Framework. In: Koch, S. (Eds), Psychology: A Study of a Science, 1959.

会评价较高的；相反，一个认为自己是抑郁、消极、无所作为的人，其行为也一定表现出消极和低社会评价的特点。可见，自我概念起到引导个人行为的作用。最后，自我概念起到经验解释系统的作用并决定人们的期望。[①] 一定的经验对于个人具有怎样的意义，决定于个人的自我概念。不同的人可能获得相同的经验，但对经验的解释却可能千差万别。比如两个考试成绩同样是 90 分的同学，对这个分数的经验解释可能是不一样的。一个对自我期望很高、非常自信的同学，他的目标可能是 100 分，所以对 90 分这个分数是不满意的，甚至可能会有非常大的挫败感。而一个自我期望较低、对自己没有信心的同学，可能会非常满足于这个分数，甚至十分惊喜。这就是不同的自我概念对经验解释的不同。也因此，自我概念常决定着人们对自我、他人、事件的发生有着不同程度的期望。伯恩斯指出，儿童对于自己的期望是在自我概念基础上发展而来，并与自我概念相一致的，其后继的行为也决定于自我概念的性质。[②] 国内金盛华有关儿童自我概念的实验研究也指出，差生在其消极自我概念基础上，他们的自我期望、学习动机、外部评价与对待都偏离了学生的角色。[③] 这从另一个侧面也说明了积极的自我概念对儿童社会化的重要作用。

第三节 自我认同的内涵及意义

一 自我认同的内涵

1980 年，埃里克森对他的自我认同概念进行了四个方面的总结：即个体同一性的意识感；个人性格连续性的无意识追求；自我综合活动的标准；团体的理想和内在一致性的保持。埃里克森又根据这四个方面所涉及到的自我与情境的程度将自我认同归纳为三个层面：自我认同

---

① 章志光、金盛华：《社会心理学》（第二版），人民教育出版社 2008 年版，第 86、87 页。

② Burns, R., *Self - concept development and education*, Henry Ling Ltd, 1982.

③ a. 金盛华：《自我概念及其发展》，《北京师范大学学报》（社会科学版）1996 年第 1 期。

b. 金盛华：《自我概念发展的社会比较机制》，《心理学探新》1997 年第 3 期。

（ego identity）、个人认同（personal identity）和社会认同（social identity）。①

虽然埃里克森指出了自我认同概念存在着概念澄清的问题，但他没有确定自我同一性的边界。这导致后来的研究者很少注意到自我认同概念与其他相关概念的区别，从而制约了自我认同理论和应用研究的发展②。同时，埃里克森以质性和描述的方式总结了自我认同的内涵，但并没有对自我认同提出操作化的定义，这为究竟该如何测量自我认同提出了难题。

马西亚则在埃里克森的基础上最早对自我认同提出了操作化的定义。他认为，自我认同是青少年进行各种可能的探索，并产生个性感及社会角色感、跨时间的经验一致感和对自我理想的投入感。1964 年，马西亚通过自我认同状态的半结构化访谈（Identity Status Interview）技术发现，并不是每一个人都会经历"认同危机"。③ 在此基础上，1966 年，他将自我认同分为四个状态：认同早闭（identity foreclosure），这类青少年过早投入到自我认同之中，但并不是他们自己探索的结果，而是盲目接受家长或其他重要他人给予他们的认同或价值；认同延缓（identity moratorium），这类青少年已经获得了模糊的、不合规范的意识形态和职业投入，他们仍经历着认同探索，他们开始投入到认同当中但仍然处于发展之中；认同扩散（identity diffusion），这类青少年对自我认同并没有清晰的认识，也不试图做出努力，他们没有投入也没有探索，出现这种情况很可能是他们已经做出努力，但并没有结果，因而放弃尝试；认同获得（identity achievement），这类青少年已经发展了较好的个人价值与自我概念，他们的自我认同到成年期可能还会进一步扩展，但是前期形成的认同不会发生质的改变，他们投入到意识形态之中并有强烈的自我认同感。其中每一个状态都可以在投入和探索两个维度上加以测量。是否投入（committed to an identity?）指个体是否为有关自我的问题进行思考和做出努力？是否探索

① Erikson, E. H., *Identity and the life cycle: A reissue*, W. W. Norton and Company, Inc, 1980, pp. 109 – 110.

② 郭金山、车文博：《自我同一性与相关概念的辨析》，《心理科学》2004 年第 5 期。

③ Marica, J. E, *Determination and Construct Validation of Ego Identity Status*. Unpublished doctoral dissertation, Ohio State University, 1964.

(searching for their true identity?) 指个体是否在认同发展过程中努力寻找适合自己的目标、价值观和理想?[①]

另外，在自我认同的发展阶段上，马西亚和埃里克森的观点也有所不同。众所周知，埃里克森将自我认同的发展分为八个阶段，即"信任与不信任（婴儿期）"、"自主与羞怯、怀疑（幼儿期）"、"主动与内疚（学前期）"、"勤奋与自卑感（学龄期）"、"认同与角色混淆（青少年期）"、"亲密与孤独感（青少年期或成年早期）"、"关注后代与关注自我（中年期或成年期）"、"完善与绝望（成熟期或老年期）"[②] 这八个阶段是连续的、依次进行的，每个阶段都有各自不同的发展任务。而马西亚的四个自我认同状态并不是依次进行的四个阶段，而是青少年所经历的过程。青少年可能占据一个或更多个状态，这些状态并不是按照固定的次序展开，而每一个状态也不是每一个人所必须经历的。

马西亚提出的两个维度四种状态为后来许多研究者的实证研究提供了基础，关于自我认同的测量工具也在不断修订的过程中日益完善。沃特曼认为在给自我认同下定义时应当考虑其过程变量和内容变量。作为过程变量，"认同"是指个体探索和确认那些可能承诺的目标、价值观和信念的策略和技术，以及在任何特定的认同领域所投入的程度。而内容变量则是指认同处于的特定生活领域以及"认同"自身的属性。[③]

20 世纪 80 年代以后，自我认同的动态性定义受到普遍关注。马西亚之后的许多学者认为其自我认同的操作定义将自我认同看作是静态的，限制了自我认同的社会心理过程的动力学理解。[④] 格瑞温特认为认同的基本特征是它解释自我的主题，这触及人格的一致性和跨时间的连续性。因此

---

① Marcia, J. E., *Development and validation of ego identity status.* Journal of Personality and Social Psychology, 1966, 3 (5).

② Erikson, E. H., *Childhood and society*, New York: W. W. Norton and Company, Inc., 1963, pp. 247 – 269.

③ Waterman, A. S., *Identity in adolesence: processes and contents.* London: Jossey – Bass Social Inc. 1985, pp. 4 – 6.

④ a. Grotvant, H. D., *Toward a process model of identity formation.* Journal of Adolescent Rearch, 1987, 2 (3).

b. Berzonsky, M. D., *Identity Style Inventory* (ISI3), Revised Version. Unpublished measure, State University of New York, 1992.

他采用建构主义的观点将认同视为个体与世界互动的结构或框架，这一结构是个体描述、关联和解释相关特征、经验的理论或原则。①

伯泽斯基则进一步完善格瑞温特的概念，采用理性的建构主义观点，认为理论化过程不单纯是搜集总结资料和验证假设，还包含解释一个人的经验的主动过程。强调在自我相关经验被编码、表征和运用过程中的个体差异，提出了解释认同风格的概念并将其作为解释同一性状态的基础。②使自我同一性的研究深入到内在机制的研究。

"self-identity" 在我国有多种译法，如自我统合③、自我同一性④、自我认同⑤。其中，"自我同一性"在国内心理学界较为常用，而在哲学和社会学界则多用"自我认同"。无论何种译法，总之，"self-identity"都是指个体对自我在过去、现在和未来的连续性和同一性的反思性主观意识体验。因此本书将自我认同定义为：个体在一生中对"我是谁"这一问题的反思性的主观意识体验，这一意识体验强调的是个体内在的连续性和同一性，并涉及自我、个人和社会之间关系的多维度、多层次的概念。

对自我认同概念的理解应从以下三方面入手：

（一）自我认同是一种反思性的主观意识体验

自我认同强调的是个体作为主体自我对客体自我的认同，因此在"自我认同"的英文表达中，"self-identity"要比"ego-identity"更为通用。因为"self"，某种意义上强调的是主体我"I"与客体我"Me"的统一，也就是说，个体如何将主体自我从自我中抽离出来，变身他者，以他者的身份来反观作为客体的自我。笛卡儿所谓"我思故我在"及笛卡儿之后的西方学者对自我作为一个独立精神实体的高度重视，都在不同程度上强调了自我的反思性。因此，自我认同本身

---

① Grotvant, H. D., *Toward a process model of identity formation*. Journal of Adolescent Rearch, 1987, 2 (3) .

② Berzonsky, M. D., *Self-construction over the life span: A process perspective on identity formation*. In Niemeyer, G. J. and Niemeyer, R. A. (Eds.), Advances in personal construct psychology. Greenwich, CT: JAL, 1990, Vol. 1, pp. 155 - 186.

③ 张春兴：《教育心理学》，浙江教育出版社 1998 年版。

④ 黄希庭：《人格心理学》，浙江教育出版社 2010 年版。

⑤ 车文博：《人本主义心理学》，浙江教育出版社 2003 年版。

就将"自我"看作是反思性的。所谓"反思性",是指"持续发生的
社会生活流受到监控的特征"①。反思性体现于自我上,则表现为个体
在不规则的时间内的自我观察、自我质问和自我评估。吉登斯指出,
自我认同就是一个"反思性理解的自我"②。当然,吉登斯可能过于
强调反思性在自我认同构建过程中的重要地位,从而招致唯心论的质
疑。事实上,个体的反思性自我是不可能脱离社会结构和文化要素而
进行的。在传统社会,反思的频度低,向内作用力小,参照系主要是
社会的道德、阶级标准。而在现代社会,社会变化速度快,异质性
高,文化更加多元化,阶级界限逐渐模糊,因此,个人反思的频度也
更高,向内作用力更大,参照系也打破了阶级的壁垒,向更大的范围
拓展。特别是在后现代社会,自我的反思性已经不单是社会给定的,
个人的"反思性筹划"③能力越来越强。个人可以通过创造性的反思
自我来建构和发展自我认同。因此,个人自我认同的发展不仅是社会
结构建构的结果,也是个人自我反思的结果。

(二)自我认同强调个体内在的连续性和同一性

在埃里克森的自我认同理论中,连续性(continuity)和同一性
(sameness)是自我认同概念的核心。所谓"连续性"和"同一性",
是指个体通过时间和空间能够体验到其自身是一个连续的实体,个体
在不同的时空下仍能感受到自己本质上始终是相同的一个人。④随着
认同危机的逐渐解决,个体应在所处的生活环境中建立一种自身的连
续感和同一感,这样的自我概念才有助于个体日后的正向发展。⑤

"认同的形成是个体对过去所拥有的,及未来所期望的之间,感觉到

---

① 〔英〕安东尼·吉登斯:《现代性与自我认同》,赵旭东、方文译,生活·读书·新
知三联书店 1998 年版。

② 同上。

③ 同上。

④ Erikson, E. H., *Identity, youth, and crisis*, New York: Norton, 1968.

⑤ a. Erikson, E. H., *Young man luther: A study in psychoanalysis and history*, New York:
W. W. Norton and Company, Inc, 1958.

b. Erikson, E. H., *Childhood and society*, New York: W. W. Norton and Company,
Inc, 1963.

c. Erikson, E. H., *Identity, youth, and crisis*, New York: Norton, 1968.

一种日益增加的‘连续感’。”① 这也就是说，人必须感受到自己的内在是连续的、一致的，才不会做出前后不一致的、逻辑不符的和任意的行为，即个体在确定的价值观、信仰等思想意识的支配下做出前后一致的行为。而所谓的“认同危机”正是由于个体在一生发展过程中的某一阶段的发展任务没有完成好，从而导致下一阶段的发展受阻，这就是说不同发展阶段之间出现了断裂以至于不能很好地衔接。

对于自我认同的连续性和同一性，张日昇作了如下解释：“自己自身内在的不变性和连续性，也就是指在自己的生育史中一贯的自己，不是任何其他人，而且自己无论是过去、现在还是将来都是不变的。”②

而雷庚玲则用“环环相扣、累累相叠”③ 来表达自我认同的连续性和同一性。她认为，个体在青少年期不断尝试各种社会角色和活动、探索自己的价值体系及方向，而各种尝试的成功或失败有些可能来自个体自身的潜力与限制，有些可能来自环境的型塑与机遇，但无论如何，这些人生大大小小的抉择和经历，终究会环环相扣，累累相叠，形成个体的自我认同。雷庚玲等人为了将自我认同的连续性变成实际中的可观测变量，还用“自我认同确定性”来进行标识④。

在笔者看来，自我认同既是一个发展过程，也是一种发展结果或状态。埃里克森的自我认同发展八阶段论曾指出，自我认同的发展要贯穿人的一生，只不过每一个阶段的主要任务不同，只是青少年期的自我认同发展任务更加艰巨而已。既然是发展的，就一定是变化的。因而这里所讲的连续性和同一性并不是指个人在一生中的任何时期都要保持同一个自我，更不能认为自我认同应该是静止不变的。因而笔者并不认为张日昇精准地表述了自我认同连续性和同一性的内涵，相比之下，雷庚玲的表述更形象和准确一些。我们应将自我认同看作是一个变动的过程，

---

① 陈坤虎、雷庚玲、吴英璋：《不同阶段青少年之自我认同内容及危机探索之发展差异》，《中华心理学刊》2005 年第 3 期。

② 张日昇：《同一性及青年期同一性地位的研究——同一性地位的构成及其自我测定》，《心理科学》2000 年第 4 期。

③ 雷庚玲：《Erikson 之心理社会发展理论与 9·21 震灾后儿童心理复健之应用》，《中华心理卫生学刊》1999 年第 12 期。

④ 注：关于自我认同“确定性”的测量，见后文的“自我认同确定性量表第三版”（QIF - III）。

这一过程可能是渐进的，也可能是骤变的，个人在某时、某地、某种刺激下突然抛弃了先前的自我，而改变或接受一个新的自我，这是完全有可能的，也是正常的。因此，不管是渐变还是骤变，只要变化不是高频率的摇摆、反复甚至倒退，在某一个相对稳定的时间段内（当然，这一时间段究竟应该是多长很难有实际的规定）保持某种相对不变的状态，就可以认为个体的自我认同是连续的、同一的。正如前文所述，埃里克森认为，随着认同危机的逐渐解决（变化的过程），个体应在所处的生活环境中建立一种自身的连续感和同一感（某种相对稳定的结果或状态）。

可见，连续性和同一性是自我认同概念的时间维度，表现为自我认同发展中前后相继的某个时间段内的相对稳定性。

（三）自我认同是一个多维度、多层次的概念

埃里克森的自我认同是一个多维度、多层次的概念。自埃里克森将自我认同分为自我认同、个人认同和社会认同三个层面之后，不同学者对自我认同的具体内容的观点不尽相同，但都围绕自我（self）与社会之间的关系程度来展开。

1. 自我认同、个人认同、社会认同

埃里克森根据自我认同嵌入自我（self）和环境的程度将自我认同分为三个领域，即自我认同（ego identity）、个人认同（personal identity）和社会认同（social identity）三个部分。

而施瓦茨又进一步秉承埃里克森的观点，强调自我认同的领域划分应该根据埃里克森的自我认同定义进行层次性划分，而不是将其直接划分为自我认同状态范式所谓的意识形态领域和人际关系领域。因此，自我认同应包括自我（ego）认同、个人认同和社会认同，其所涉及的内容领域应该包括个人内部的、个人和社会之间的、社会的三个领域：即自我认同（ego identity）、个人认同（personal identity）和社会认同（social identity）三个部分。其中，自我认同（ego identity）是最基本的层面，即个体私下或无意识的自我综合和个人性格的连续性，包括自我感、职业、学习和生活方式；个人认同（personal identity）即个体通过自我与环境的相互作用而表现出的一套目标、价值观和信念，并在此过程中确定个体与他人的区别与作为个体的独特性，包括友谊、恋爱、家庭和娱乐活动；社会认同

（social identity）是自我认同的环境定向层面，即个体与团体理想的内在一致感和团体的归属感，包括道德和信仰。[1]

2. 个人认同、社会认同、集体认同

奇克在 20 世纪 80 年代经过一系列研究（Cheek & Briggs，1982；Hogan & Cheek，1983；Cheek，1989），最终将自我认同内容分为三部分：个人认同（personal identity）、社会认同（social identity）、集体认同（collective identity）。[2] 个人认同是以"私我"（private self）的自我属性为基础，乃个体经由独特、真实的自我经验所型塑；换言之，它反映个体私人或内在的心理倾向，及一种连续性和独特性的感觉。它与私人的自我意识有关，其面向包含如个人价值体系，生涯目标、自我知识及独特的心理状态等；社会认同是以"公我"的自我属性为基础，乃个体与环境互动后所型塑的认同，它与公众的自我意识及个人的社会角色有关，其面向包含如个人的名誉、受欢迎度、印象整饰等等；至于集体认同的焦点则在于纳入个体之"重要他人或参考团体"（例如家庭、同僚、学校、社区、国家或宗教等）的期待与规范[3]。可以看到，奇克对各个面向的自我认同内容的定义与施瓦茨并不完全一致。当然，由于奇克认为集体认同所涉的层面既广又复杂，且其意涵不受心理学者关切，故他只提出集体认同的概念，但未形成具体的量表进行测量。[4]

---

[1]　Schwartz, S. J., *The evolution of Eriksonian and Neo - Eriksonian identity theory and research: A review and integration.* Identity, 2001（1）.

[2]　a. Cheek, J. M. *and Briggs*, S. R. *Self - consciousness and aspects of identity*, Journal of Research in Personality, 1982（16）.

b. Cheek, J. M., and Hogan, R. *Self - concepts, self - presentations, and moral judgment.* In Sule, J. and Greenwald, A. G.（Eds.）, Psychological Perspectives on the Self, Hillsdale, NJ: Erlbaum, 1983, Vol. 2, pp. 249 - 273.

c. Cheek, J. M. *Identity orientations and self - interpretation.* In Buss, D. M. and Canter, N.（Eds.）, Personality Psychology: Recent trends and emerging directions New York: Springer - Verlag, 1989, pp. 275 - 285.

[3]　陈坤虎、雷庚玲、吴英璋：《不同阶段青少年之自我认同内容及危机探索之发展差异》，《中华心理学刊》2005 年第 3 期。

[4]　同上。

3. 个人认同、社会认同、形象认同

台湾师范大学心理学所的陈坤虎等人在奇克自我认同内容的基础上，又增加了一个"形象认同"的内容，并认为"形象"乃青少年期最为关注的自我问题之一。因而将自我认同分为个人认同、社会认同和形象认同。

可见，无论是埃里克森、施瓦茨抑或奇克的自我认同内容，都反映了自我认同的三种关系的统一：一是主体自我对来自个体内部的一切方面的认同；二是主体自我对自我与他人和社会的关系的认同；三是主体自我对自我与社会层面的关系的认同。

综上，自我认同的连续性和同一性是自我认同分别在自我认同、个人认同、社会认同上的连续和同一，连续性和同一性是自我认同的时间维度，而自我认同、个人认同和社会认同则是自我认同的内容维度。二者都要在自我反思的向内观照中逐渐得以达成。个体通过调整"主我"与"客我"、"自我"与"他者"、"自我"与"社会"的关系，使自我认同的危机逐渐得以解决，在某一段时间内维持一个相对稳定的自我，从而达到对自我的接受、认可和悦纳，这就是自我认同发展的核心议题，也是青少年自我认同发展要解决的主要问题。

二　"自我认同"于人的意义

正常的自我认同发展是人在环境影响下缓慢发生的，期间可能会因环境的不同和个体对自我认同的投入和探索程度不同而产生或多或少的混乱和焦虑情绪，但这种情绪经过自我和环境的相互作用和自我的心理调节之后会逐渐得到平复，并不会对心理健康造成太大的影响。但是，如果一个人在其一生中有较长一段时间对自我的认知处于不稳定、摇摆、怀疑甚至是混乱的状态，那么其对事物的态度、价值观、行为等一系列方面自然就会表现得不一致、不连续和难以捉摸——今天觉得自己很伟大，于是做出一件让所有人都惊讶的事情；明天又因为一点小事情而全然否定自己，一蹶不振。马西亚曾经指出，埃里克森的自我认同概念具有重要的临床意义。假如个体不能把过去、现在和将来的自我顺利整合，个体就无法获得自我同一感，那么个体将极有可能停留在"认同扩散"的状态，失去生存的目标和意义，从而出现障碍性行为的症状。①

我们已经知道，青少年期是自我认同的发蒙时期和关键时期。生理的变化使他们在童年期已经树立起来的自我形象产生波动，"我还是以前的我吗?""我到底是谁?"等问题开始出现。而青少年期思维能力的显著提高也使他们思考问题的方式有了质的改变，这也使反思自我成为可能。童年期形成的自我概念往往是父母长辈等"重要他人"建构的，而青少年期则开始逐渐认识到自己是一个独立于社会和他人的个体，应该有着独立甚至是特别的思想、情感，因此他们需要重新审视和总结童年的自我，重新评价自我，并在新角色和新选择中对"我将成为怎样的人"进行重新定位。

然而，在这种新选择和新定位中，由于青少年的自我反思能力尚未成熟，因此极易受到社会和他人的干扰。如果自我认同长期处于不稳定的状态，轻者会出现紧张、焦虑、不快乐的情绪，重者则可能产生心理或精神上的疾病（如抑郁、狂躁、恐慌、怀疑、无安全感、精神分裂等），并导致某些生理上的连带症状（如头痛、失眠、幻视、幻听等）。引起自我认同问题的原因当然有个人内部的原因如自尊感、个人对自己过去成功经历的评价、思维方式、个性特征等等。但是，还有一个非常重要的原因，那就是外部情境的影响，如社会剧变、文化差异、他人对自己的评价等等。

心理学的研究成果表明，拥有稳定的、成熟的自我认同，对形成健康的心理、发挥潜能、获得成功、拥有幸福的人生，具有重大的意义。

沃特曼的研究指出，个体的自我认同恰好与最佳心理功能的四个评价标准相吻合②：

●促进个人幸福感的提升；

●个体目标的实现；

●社会认可的获得；

●社会建设性目标的实现。

因而，自我认同是构成最佳心理功能的一个重要组成部分。

亚当斯和马歇尔在对自我认同实证研究的基础上提出了自我认同的五

① Marcia, J. E., *Development and validation of ego identity status.* Journal of Personality and Social Psychology, 1966, 3 (5).

② Waterman, A. S., *Identity in adolesence: processes and contents.* London: Jossey – Bass Social Inc, 1985, p. 80.

项功能①：

- 为理解"我是谁"的问题提供了结构；
- 为个体提供明确的发展方向、目标、人生观和价值观；
- 为个体提供清晰的个人控制感和自由意志体验；
- 帮助个体获得信念、行为以及价值观的内在一致性；
- 帮助个体挖掘并发挥出自身拥有的潜能。

事实上，个体主义文化背景（主要是指西方文化背景）和集体主义文化背景（主要是指东方文化背景）对个体自我认同的关注程度是极为不同的。西方人终其一生追求的目标或许就在于如何能够活出真正的自我，知道自己需要什么以及如何达成目标，实现理想的自我。相比之下，东方人则是集体导向，更看重与群体中其他成员的和谐性、一致性，这样就容易将自我置于极不重要的地位，甚至为了不被他的群体所抛弃而宁愿忍受内心的痛苦。因此，东方人往往活得压抑、沉闷、不幸福。

社会文化对个体自我认同的建构程度不同，而每个个体自我认同的发展历程也不尽相同，有些自我概念和自我觉知感清晰强烈的个体，可在短短几年的时间里建立自我认同感，并在相当长的时间内保持这种最初的自我认同感。而有些个体可能终其一生都探寻不到真正的自我。更有许多可怜之人，稀里糊涂了此一生，在他的生命里，从未出现过"自我"的念头。可见，自我认同受个体的关注程度，不仅是个人文化和素质的体现，也反映了一个社会的文明程度。

第四节　自我认同研究的理论视角和学科取向

一　自我认同研究的理论视角

挪威学者克罗格曾将青少年自我认同研究总结为三种视角：历史视角（Historical approaches）、社会文化视角（Socio - cultural approaches）和发展视角（Developmental approaches）。② 历史视角主要是从社会发展、时代变迁的

---

① Adams, G. R. and Marshall, S. K., *A developmental social psychology of identity: understanding the person - in - context.* Journal of Adolescence, 1996（19），pp. 429 - 442.

② Kroger, J., *Identity in adolescence: balance between self and other.* （3rd Ed），London: Routledge, 2004, pp. 1 - 10.

纵向视角来看待自我认同问题的出现和演变。这一视角认为，从历史的观点来看，认同形成和自我身份界定的过程至少对许多西方社会的青少年人而言，是近期才有的现象；[①] 社会文化视角从青少年当下所处的社会文化环境（社会阶级、种族、社会规范和法律要件等）入手，强调个人与社会环境之间的持续交互作用，并指出认同获得并不是个人对社会环境的被动反应，个人会采用能让他们与社会文化环境更好地相融的方式去选择、变更或修正自我认同；[②] 发展视角则更多地关注变化中的自我感（a changing sense of "I"）——自我感的内在的、发展中的转换以及随后这种自我感是如何影响他的生活经验的。青春期个体内心的重建方使认同问题浮出水面，而社会文化因素毫无疑问会加速或推迟甚至阻止这种发展进程。在人生的第二个十年之中，认知、情感或自我结构的质性变化都会使不断体验的主观自我感发生改变。以埃里克森、彼得·布劳斯、劳伦斯·科尔伯格、珍妮·洛文杰、罗伯特·基根为代表的发展理论具有某种共性。他们更强调用定性研究而不是定量研究去描述发展中的变化。线性描述或非阶段论者只是说随着时间的推移早期生命中存在的某些东西会日益突显出来，而发展理论却试图研究这种存在于生命早期阶段的东西是如何发生变化的。[③] 在发展理论看来，自我认同的发展阶段是分层的而且具有固定不变的次序，每一个阶段都以上一个阶段为基础。[④]

　　从总体上看，三种理论视角并不是相互争斗，而是在互相融合的基础上各自突出不同的观点。历史视角强调自我认同问题是人类社会进入到现代社会之后才出现的社会现象和心理现象；社会文化视角强调自我认同与社会文化环境及微观互动环境之间的关系；发展视角则强调自我认同的连

---

① 　a. Erikson, E. H., *Identity, youth, and crisis*, New York：Norton, 1968.

　　b. Erikson, E. H., *Life history and the historical moment*, New York：Norton. 1975.

　　c. Baumeister, R. F., *Identity: cultural change and the struggle for self*, New York：Oxford University Press, 1986.

　　d. Baumeister, R. F., *"How the self became a problem: a psychological review"*. Journal of Personality and Social Psychology, 1987（52）.

　　e. Cushman, P., *"Why the self is empty"*, American Psychologist, 1990（45）.

② 　Baumeister, R. F. and Muraven, M. *Identity as adaptation to social, cultural, and historical context*, Journal of Adolescence, 1996（19）.

③ 　Breger, L., *From instinct to identity: the development of personality*, Englewood Cliffs, NJ：Prentice‐Hall, 1974.

④ 　Loevinger, J., *Paradigms of personality*. New York：W. H. Freeman, 1987.

续性、阶段性。许多学者既坚持历史视角，也同时是社会文化视角和发展视角的拥护者。比如埃里克森就是这样一位学者，他是典型的发展论者，却同样认识到自我认同的历史性以及个体自我认同发展过程中所面临的社会文化环境和实际生活议题的影响。包梅思德也同样既主张历史视角，同时也是社会文化视角的拥护者。

二　自我认同研究的学科取向：心理学和社会学立场

自我认同是一个非常抽象的概念，从理论上它涉及哲学、心理学、社会学等多门学科，但作为一个与人的自身发展有关的概念，我们如何从经验上发现自我认同的规律？把握自我认同的特质？这是追求经验研究的学者们的共同追问。而擅长经验研究的心理学家和社会学家则在不同的脉络上进行着不同取向的研究。

（一）自我认同的心理学立场

在自我认同的经验研究上，心理学家比社会学家更早介入。前文已经提到，最早提出"自我认同"概念的是美国精神分析心理学家埃里克森。埃里克森在做临床精神病医师的过程中，发现有些从"二战"战场上返回的士兵缺乏生活的一致性和连续性，不能很好地把自我的生活连接起来，从而产生心理和精神疾病。[①] 埃里克森通过对他所治疗的某些个案的质性描述，对自我认同进行理论上的阐述和总结。[②] 他定义了自我认同的概念，从精神分析的角度去研究自我认同的危机与发展，但他并没有给出自我认同概念的操作化定义。也正因此，埃里克森的自我认同概念激发了后来学者的研究兴趣也同时让他们中的很多学者为此而一举成名。

擅长心理测量的心理学家当仁不让地接手了埃里克森未开辟的事业。从 20 世纪 60 年代至 90 年代，对自我认同概念的操作化研究以及自我认同测量工具的发展研究如雨后春笋。

最早对埃里克森的自我认同概念进行操作化的是马西亚。前文已经提及，马西亚将自我认同分为两种维度（投入和探索）四种状态（认同早闭、认同

---

① Erikson, E. H., *Childhood and society*, New York: W. W. Norton and Company, Inc, 1963, pp. 38 – 47.

② 同上。

延缓、认同扩散、认同获得），由此提出了自我认同状态范式，马西亚也因此被公认为自我认同实证研究的集大成者。在他的自我认同状态范式基础上，许多心理学家分别从自我认同状态、自我认同内容、自我认同风格、自我认同地位等方面展开研究。主要成果集中在自我认同的操作化及测量工具和研究模型的不断完善上。这期间比较有代表性的如由亚当斯等人 1979 年编制的"自我认同状态客观测量问卷"的最初版（OM - EIS）[1] 以及 1989 年对此问卷进行修订后编制的"自我认同状态客观性测量问卷第二版（EOM - EIS - 2)[2]"；加藤厚的自我认同地位研究[3]；德拉斯关于职业、宗教信念和政治意识形态的自我认同状态问卷（DISI - ORP）[4]；奥克斯和普拉格的自我认同感量表（SIS）[5]；伯泽斯基的认同风格量表（ISI）[6]；奇克等人的自我认同内容研究[7]；拉克斯等人的自我同一性维度量表（DIDS）及双环

[1]　Adams, G. R., Shea, J., and Fitch, S. A, *Toward the development of an objective assessment of ego - identity status*, Journal of Youth and Adolescence, 1979, 8 (10).

[2]　Adams, G. R., Bennion, L., and Huh, K, *Objective measure of ego identity status: A reference manual* (2nd Ed.), Logan, Utah: Utah State University, 1989.

[3]　加藤厚：《大学生自我同一性诸相及其构造》，《教育心理学研究》（日文）1983 (31)，转引自张日昇：《同一性及青年期同一性地位的研究——同一性地位的构成及其自我测定》，《心理科学》，2000 年第 4 期。

[4]　Dellas, M. and Jernigan, L. P., *Development of an objective instrument to measure identity status in terms of occupation crisis and commitment*, Educational and Psychological Measurement, 1981 (41).

[5]　Ochse, R. and Plug, C., *Cross - cultural investigation of the validity of Erikson's theory of personality development*, Journal of Personality and Social Psychology, 1986, 50 (6).

[6]　a. Berzonsky, M. D., *Identity Style Inventory* (*ISI*3), *Revised Version*. Unpublished measure, State University of New York. 1992.

b. Berzonsky, M. D., Soenens, B., Smits, I., Luyckx, K., and Goossens, L. *Revised Identity Style Inventory* (*ISI* -4). Unpublished test, Department of Psychology, State University of New York at Cortland, Cortland, NY. 2007.

[7]　a. Cheek, J. M. and Briggs, S. R. *Self - consciousness and aspects of identity*, Journal of Research in Personality, 1982 (16).

b. Cheek, J. M., and Hogan, R. *Self - concepts, self - presentations, and moral judgment*. In Sule, J. and Greenwald, A. G. (Eds.), Psychological Perspectives on the Self, Hillsdale, NJ: Erlbaum, 1983, Vol. 2, pp. 249 - 273.

c. Cheek, J. M. *Identity orientations and self - interpretation*. In Buss, D. M. and Canter, N. (Eds.), Personality Psychology: Recent trends and emerging directions New York: Springer - Verlag, 1989, pp. 275 - 285.

模型①。

　　利用这些测量工具和研究模型，研究者对自我认同的内容、状态、地位、风格等方面展开了一系列实证研究，并具体到对青少年自我认同的发展趋势②、性别差异③等方面的测量和预估。

　　这些研究模型及测量工具尽管测量的内容不尽相同，但基本都是基于马西亚的自我认同状态范式而展开。正如施瓦茨所言，在过去的三十年中，认同状态模型是自我认同领域最重要的实证研究范式。④ 这一范式最大的优点是弥补了埃里克森未能将自我认同操作化的不足，将自我认同的状态呈现出来，使人们从经验领域对自我认同产生直观的把握成为可能。但是，纵观埃里克森之后三十年中心理学家在认同状态范式基础上展开的自我认同研究，还存在两个方面的局限性。正如范霍夫对认同状态范式的批评，"自我认同状态范式缺乏理论基础，以及这一范式并没有完全把握

　　① a. Luyckx, K., Goossens, L., Soenens, B., and Beyers, W. *Unpacking commitment and exploration: preliminary vlidation of an integrative model of adolescent identity formation*, Journal of Adolescence, 2006, 29 (3).

　　b. Luyckx K., Schwartz S. J., Berzonsky M. D., Soenens B., Vansteenkiste M., Smits I., and Goossens L., *Capturing ruminative exploration: etending the four – dimensional model of identity formation in late adolescence*, Journal of Research in Personality, 2008 (42).

　　② a. Marcia, J. E., *Development and validation of ego identity status*, Journal of Personality and Social Psychology, 1966, 3 (5).

　　b. Identity in adolescence. In Adelson, J. (Eds.), *Handbook of Adolescent Psychology*, 1980.

　　c. Meilman, P. W. *Cross – sectional age changes in ego identity status during adolescence*. Developmental Psychology, 1979, 15 (2).

　　d. Adams G. R. and Fitch, S. A. *Ego stage and identity status development: Across – lag analysis*. Journal of Adolescence, 1981, 4 (2).

　　e. Meeus, W. (1996) *Studies on identity development in adolescence: An overview of research and some new data*. Journal of Youth and Adolescence, 25 (5).

　　f. Kroger, J., *Identity in adolescence: balance between self and other*. (3rd Ed), London: Routledge, 2004, p. 1 – 10.

　　③ a. Marcia, J. E., *Identity in adolescence*. In Adelson, J. (Eds.), Handbook of Adolescent Psychology. New York: Wiley, 1980, pp. 159 – 187.

　　b. Kroger, J., *Gender and identity: The intersection of structure, content, and context*. Sex Roles, 1997 (36).

　　④ Schwartz, S. J. *The evolution of Eriksonian and Neo – Eriksonian identity theory and research: A review and integration*. Identity, 2001 (1).

埃里克森的自我认同概念，窄化了埃里克森的理论"①。

首先，这些研究只是呈现了自我认同静态的一面，而并未有清晰地指出，青少年在整个认同发展的关键时期，自我的同一性和连续性究竟呈现怎样的动态变化性，"并未解释某一个认同状态如何通过探索或困惑等历程而逐渐演化至另一种状态。这个研究取向，也没有说明如何透过社会认知取向来解释自我认同的连续感的产生及发展趋势"②。范霍夫认为，认同状态的研究并未提到发展连续性概念，认为马西亚的认同状态分类忽略了个体在时间上、空间上的连续性，而此连续性概念恰恰是埃里克森在界定认同概念时所强调的。③

其次，对自我认同的实证研究也并没有反映埃里克森所指出的实际生活情境对青少年自我认同的影响。埃里克森的理论向来以"心理社会发展理论"（psychosocial developmental theory）加以命名。纵观埃里克森的理论发现，埃里克森始终致力于将每个阶段的自我认同发展置于个体所面临的有关的实际情境之中。④ 换言之，埃里克森并不把自我认同看作是单纯的个体内在的心理表征，而是更加强调自我认同形成过程中人与社会之间的互动性与适应性。⑤ 他认为，个体总是在与社会环境的互动中逐渐看清自己在各种社会脉络（如人际关系、社区、社会）中的特定角色。而心理学取向的经验研究基本都是对某一年龄段或整个青少年期、或者是对带有某种生理特征（如性别、种族、少数民族等）抑或是某种社会特征（比如移民等）的自我认同状态、地位、风格或者差异性的一般规律的研究，这些研究似乎更加关注微观层面的个体内在的认同发展，着眼点在于具有某一特征的青少年，他们的自我认同是什么样的状态，而并不在于某种情境究竟对这种自我认同状态产生怎样的影响，也就是说，只回答了

① Van Hoof, A., *The identity status filed reviewed: an update of unresolved and neglected issues with a view on some alternative approaches.* Developmental Review, 1999 (19).

② 陈坤虎、雷庚玲、吴英璋：《不同阶段青少年之自我认同内容及危机探索之发展差异》，《中华心理学刊》2005 年第 3 期。

③ Van Hoof, A., *The identity status filed reviewed: an update of unresolved and neglected issues with a view on some alternative approaches.* Developmental Review, 1999 (19).

④ Erikson, E. H., Erikson, J. M., and Kivnick, H. Q., *Vital involvement in old age – the experience of old age in our time*, New York: W. W. Norton and Company, 1997.

⑤ Bourne, E., *The state of research on ego identity: A review and appraisal.* Journal of Youth and Adolescence, 1978 (1).

"是什么"而并不主要回答"怎么样"或"为什么"。正如范霍夫所言，这些研究都没有将青少年在认同过程中实际面对的生活议题或是认同转变的困惑与探索描述出来，更没有顾及埃里克森对于认同具有连续性的看法。① 寇特和莱文同样认为，这些基于认同状态范式基础上的研究，缺乏对认同发展的社会情境因素（social – contextual）的关注。②

当然，尽管马西亚的认同状态范式受到诸多质疑，但其模型在自我认同发展的测量上仍然是有效的。③ 而自我认同研究中缺少情境分析的缺憾在最近二十几年的研究中逐渐得到弥补，许多重视心理—社会分析的研究者开始对情境和自我认同的关系展开研究。

（二）自我认同的社会学立场

从 20 世纪 80 年代末 90 年代初开始，心理学取向的自我认同研究一统天下的局面逐步得到扭转。自我认同的发展离不开个体所面临的实际生活情境，这是埃里克森自我认同发展理论一直强调的问题。从西方近期的研究来看，许多学者在对情境与自我认同理论以及埃里克森的认同研究进行重新整合的过程中，也都非常强调情境对自我认同的重要性。④ 1988

---

① Van Hoof, A., *The identity status filed reviewed: an update of unresolved and neglected issues with a view on some alternative approaches.* Developmental Review, 1999 (19).

② Côté, J. E. and Levine, C. G., *A critical examination of the ego identity status paradigm.* Developmental Review, 1988, 8 (2).

③ a. Berzonsky, M. D. and Adams, G. R., *Reevaluating the identity status paradigm: Still useful after 35 years.* Developmental Review, 1999 (19).

b. Waterman, A. S., *Issues of identity formation revisited: United States and the Netherlands.* Developmental Review, 1999 (19).

④ a. Adams, G. R. and Marshall, S. K., *A developmental social psychology of identity: understanding the person – in – context*, Journal of Adolescence, 1996 (19).

b. Baumeister, R. F. and Muraven, M. *Identity as adaptation to social, cultural, and historical context*, Journal of Adolescence, 1996 (19).

c. Côté, J. E. and Levine, C. G., *A critical examination of the ego identity status paradigm.* Developmental Review, 1988, 8 (2).

d. Côté, J. E. and Levine, C. G., *Identity formation, agency, and culture: a social psychological synthesis.* Mahwah, NJ: Lawrence Erlbaum, 2002.

e. Phinney, J. and Goossens, L. (Eds.)., *Identity development in context*, Journal of Adolescence, 1996, 19 (5).

f. Schachter, E. P., *Context and identity formation: a theoretical analysis and a case study.* Journal of Adolescent Research, 2005 (10).

年，寇特和莱文在研究中曾指出埃里克森的自我认同理论强调情境因素对自我认同发展的重要作用。[①] 1996 年，一些研究者为了强调情境的重要作用，在一期"*Journal of Adolescence*"杂志上发表的全部是针对情境中的认同发展理论和相关实证研究。[②]

心理学取向的自我认同研究更关注微观层面的个人内在的认同进程，而社会学取向的自我认同研究倾向于将个体与之所处的家庭、学校、社区[③]以及同伴关系[④]或更为宏观的社会环境[⑤]结合起来进行研究。

这种更多地将情境因素融入到认同的心理学研究之中的取向，使新埃里克森学派的认同理论更接近于埃里克森本来预想的多重维度视角[⑥]。

---

① Côté, J. E. and Levine, C. G. , *A critical examination of the ego identity status paradigm*. Developmental Review, 1988, 8 (2) .

② Phinney, J. and Goossens, L. (Eds.) . , *Identity development in context*, Journal of Adolescence, 1996, 19 (5) .

③ a. Jodl, K. M. , Michael, A. , and Malanchuk, O. *The family as a context for adolescent identity development*. Paper presented at the meeting of the Society for Research in Adolescence, San Diego, CA. , 1998, Feb.

b. Lannegrand – Willems, L. and Bosma, H. A. , *Identity development – in – context: The school as an important context for identity development*, Identity: An International Journal of Theory and Research, 2006, 6 (1) .

④ a. Akers, J. F. Jones, R. M. , and Coyl, D. D. , *Adolescent friendship pairs: similarities in identity status development*, behaviors, attitudes, and intentions, Journal of Adolescent Research, 1998 (13) .

b. Jordyn M. and Byrd, M. , *The relationship between the living arrangements of university students and their identity development*, Adolescence, Summer, 2003, 38 (150) .

⑤ a. Côté, J. E. , Identity: *A multidimensional analysis*. In Adams, G. R. , Montemayor, R. and Gullotta, T. P. (Eds), Psychosocial development during adolescence. Advances in adolescent development: An annual book series. Thousand Oaks, CA, US: Sage Publications, Inc. , 1996, 8, pp. 130 – 180.

b. Gergen, K. J. , *The saturated self: dilemmas of identity in contemporary life*, New York: Basic Books, 1991.

c. McAdams, D. P. , *The case for unity in the (post) modern self: A modest proposal*. In R. Ashmore and L. Jussim (Eds.), Self and identity: Fundamental issues, New York: Oxford University Press, 1997.

⑥ Côté, J. E. and Schwartz, S. , *Comparing psychological and sociological approaches to identity: Identity status, identity capital, and the individualization process*, Journal of Adolescence, 2002, 25 (6)

个体与其所处的社会文化环境是无法相分离的，二者存在高度的相互依赖。个体所处的不同文化使其认同的内容（价值观、态度、象征符号、投入等）不同。文化既能够影响认同的内容，也能够影响认同的结构及其发展进程（Schachter，2005）。①

社会学取向的自我认同理论不同意自我认同状态理论将认同看作是个人本身的一个任务的观点，而将认同看作是个人与社会文化情境之间的共同建构（co-construction）；此外，与那些认为认同形成的单一目标是形成是自我连续感、同一感和投入的观点不同，认同被看成是个体不断尝试着去创造合理的认同形态。而这种所谓的合理形态，是根据个体的价值目标和协商的人际关系来形成和继续调整的。② 这也就是说，认同随着个体所处的文化情境的不同而发生变化。心理学家往往会假定一种心理健康的终极的标准（ultimate yardstick），从而形成一种单一的固定的认同发展体系。然而，认同却随着个人目标、价值等一些内在的想法和某些外部社会情境而发生变化。因此，情境与认同相互作用论者强调应根据个体目标的多元化和其所处情境的变化来研究认同问题。

许多实证研究也证实了社会文化情境对自我认同发展的影响。比如1989年，马西亚发现80年代后期的加拿大青少年被试弥散状态个体所占比例有所提高，他认为这可能是由这一时期该国的经济环境正在朝自由市场经济转变这一因素造成的。③ 在1984年到1990年的抽样中，克罗格也发现新西兰女性同一性完成型下降，早闭型的比例则提高，他认为其主要影响因素可能是越来越受限制和不确定性越来越高的就业机会。④

国内的自我认同研究总体上是心理学取向的，重视测量个体内在的自

① Schachter, E. P., *Context and identity formation：a theoretical analysis and a case study*. Journal of Adolescent Research, 2005 (10).

② Schachter, E. P., *Context and identity formation：a theoretical analysis and a case study*. Journal of Adolescent Research, 2005 (10).

③ Marcia, J. E., *Identity diffusion differentiated*. In Psychological Development：Perspectives across the Life Span, Luszcz, M. A. and Nettelbeck, T. (Eds), North-Holland：Elsevier Science Publishers B. V., 1989.

④ Bosma, H. A. and Kunnen, E. S., *Determinants and mechanisms in ego identity development：a review and synthesis*, Development Review, 2001 (21).

我认同发展状况如自我认同状态等，而同样忽略了个体所处的实际情境与自我认同的关系，主要测量工具多为对国外自我认同量表的修订版，比如张日昇运用加藤厚的自我同一性状态量表对中国高中生和大学生的自我同一性状态的测量；① 陈香利用加藤厚的自我同一性地位量表和卡特尔16PF问卷对普高生和大学生自我认同状态的测量；② 郭金山利用修订后的EOM - EIS - 2量表对大学生的自我认同进行测量；③ 王树青等人利用修订后的EOM - EIS - 2，对初中、高中、大学生自我认同状态的研究；④ 也有学者使用自编问卷进行自我认同的实证研究；⑤ 而社会学取向的自我认同研究则多限于理论层面的论述，⑥ 对环境与自我认同发展的实证研究目前

---

① 张日昇：《同一性及青年期同一性地位的研究——同一性地位的构成及其自我测定》，《心理科学》2000年第4期。

② 陈香：《青少年自我同一性的发展——同一性地位及其相关因素的研究》，硕士学位论文，河北大学，2001年。

③ 郭金山：《同一性的自我追求——大学生自我同一性研究》，博士毕业论文，吉林大学，2002年。

④ 王树青、张文新等：《青少年自我同一性状态问卷的修订》，《中国临床心理学杂志》2006年第3期。

⑤ a. 桂守才、王道阳、姚本先：《大学生自我认同感的差异》，《心理科学》2007年第4期。

b. 周红梅、郭永玉、柯善玉：《大学生自我同一性过程问卷编制》，《中国临床心理学杂志》2008年第1期。

⑥ a. 潘绮敏、张卫、朱祖德：《论全球化与当代青少年同一性的发展》，《华南师范大学学报（社会科学版）》2004年第2期。

b. 孟鸣岐：《大众文化与自我认同》，江西教育出版社2005年版。

c. 李寒梅、潘洁：《大众文化对青少年自我认同的影响》，《山东教育学院学报》2005年第6期。

d. 雷雳、陈猛：《互联网使用与青少年自我认同的生态关系》，《心理科学进展》2005年第2期。

e. 张文超《论消费文化对青少年自我认同的影响——对"圣诞节为何能在中国悄然兴起"的另一种思考》，《山东省青年管理干部学院学报》2008年第5期。

f. 李海涛：《博客文化中的自我认同与价值审视》，《内蒙古农业大学学报（社会科学版）》2009年第6期。

g. 袁祖社：《"人是谁？"抑或"我们是谁？"——全球化与主体自我认同的逻辑》，《马克思主义与现实》2010年第2期。

只见到王树青关于家庭教养方式对青少年自我认同状态的影响研究;① 刘永芳对青少年自我同一性与依恋关系的研究;② 安秋玲对非正式群体交往与自我同一性发展的研究。③

---

① 王树青:《青少年自我同一性的发展及其与父母教养方式的关系》,硕士学位论文,山东师范大学,2004 年。

② 刘永芳:《青少年自我同一性的发展及其与依恋的关系》,硕士学位论文,山东师范大学,2005 年。

③ 安秋玲:《青少年非正式群体交往与自我同一性发展研究》,博士学位论文,华东师范大学,2006 年。

第二篇

理论探源：变迁、互动与自我认同

当文化工业逐渐崛起，消费社会随之出现之时，围绕着现代性或后现代性语境的社会学或心理学讨论总离不开社会变迁、人际互动以及个体的心理和行为。而对大众媒介、群体、个人三者的高度关联性的论述则更成为这一历史发展阶段中永恒不变的课题。

从抽象的宏观层次上说，20 世纪中晚期以来的哲学家、社会学家和心理学家，站在整个现代性或后现代语境的高度，将"宏大叙事"与人的心理和行为联系起来。他们更多地站在由现代工业社会的发展带来的商品社会、消费社会、大众文化对人、对社会的主体价值的颠覆的立场上，认为现代社会的快速变迁导致个体自我认同的迷失、混乱，使自我认同的同一性和连续性受到威胁，从而引发自我认同危机。比如，里斯曼在《孤独的大众》中通过对二战后美国人性格的分析，总结出当代美国人"他人导向"的性格特征，并详细分析了大众传媒、同侪群体对儿童消费行为和时尚行为的影响;① 弗罗姆在《逃避自由》一书中指出，现代性在给予人们自由的同时，也让人们无所依傍，为了摆脱这种焦虑和不安全感，人们纷纷想要"逃避自由"，通过消弭个人与社会之间的鸿沟的方式来克服孤独，而由此付出的代价就是自我的丧失，其中，大众传媒充当了重要的角色;② 而以霍克海默、阿道尔诺、马尔库塞等人为代表的法兰克福学派，其大众文化批判理论则是以揭露和批判媒介文化工业见长，在他们看来，文化工业的意识形态功能消磨了工人阶级的反抗意识，并引发人们的"虚假需要";吉登斯在《现代性与自我认同》中则更是直接指出现

---

① ［美］大卫·里斯曼：《孤独的人群》，王崑、朱虹译，南京大学出版社 2002 年版。
② ［美］埃里希·弗罗姆：《逃避自由》，刘林海译，国际文化出版公司 2007 年版。

代性是自我认同的新的机制，现代社会的快速变迁和高度的风险导致"本体性安全"受到威胁，并由此引发自我认同危机。[①] 国内学者多以哲学、社会学、传播学的理论研究为主[②]或者采用内容分析的方法[③]围绕现代性或后现代性对人的心理和行为的影响展开论述。这些著作主要以思辨式的理论阐述为主，以宏大的、整体性的、概括性的笔墨将我们带入现代性以来的时代大潮之中，使我们充分体会到一种社会学式的时代沉重感。

从具体的微观层次来看，随着大众传播技术的发展以及流行文化内容和形式的日益丰富。进入 21 世纪，西方学者逐渐将研究视角从宏观的社会变迁转向微观的日常生活领域，利用理论阐述、内容分析和经验研究的方法，着眼于研究流行文化现象中某一实际生活议题对人的自我认同的影响。比如与人的日常生活密切相关的流行音乐、媒介传播、互联网、消费社会等对自我认同的影响。[④]而国内的相关研究在经验层面也有了一定突破性的进展，学者通常将关注的焦点放在日常生活中的流行文化现象对人的自我认同的影响。如香港学者冯应谦利用人种志和深度访谈的方法进行的一系列关于流行文化、青年"迷文化"与认同的研究，[⑤] 以及用定量方

---

① ［英］安东尼·吉登斯：《现代性与自我认同》，赵旭东、方文译，三联书店 1998 年版。

② 　a. 潘知常、林玮：《大众传媒与大众文化》，上海人民出版社 2002 年版。

b. 孟鸣岐：《大众文化与自我认同》，江西教育出版社 2005 年版。

c. 李寒梅、潘洁：《大众文化对青少年自我认同的影响》，《山东教育学院学报》2005 年第 6 期。

d. 雷雳、陈猛：《互联网使用与青少年自我认同的生态关系》，《心理科学进展》2005 年第 2 期。

e. 吴玉军：《现代社会与自我认同焦虑》，《天津社会科学》2005 年第 6 期。

③ 夏少琼：《大众传媒与自我认同：对电视情感类谈话节目的心理学剖析》，《唯实》2008 年第 3 期。

④ 　a. Gergen, K. J. , *The saturated self: dilemmas of identity in contemporary life*, New York: Basic Books, 1991.

b. Kellner, D. , *Media culture*, . London and New York: Routledge, 1995.

c. Davis, J. E. , *Identity and social change*, New Jersey: Transactions Publishers, 2000.

d. Côté, J. E. and Levine, C. G. , *Identity formation, agency, and culture: a social psychological synthesis*, Mahwah, NJ: Lawrence Erlbaum, 2002.

⑤ 　a. Fung, A. , *Women's magazines: construction of identities and cultural consumption in Hong Kong.* Consumption, Markets and Culture, 2002, 5 (4) .

b. Fung, A. , *Faye and the fandom of a Chinese diva.* Popular Communication, 2009, 7 (2) .

c. Fung, A. , *Fandom, youth and consumption in China. European Journal of Cultural Studies*, 2009, 12 (3) .

法进行的香港青少年关于娱乐明星偶像崇拜的研究[1]；陈卓然采用问卷调查的方式进行的关于大众传播媒介对中学生自我同一性的影响研究。[2]

当代流行文化，既是现代性的产物，又是现代性的重要构成要素。同时，所谓"流行文化"，又必然与人的社会交往、社会心理和社会行为紧密勾连。因此，本书研究"流行文化对人的自我认同的影响"这一主题，必然要从宏观的结构要素、中观的人际互动以及微观的心理层面寻求理论帮助。

---

[1] Fung, A. , *The impacts and nationale of pop idol - worship among Hong Kong teenagers*. Social Research Project Competion, Organized by Department of Sociology, The Chinese University of Hong Kong. 2002 - 2003.

[2] 陈卓然：《大众传播媒介对中学生自我同一性影响的研究》，硕士学位论文，南京师范大学，2004 年。

第一章 从宏观到微观的阐释：
社会变迁与自我认同

第一节 现代性与自我认同：吉登斯的
"自我认同"理论

作为后现代社会理论的巨擘，吉登斯的视角无疑是宏观而富有洞见的。与心理学家重视微观的自我认同研究的视角不同，吉登斯将自我认同置于更为宏观的现代社会背景之中去观察和审视。当然，吉登斯毕竟不是心理学家，他的关注焦点并不在于自我认同本身，而在于 17 世纪以来人类进入现代社会以来引发人的主体心理变化的外在社会要素。正如吉登斯本人在《现代性与自我认同》一书开篇的引论中指出的那样："虽然本书的核心是自我（self）问题，但它主要不是一本心理学的书。本书突出重点是在于关注自我认同（self – identity）的新机制的出现。这种新机制，一方面由现代性制度所塑造，同时也塑造着现代性的制度本身。"[①]

《现代性与自我认同》一书中的核心论点是自我认同在现代性的影响下出现了"本体性安全"的焦虑。用吉登斯的话说："该做什么？如何行动？成为谁？对于生活在晚期现代性场景中的每个人，都是核心的问题。在任何水平上，无论是话语性的还是通过日常的社会行为，它们都是我们所要回答的问题。"[②] 吉登斯把现代性社会中的自我认同定义为"个人依据个人的经验反思性地理解到自我"[③]。这一自我认同概念强调的是个人

---

① ［英］安东尼·吉登斯：《现代性与自我认同》，赵旭东、方文译，生活·读书·新知三联书店 1998 年版，第 2 页。

② 同上书，第 80—81 页。

③ 同上书，第 58 页。

对自我的社会角色或身份的理性确认，它是个人社会行为的持久动力。然而，"现代性完全改变了现代社会生活的实质，影响到了我们的经历中最为个人化的那些方面。……从而，与个体生活进而也与自我以一种直接的方式交织在一起"①。正因为看到了现代性对个人日常生活领域的影响，吉登斯提出了"本体性安全"的概念。吉登斯认为，在当代这个具有高度现代性的社会语境中，个体的自我认同遭遇了前所未有的挑战。现代性的时空分离机制使每个人都无法规避全球化的影响，大众传媒的发达使在场与缺场的个体同样能够获知地球上发生的一切。快速的变迁、高度的风险打破了前现代社会的稳定和平静，个体自我认同的连续性、整合性和同一性遭到破坏，"无意义感"、"碎片化"、迷失和孤立无援使自我认同陷入了深深的焦虑感和认同危机之中，丧失"本体性安全"于是成为现代人的一个突出的心理问题。

吉登斯反对现代性的"科学理论"、"统计规律"形成的"先验理性"对人的真正个性的抹煞，而赞同符号互动论者强调动态性的情境场域对自我认同的塑造和影响。或者换句话说，吉登斯更加关注个体在现代性的冲击下能动性的成长的过程。

在吉登斯看来，自我认同是个体依据个人的经历所反思性地理解到的自我。② 这一定义其实暗含了两种含义：第一，具有"反思性"的自我并不是被动接受外在影响的实体，而是具有超越制度和规训，实现"理想的自我"的愿望和能力；第二，个人的经历是一个动态的过程，是个体与社会、与他人不断相互作用的过程，因而，自我认同不可能是静态的，孤立的，"自我认同是作为行动者的反思解释的连续性"（吉登斯，1998：58）③。

吉登斯自我认同研究的独特视角为该领域注入了新鲜的活力。其在书中提出的"现代性"、"时空抽离"、"本体性安全"及"自我认同"等概念，使我们能够在现代性的视野中重新认识自我问题。其从全球化的角度来研究现代性对自我认同的影响的观察路径对今天我们理解现代人的社会

———————

① ［英］安东尼·吉登斯：《现代性与自我认同》，赵旭东、方文译，生活·读书·新知三联书店1998年版，第1页。

② 同上书，第275页。

③ 同上书，第58页。

心理特征也具有极大的启示意义。

第二节　"逃避自由"的现代人：
弗罗姆的现代人格理论

被精神枷锁囚禁了几千年的人们在跨进了现代社会的大门之后，竟然因摆脱枷锁而无所适从。以至于人们纷纷想要"逃避自由"，这是为什么？对于现代人来说，自由的意义何在？人本主义精神分析心理学家弗罗姆的《逃避自由》一书给我们提出了问题，也给予了答案。

弗罗姆将中世纪和现代社会中的人们做了对比，在中世纪，缺少自由的人们只能按照既有的传统秩序扮演指定的角色，"由于自降生起人便在社会世界中有了一个确定的、不可变更而又毋庸置疑的位置，所以他扎根于一个有机整体中，没必要也无须怀疑生命的意义。人与其社会角色是一致的"[1]。人们固然有痛苦，但是宗教会赋予他们隐忍和获得安全感的力量。

随着资本主义萌芽的出现，中世纪的社会制度以及社会制度所赋予个人的安定感也遭到破坏。"生活不再是一个以人为中心的封闭世界；世界已变得无边无际，同时也富有威胁性。由于人失去他在一个封闭社会里的固定位置，所以也找不到生活的意义所在。其结果便是他对自己及生活的目标产生怀疑"（弗罗姆，2007：46）[2]。"个人茕茕孑立，直面世界，仿佛一个陌生者置身于无边无际而又危险重重的世界里。新自由注定要产生一种深深的不安全、无能为力、怀疑、孤单与焦虑感。如果个人想成功，就必须设法缓和这些感觉。"[3]

那么，如何克服这种孤独感呢？方法有二：一个是"沿'积极自由'前进；他能够自发地在爱与劳动中与世界相连；他又能成为一个与人、自然、自己相连的一个人，且用不着放弃个人自我的独立与完整。另一条道理是退缩，放弃自由，试图通过消弭个人自我与社会之间的鸿沟的方式来

---

① ［美］埃里希·弗罗姆：《逃避自由》，刘林海译，国际文化出版公司2007年版，第32页。

② 同上书，第46页。

③ 同上。

克服孤独"①。而现代人，正是选择了后者而"逃避自由"的那些人。

　　"逃避自由"的心理机制，一种结果是使得现代人具有了"服从"和"支配他人"的"受虐"与"施虐"倾向。这种双重倾向为法西斯极权主义的出现提供了温床。从这个意义上说，现代社会的民主实难展开，人们寻求庇护的潜在心理使极权和独裁更适合于这个世界。

　　而另一种结果就是，"个人不再是他自己，而是按文化模式提供的人格把自己完全塑造成那类人，于是他变得同所有其他人一样，这正是其他人对他的期望。'我'与世界之间的鸿沟消失了，意识里的孤独感与无能为力感也一起消失了。这种机制有点类似于某些动物的保护色，他们与周围的环境是那么地相像，以至于很难辨认出来。人放弃个人自我，成为一个机器人，与周围数百万的机器人绝无二致，再也不必觉得孤独，也用不着再焦虑了。但他付出了昂贵的代价，那便是失去了自我。"② 我们经常会说"我认为"怎样怎样，其实这个"我认为"在弗罗姆看来有时并不真正是我们自己的想法。

　　"我们大多数人都被认为是自由的个人，可以随己所愿自由思考、感觉、行动。这确实不仅是对现代个人主义的普遍看法，而且是每个个人的真实想法，大家都坚信他就是'他'，他的思想、感情、愿望就是'他'的思想、感情、愿望。"③ "不过，我们思想、感觉、愿望的内容不真是我们自己的，而是从外部灌输给我们的。"④ 这种观点其实与里斯曼实乃异曲同工。处于现代社会中的人们，由于害怕孤独而变得越来越具有他人导向或媒体导向的特质。弗罗姆举例说明，比如，"如果问一位普通的读报纸的读者对某个政治问题有什么看法，他会把他所读到的详细报道作为'他的'观点讲述给你听"⑤。

　　因而，放弃自由，寻求庇护，某种程度上意味着人们对自我的身份产生了怀疑，"自我丧失，伪自我取而代之，这把个人置于一种极不安全的

---

① ［美］埃里希·弗罗姆：《逃避自由》，刘林海译，国际文化出版公司 2007 年版，第96—97 页。

② 同上书，第 126 页。

③ 同上。

④ 同上书，第 129 页。

⑤ 同上书，第 130 页。

状态之中。他备受怀疑的折磨，因为由于自己基本上是他人期望的反映，他便在某种程度上失去了自己的身份特征。为了克服丧失个性带来的恐惧，他被迫与别人趋同，通过他人连续不断的赞同和认可，寻找自己的身份特征。由于他并不知道他是谁，如果他按别人的期望行动，至少他们会知道他是谁"①。

而这种逃避，真的使人们获得了安全感吗？在弗罗姆眼中，逃避自由所换来的所谓心理安全感不过是一张裹在身体之外的薄薄外壳，一碰即碎——"逃避并不能恢复他失掉的安全，而只能帮助他忘掉自我是个分离的个体。他以牺牲个人自我的完整性为代价，找到了新的脆弱的安全。由于它无法忍受孤独，于是便选择失去自我。因此，自由——摆脱束缚的自由，又给人套上了新的枷锁"②。

弗罗姆作为精神分析师的深刻洞察力，狠狠地抽打着现代人的精神灵魂，将现代人看似坚强而其实软弱的内心世界揭露得体无完肤，也使现代人的自我认同危机暴露无遗。

第三节　"孤独的人群"：里斯曼的 "他人导向性格"理论

不同的社会发展阶段、不同的社会环境，对人的性格会产生怎样的影响？大卫·里斯曼的《孤独的人群》正是站在社会变迁的宏观视野上，对战后美国人的总体性格做了分析。

里斯曼根据不同的社会发展时期将人口分成三种性格类型：传统导向型、内在导向型和他人导向型。传统导向型主要是指在社会秩序不会轻易改变的传统社会，个人的顺承行为容易受到同龄人、种族和社会等级的影响。个人要学会去理解和选择持续了几个世纪之久的传统行为模式，并随着世代的更替而稍稍纠正一下。换句话说，人的性格主要依赖于传统的秩序和规范；内在导向型主要是指个人很早就由其父母或类似父母的具有权

---

① ［美］埃里希·弗罗姆：《逃避自由》，刘林海译，国际文化出版公司 2007 年版，第138—139 页。

② 同上书，第 174 页。

威性的人为他确立的某种"心理陀螺仪"，并接受权威人物的信号。因而他们在生活中看上去缺少独立性，顺承内心的导航；所谓"他人导向性格"，则主要是现代人的普遍性格，"意味着过分重视其他人（或大众传媒代理人），而不太重视人格市场之类的社会体制。对于他人导向者而言，行动的方向和行动的选择要视其他人的态度而定"①。

里斯曼指出，"二战"后当代美国人的性格是典型的"他人导向"性格。之后，里斯曼既论述了社会变迁、人口数量变化、大众传播技术等宏观因素对"他人导向性格"的造就，也阐明了家庭、学校、同侪群体等情境对"他人导向性格"的具体影响。

在里斯曼看来，从传统导向阶段的歌谣和故事，到内在导向阶段的印刷媒介，再到他人导向阶段的大众传媒，导致了儿童的社会化形式以及由此带来的价值观、行为方式、消费方式在逐渐发生改变，儿童的性格类型也由此逐渐向"他人导向性格"转变。"他人导向的孩子从小时候起，就从大众传播媒介中学习生活的艺术和与他人交往的诀窍。"②

同侪群体对儿童的性格导向无疑是最具影响力的。从积极的方面来看，"他人导向的孩子在与新朋友相处时，能够随着身份地位的微妙标识自动调整适应自己"③；但从消极的方面来说，同侪群体的影响常流于表面化，特别在当代社会，"在他人导向者身上，消费好尚的训练取代了礼仪训练，其作用与其说是便于与不同年龄、不同阶层的人交往，不如说是在沟通同年龄、同阶层的同侪陪审团的好恶"④。因此，在里斯曼看来，他人导向者对其他人的兴趣好恶非常感兴趣，而内在导向者则对此不感兴趣。

里斯曼在1947年曾经对8—11岁的儿童进行过流行音乐的访谈⑤，以了解这些青少年如何把他们对音乐的兴趣运用在顺承同侪群体的过程中。研究发现，这些孩子通过收集唱片作为与群体建立紧密联系的手段。好像

① ［美］大卫·里斯曼：《孤独的人群》，王崑、朱虹译，南京大学出版社2002年版，序言，第13—14页。
② 同上书，第150页。
③ 同上书，第71页。
④ 同上书，第75页。
⑤ 同上书，第76—77页。

哼几首流行歌曲就表示跟上了流行。而女孩子在这方面的要求比男孩子更强烈一些。流行歌曲实际上代表着人——人的情感和与他人接近的方式。而里斯曼在访谈中也观察到，有些孩子在被问到某些特殊的歌曲或唱片时，会非常顾忌群体中其他人的态度。

此外，在谈到大众传播时代信息和语言的传播时，里斯曼这样来形容传播的途径："同侪群体正好介于个体与大众传媒发出的信息之间。大众传媒就好比批发商，而同侪群体就像那个传播过程的零售商。然而，传播的方式并非千篇一律的：当喜好、技能、语言首次出现在同侪群体时，同侪们不仅能在很大程度上决定赞同与否，而且还能挑选出部分喜好，在与之交往的群体中传播开来，并最终反馈回大众传媒，以便流传更广。"① 里斯曼以他独到的社会心理学眼光精准地指出了大众传播媒介和同侪群体在媒体信息时代各自所发挥的作用，这对本书研究流行文化通过何种途径影响青少年的自我认同具有非常重要的启发意义。

从总体上而言，里斯曼认为现代性的社会变迁产生了"孤独的人群"，造就了他们的"他人导向性格"。同时，在他的宏观视野中，也融入了诸如"同侪群体"等中观层面的人际互动因素。里斯曼的"他人导向性格"理论中暗含了对主体判断力、主体意识的隐忧。所谓的"孤独的人群"，其实恰恰正是那些丧失了主体判断力，以他人的态度左右自己的当代人。里斯曼对以下问题的深思也为本研究提供了巨大的想象空间："儿童在顺承同侪群体和在大众传媒的肤浅性的掩护下，是否有私人心理空间？换言之，我们得反思我们已有的假设：他人导向的孩子何以没机会独处？何以六七岁以后就很少自言自语、创作歌曲或做不受监督的梦？"②

第四节　"连续性和同一性的困扰"：埃里克森的自我认同危机理论

前述已经提及，埃里克森提出"自我认同"的概念源于他在临床精

---

① ［美］大卫·里斯曼：《孤独的人群》，王崑、朱虹译，南京大学出版社 2002 年版，第 85 页。

② 同上书，第 108 页。

神病诊治过程中的发现，他说，认同感使个人能够具有经历自我一致性和同一性的能力。① 当然，这时的埃里克森用 "ego identity" 来表达 "自我认同"，受到弗洛伊德的影响，埃里克森更加强调 "ego" 作为 "生物性的我" 和 "内部机构" 来完成个人自我意象的整合和引导个体与社会的关系。之后，随着研究的深入，埃里克森看到 "ego" 的发展同样离不开社会文化环境的作用，他指出，在讨论认同概念时，不能把个人的成长和社会的变化分割起来，从而将 ego‑identity 扩展为 self‑identity。

同时，他不同意弗洛伊德过分强调生物因素并认为自我发展和社会化在四、五岁即已基本完成的观点，而将人的自我发展和社会化过程扩展到整个人的一生，提出了著名的自我认同八阶段理论，即学习信任、成为自主者、发展主动性、变得勤奋、建立个人同一感、承担社会义务、显示创造力、达到完善。在每个阶段中，个人都会遇到某种心理问题，都要对社会提出的特定要求作出回应。如果能够成功回应，则个体能够顺利度过该阶段，否则就会产生 "认同危机" （Identity Crises）。而青少年期是自我认同形成的关键时期，也是容易形成认同混乱的时期。②

埃里克森的自我认同理论中有两点尤其值得强调：一是埃里克森将自我认同与个体每一阶段所面临的实际生活议题联系起来的观点。埃里克森从不主张将自我认同与个体所处的外部社会环境分割开来，因而他的理论被称作是 "心理社会发展理论"。埃里克森认为个体面临的社会脉络与实际生活课题对认同有重要影响。个体在不同阶段面临不同的社会要求时，他们会体验各种社会角色，明天和今天的表现可能不同，下一刻和前一刻的表现也可能很快发生变化。就是在不断的角色尝试中，个体才能逐渐找到自己的定位，并确知自我所扮演的角色和应表现的行为，从而形成稳定的自我认同。相反，个体在各种情境中的尝试如果总是不能成功，则认同危机就会产生。

二是埃里克森对认同的连续性和同一性的强调。个体在不断地尝试与探寻中逐渐形成成熟的自我定位与自我认同获得，这本身就体现了自我认

---

① Erikson, E. H., *Childhood and society*, New York：W. W. Norton and Company, Inc., 1963, p. 42.

② Erikson, E. H., *Identity*, *youth*, *and crisis*, New York：Norton, 1968.

同的连续性和同一性，换言之，这种连续性和同一性是在个体与情境的不断互动中点滴积累而成。在埃里克森的自我认同概念体系中，自我认同的连续性和同一性是受到相当重视的。因而他认为自我认同首先是指在过去、现在和将来的时空体系中，自己究竟是谁？自己是否还是原来的自己等等对自我的主观感觉或意识。也就是说，这一概念重视主观的意识体验，强调的是自我认同的感觉及自己自身内在的不变性和连续性。随着认同危机的逐渐解决，个体应在所处的生活环境中建立一种自身的连续感（continuity）和同一感（sameness），这样的自我概念才有助于个体日后的正向发展。① 埃里克森认为，个体就像是存在主义哲学家（existential philosopher），他们不断寻找自己生命中的连续感与同一感，进而肯定自我生命的意义。②

---

① a. Erikson, E. H., *Young man luther*: *A study in psychoanalysis and history*, New York: W. W. Norton and Company, Inc., 1958.

b. Erikson, E. H., *Childhood and society*, New York: W. W. Norton and Company, Inc., 1963.

c. Erikson, E. H., *Identity*, *youth*, *and crisis*, New York: Norton, 1968.

② Bourne, E., *The state of research on ego identity*: *A review and appraisal*, Journal of Youth and Adolescence, 1978 (1).

第二章 从中观到微观的阐释:
"时尚"与自我认同

第一节 时尚的内在机制:西美尔关于
"时尚"的社会心理学

迄今为止,德国社会学家乔治·西美尔的时尚社会学被公认为是时尚研究的权威。其关于时尚的论断来自于那本薄薄的小册子《时尚的哲学》。在西美尔看来,"按部就班、人云亦云是求新求变、我行我素不可调和的敌人"[1],而时尚,"使两种持续不断争斗的原则在表面上以合作的形式出现"[2]。时尚具有将个人行为变成样板的普遍性规则,它使人们趋同于他人的行为,但同时时尚又满足了对差异性、变化性和个性化的要求。时尚一方面凭借它的内容的活跃性,对人们赋予一种区别于昨天、明天的时尚个性化标记;另一方面则是凭借时尚总是具有等级性这样一个特质,将较高阶层和较低阶层区分开来,而当较低阶层开始模仿较高阶层的时尚时,后者就会抛弃这种时尚,重新制造另外的时尚。

西美尔同时指出,时尚的事物并不总是美丽的,有时丑陋的和令人讨厌的东西也会成为时尚。[3] 时尚完全不在乎现时的生活标准和审美标准,因而时尚的产生只与社会动机有关,那就是标新立异,而有"立异"的就有"模仿与趋同"的。从西美尔的观点中我们可以更进一步看到,时尚所具有的"同化"和"分化"的社会动机,使人们经常处于将自己与

---

① [德]齐奥尔格·西美尔:《时尚的哲学》,费勇、吴蘩译,文化艺术出版社 2001 年版,第 72 页。

② 同上。

③ 同上书,第 78 页。

所属群体和参照群体相比对的探索和自我反思之中，处于较低阶层的人们
会依赖于外在的服饰、步态、使用的日常物品、闲暇爱好等等去标榜自己
的阶层地位。"对那些天性不够独立但又想使自己变得有点突出不凡、引
人注意的个体而言，时尚是真正的运动场。通过使他们成为总体性的代表
和共同精神的体现，时尚甚至可以提升不重要的个体。……他们在外观上
完全获得了个性与特殊性。"

　　接下来，西美尔更深刻地指出，其实"立异"也是某种程度上的追
赶时髦。① 当有些人凭借真正的个人资格得不到个性化的合理感觉，他们
转而通过反对时尚而获得。如前面提到的丑陋和令人讨厌的东西，穿怪异
的服装，把自己故意打扮得土里土气。他们会在"对社会样板的纯然的
否定中得到了那种感觉（个性化的合理感觉）"。"如果摩登是对社会样板
的模仿，那么，有意地不摩登实际上也表示着一种相似的模仿，只不过以
相反的姿势出现，但依然证明了是我们以积极或消极的方式依赖于它的社
会潮流的力量。"② 这种论断为我们解释为什么有些青少年喜欢追求怪异、
反叛提供了理论的依据。

　　当然，西美尔对人们是独立于时尚还是融入时尚的内在心理原因也做
了大胆的推测，前者或许仅仅是因为不想与大众为伍，也或者是因为胆小
害怕，担心由于自己追寻了大众的时尚而丧失自己的独特的个性——
"与大众相对立未必是个人有力量的标志"③。而追求时尚的人也或许并不
是因为失去个性而单纯的模仿，恰恰有可能相反，"有力量的人会从容地
顺从包括时尚在内的各种普遍形式，因为他（她）有足够的自信自己独
一无二的价值不会被同化、淹没"④。

　　在西美尔看来，时尚是表达个性和融入群体的"黏合剂"："也许是
每一个人，都存在着一定量的个性化冲动与融入整体之间的关系。"时尚
就好像是"阀门"，为人们找到了满足这种需要的出口。

　　作为一个重视研究人际互动和群体心理的社会心理学家，西美尔对时

　　① ［德］齐奥尔格·西美尔：《时尚的哲学》，费勇、吴蓉译，文化艺术出版社 2001 年版，
第 80 页。

　　② 同上书，第 80 页。

　　③ 同上书，第 81 页。

　　④ 同上。

尚的解读无疑对本书的研究具有重大的启发意义。

第二节　时尚的模仿定律：塔尔德关于
"时尚"的社会心理学

　　法国社会心理学家塔尔德在其著名的《模仿律》中表达了他的社会学理论的核心内容——"社会模仿说"。并利用"模仿"来解释社会中的时尚现象。塔尔德指出，生活在社会中的个体和群体，都具有双重心理倾向。个体既为了在群体中突显个性而不断创新和追求独特，也因为害怕被孤立而主动融入群体。社会中有1%的人是发明创造者，而其余的99%则是模仿者。而时尚作为最具模仿力的社会现象，同样具有上述的模仿逻辑。时尚是一种典型的模仿机制，无论在语言、宗教还是政治、立法、道德艺术，时尚皆具有模仿的特质。在塔尔德看来，时尚的传播是建立在个人的创造和多数人互相模仿基础上的一种社会现象，处于流行文化金字塔底端的大多数人都是模仿者，而只有极少数处于金字塔顶端的人才是流行文化的引领者。

　　塔尔德同时也指出，时尚通常总是由社会地位较低的人模仿社会地位较高的人开始，塔尔德称之为"从高位向低位的辐射"[①]。社会距离最近的阶层之间是最容易模仿的，也就是地位相差太悬殊的阶层之间通常不会出现模仿的现象。因此这一模仿定律解释了最高级的社会阶层作为模仿的对象逐渐而连贯向下传播的性质，由此可以推断，"当地位低的阶级模仿地位高的阶级时，我们就可以推演出一个相关的结论：高低两个阶级的距离缩短了"[②]。

　　可见，在塔尔德眼中，不存在任何超越个人心理体验的实体，一切社会过程无非是个人之间的互动。每一种人的行动都在重复某种东西，是一种模仿。模仿是最基本的社会关系，社会就是由互相模仿的个人组成的群体。社会事实是由模仿而传播和交流的个人情感与观念。

---

　　① ［法］加布里埃尔·塔尔德：《模仿律》，［美］埃尔希·克鲁斯·帕森斯英译，何道宽译，中国人民大学出版社2008年版，第224页。

　　② 同上。

　　三种理论视角将宏观、中观和微观层面的社会、群体、个人紧密地联系起来，共同构成了本书的理论框架（图2.1），为全书的研究问题和研究思路奠定了坚实的理论基础。读者可以从后文见到，全书的研究思路和研究设计均遵循理论框架的指导。

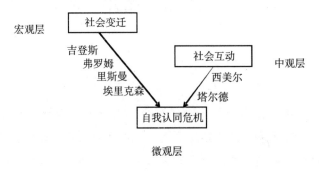

图 2.1　本书的理论框架

第三章　逃不出的迷笼：媒介、群体与个人

无论是社会学还是作为其分支的社会心理学，都绕不开三个研究范畴：社会秩序、群体和人性。换句话说，三种范畴所代表的宏观、中观和微观研究，概括了社会学及社会心理学的研究主题和理论分野。上面的理论框架中论述的社会变迁、社会互动和自我认同恰好是三个范畴的具体体现。同时也反映出，个人的生存、发展、精神世界的创造和维护，皆受到社会秩序和群体的影响。而在当代社会中，三者的关联更是千丝万缕，瞬息万变。

第一节　新媒介的"魔力"

文化的演进与人的发展历来是人文社科研究恒久不变的课题。进入现当代社会，流行文化的日益勃兴已经越来越与人的心理和行为紧密勾连，并已经演化为一种影响深远的社会现象。大众传播媒介，在当代社会中无疑具有支配性的影响，媒介传达的信息、观念、风尚每时每刻都在塑造着受众的衣食住行、言谈举止。而近些年新媒介的出现和迅猛发展，更使媒介信息如空气般裹挟着大众，日益将人的心理和行为日益卷入其中。

新媒介是继电视、广播、报刊等传统媒体之后的新的媒介传播形式。它以数字技术和网络技术为平台，以互联网、无线通信网、卫星等为传播渠道，通过电脑，手机，数字电视机等终端，向用户提供信息和娱乐服务的传播形态。目前，新媒介已经成为人们最主要的信息传播方式。据统

计，到 2014 年 6 月，全球网民数量已突破 30 亿，约占全球总人口的 42%。① 而据中国互联网络信息中心（CNNIC）2015 年 7 月 23 日最新发布的第 36 次中国互联网发展状况统计报告显示，截至 2015 年 6 月，中国网民规模达 6.68 亿，手机网民规模达 5.94 亿。中国网民的人均周上网时长达 25.6 小时。其中，在年龄结构上，我国网民以 10～39 岁年龄段为主要群体，比例合计达到 78.4%。其中 20～29 岁年龄段的网民占比最高，达 31.4%。在职业结构上，学生群体的占比最高，为 24.6%。② 新媒介除了带给人们"新、奇、特"的感知觉体验，也给人们带来了集体性的"网络症候"。2015 年全球互联网趋势报告中显示"美国有 87% 的青少年网民称其智能手机昼夜不离身边"。③ 而 CNNIC 第 35 次调查也显示，53.1% 的网民认为自身依赖互联网，其中非常依赖的占 12.5%，比较依赖的占 40.6%。④ 更严重者患上"网络成瘾症"，无法自控上网时间，一刻不上网便十分痛苦。据统计，在青少年网民中约有十分之一存在不同程度的网瘾，其中严重者约占 2%。作为网民第一大省的广东省就有大约 45 万青少年需要接受戒除网瘾的治疗。⑤ 更有大量手机网民患上了"手机综合征"，成了名副其实的"僵尸低头族"。青少年手机用户中患近视眼、青光眼等眼病发病率逐年攀升，颈椎病患者逐年呈现低龄化趋势。"全民网络"、"全民手机"，这就是我们生活的媒介社会，一个人人逃不出的迷笼。

新媒介何以拥有如此大的魔力？首先，信息的"短、平、快"可谓是其最大的优势。"短"，即信息结构紧凑，内容短小精炼。现在的互联网门户网站，为了及时发布大量的信息，都会采取"标题＋内容链接"

---

① 腾讯科技：《全球网民数量突破 30 亿 约占总人口 42%》，2014 年 12 月 3 日，http：// tech. qq. com/a/20141203/014183. htm

② 中国互联网络信息中心：《第 36 次中国互联网络发展状况统计报告》，2015 年 7 月 23 日，http：//www. cnnic. net. cn/hlwfzyj/hlwxzbg/hlwtjbg/201507/P020150723549500667087. pdf

③ 腾讯科技：《2015 年互联网女皇报告 15 大要点》，2015 年 5 月 28 日，http：// tech. qq. com/a/20150528/001774. htm

④ 中国互联网络信息中心：《第 35 次中国互联网络发展状况统计报告》，2015 年 1 月，ht-tp：//www. cnnic. cn/hlwfzyj/hlwxzbg/201502/P020150203551802054676. pdf

⑤ 阿里云资讯网：《广东有大约 45 万青少年需要接受戒除网瘾的治疗》，2015 年 2 月 17 日，ht-tp：//www. aliyun. com/zixun/content/2_ 6_ 1131883. html？spm＝5176. 100033. 400001. 6. GPgz20

的形式，标题优中选优、集中概括、不留死角，而内容链接也不过几百字、一千字左右。大部分情况下，网民只浏览新闻标题，对自己感兴趣的话题才会点击阅读。再比如，手机短信限 70 字，微博 140 字，更有微电影、微信、微视频等以"短"见"长"的信息发布和传播形式。这一方面符合人脑每次处理有限信息的生理特点，会使发布者和阅读者专注于表达和阅读核心内容；另一方面也迎合了大众追求"快餐文化"的心理特点。"平"即信息的磨平、消解。早在 2006 年，《世界是平的》及《地球是平的》两部著作就为我们展示了新技术造就的全球化、地球村格局。"平"即是消解电视、广播、报纸、通信等传统媒体之间的边界，消解国家之间、地域之间、社群之间、产业之间的边界，消解信息发送者与接受者之间的边界。一台电脑，一部手机可将我们随时带入另一个全新的世界，使大众得以体验跨时空、共时性、历时性、交互性的信息传播乐趣。足不出户，也可以逛遍全球，"上天猫，就够（购）了!"不就是如此"平"易近人吗？"快"即信息的即时性、碎片化。高科技的介入首先使信息传播平台快速更替，从 2G、3G 到 4G，从博客到微博再到微信，论坛、手机 APP……这同时也带来了信息的快速更新，人们只要打开一张网页，就可以看到这一个时段里的大千世界；而下一个时段，又是另一番天地。再加上新型网络社交工具（QQ、微信等）的捆绑，信息的传播随即从单向流动变成了几何级增殖。一个人即使没有通过主流媒体的渠道获取讯息，也会在短时间内从他的网络群体、朋友圈那里知晓一二。其次，新媒介的信息传播充分尊重了受众个体的主体性。新媒介打破了传统媒介"你传我受"的被动局面，大众不仅可以"在我愿意的时候""听我想听的"、"看我想看的"、实现对信息的主动搜索和掌控，更可以通过微博、空间、日志、论坛、朋友圈等社交媒体"秀我所想的"。主动性和个性化在新媒介中得到充分的展现。

媒介和人之间，充满了无穷丰富、千丝万缕的微妙关系。麦克卢汉"媒介是身体的延伸"的观点指明了当代社会媒介和人的不可脱理性。人发明了媒介，又被媒介所规定和型塑。媒介带给人愉悦，也带给人悲忧。于是，产生了对媒介的肯定和否定、拥抱和拒斥、拥戴和质疑等丰富的关系。

那么，当代社会，媒介、群体和个人究竟是如何高度关联的？媒介文化又是通过何种途径迅速发展为一种流行文化的？下面就来了解一下流行文化的传播机制。

第二节　流行文化的传播机制

在人类学者眼中，文化有两种意义上的定义：一是社会结构意义上的文化，即整体社会中起普遍作用的行为模式和行为准则；二是个体行为意义上的文化，即个体为了融入群体、参加群体活动，与他人互动而必须知道的东西。以上两点可看作文化所具有的宏观属性和微观属性。可见，文化的传递和传播离不开文化作为一种社会设置而存在的结构性意义和作为一种人际纽带而存在的互动意义。而流行文化，作为现代工业的产物，毫无疑问，强化了文化的结构意义和互动意义，使其传播机制呈现出宏观与微观相互勾连的特质。

一　流行文化的传播机制

里斯曼将大众传播媒介比作信息传播的"批发商"，而将同辈群体比作信息传播的"零售商"，而"当喜好、技能、语言首次出现在同辈群体时，同辈们不仅能在很大程度上决定赞同与否，而且还能挑选出部分喜好，在与之交往的群体中传播开来，并最终反馈回大众传媒，以便流传更广"[1]。里斯曼对大众传播时代的信息传播方式的论述对我们极具启发意义。霍尔将这一过程解释为大众传媒对文化意义的传达乃至这一意义的再创造、再交往、再理解、再阐释。[2] 哈里斯在他的群体社会化理论中曾指出，文化需经过群体来传递，形成"群体——群体"模式[3]，即文化只有经过了群体的过滤才能最终被个体所获得。赵志裕、康莹仪从文化社会心理学的角度对文化语境中的个体的精神生活和社会生活做出解释，他们将文化定义为一套共享知识的网络，这些共享知识在一个相互关联的个体集

---

[1]　［美］大卫·里斯曼：《孤独的人群》，王崑、朱虹译，南京大学出版社 2002 年版，第85 页。

[2]　转引自潘知常、林玮：《大众传媒与大众文化》，上海人民出版社 2002 年版，第 28 页。

[3]　Harris, J. R., *Where is the child's environment*? A group socialization theory of development, Psychology Review, 1995 (102).

合中被生产、散布和再生产。① 赵、康二人对文化的阐释其实表达的正是文化的生产、传播的机制。布迪厄则用"新型文化媒体人（new cultural intermediaries）"的概念来指代这些传播流行文化的个体，正是这些新型文化媒体人，将信息在以前相互封闭的文化领域之间迅速循环传递开来。② 韦轴曾这样论述流行文化的传播机理：从整体来看，某一条信息经过大众媒介的高效传播，传达到能够接收到信息的社会族群或各种亚文化群体，这个群体的成员根据自己生存的需要将信息和自身的认知结构形成指代，构建成自己认知结构的符号，并出于环境确认和竞争的需要进行群体内的传播，而群体内的信息接受和扩展影响是按照早期采用者、早期多数、晚期多数、落后者这一顺序进行，信息便在一定时间内在各种群体内流行。③

可见，流行文化得以"流行"，离不开两种媒介：大众媒介和人际媒介。前者包括印刷类媒介如报纸、杂志和电子类媒介如电话、电报、电视、广播、互联网等，又可据技术特点分为传统媒介和新媒介。回顾人类媒介发展的历史，在印刷技术尚未出现的前现代社会，信息传播主要是人际传播，通过面对面的语言、肢体或传统的鸿雁传书进行人际交流。因此，前现代社会虽然也有所谓的"流行"文化，如流行的配饰、生活方式、习俗等，但这些"流行"文化从严格意义上说是一种民间文化或小范围的贵族文化、士族文化。传播速度慢，封闭性强，具有严格的等级限制。我们今天所说的"大众媒介"，是现代社会的产物。印刷技术和电子技术的发展使人类跨时空的信息传播成为可能。大量复制的印刷产品和生动丰富的声像技术，将人们带入了浩瀚的信息海洋。而后，个人接受的媒介信息经由人际媒介传播开来，并借助现代社交工具广泛传播。可见，"流行文化"是一个历史性的概念，具有开放性、商业性、突破等级限制、大范围的特征。一种仅仅依靠人际传播的文化并不能发展为真正意义上的流行文化。只有经过现代传媒的推动、强化，再加上大众传媒和人际

---

① 赵志裕、康莹仪：《文化社会心理学》，刘爽译，中国人民大学出版社 2011 年版，第 18 页。

② ［英］迈克·费瑟斯通：《消费文化与后现代主义》，刘精明译，译林出版社，2000 年版，第 15 页。

③ 韦轴：《流行文化形成和传播机理解析》，《广西大学学报》2008 年第 4 期。

媒介的相互勾连，流行文化才真正酝酿而成。

一方面是由现代传媒制造和传播的流行文化；另一方面则是由个体在媒介流行文化的基础上吸收、创新、创造并通过人际影响来传播的流行文化。前者注重大众媒介对流行文化的建构、传播，后者则注重"人"的传播效应。因此，当代流行文化形成和传播的主要机制可以概括为：媒介文化影响→个体个体与个体间相互影响→媒介文化的强化。媒介文化首先以媒介为途径对个体的认知和行为产生影响，但这时的媒介文化仅仅只是"文化"而尚未"流行"；当媒介对个体的影响经由主体的心理表征和行为表征对其他个体产生影响，并经由个体间的相互作用而在群体间传播开来，形成群体流行文化之时，"流行"文化才真正得以形成；而这时的大众媒介又通过对某种流行文化现象的进一步强化、"炒作"、渲染和推波助澜，将"个人或群体所发展出来的风格，降至非个人化的程度，使其流传甚广"[1]。换句话说，个体既是作为受众的流行文化消费者，同时也是作为主体的流行文化传播者。

而当我们将流行文化的传播机制放到具体不同的人群中去观察则发现，虽然流行文化的传播带有普遍的规律性，但对于青少年来说，由于其在这一年龄段要完成人生中的两大主要任务，使得流行文化的传播机制在青少年这一群体上体现得更为具体、更为典型，因而媒介、群体和个人的关联度、捆绑性也更高。

二　青少年期的两大主要任务

在探讨青少年期的主要任务之前，有必要先弄清楚"青少年"的内涵和外延。个体从隐约产生自我认同问题到经历自我认同的变化起伏直至稳定的整个时期主要集中在青少年期。[2]而且，尽管各个年龄阶段的社会群体都会受到流行文化的影响并有所反应，但流行文化的行为主体主要是青少年这一年龄层群体。因此，无论从流行文化研究的角度还是从自我认

---

① ［美］大卫·里斯曼：《孤独的人群》，王崑、朱虹译，南京大学出版社 2002 年版，第85 页。

② 注：虽然新一代的认同研究指出，自我认同发展是一个缓慢而漫长的过程，这其中并无所谓起点与终点可言（Baumeister, 1991；Erikson et al. , 1997），但青少年期仍被公认是自我认同发展最为关键的时期。

同研究的角度，青少年群体无疑是最为适合的研究对象群体。

那么，究竟该怎样界定"青少年"？这是一个目前在理论界和实际应用中仍尚未达成共识的概念，主要模糊点有二：一是在主体年龄的界限上，目前并未见到对"青少年"年龄范围的统一界定。《青年学辞典》中认为青少年是指从儿童到中年期之前的全部阶段；心理学界普遍认为青少年期即青春期，一般指 12、13 岁至 17、18 岁这段时期。初中阶段（11、12 岁至 14、15 岁）被称为少年期；高中阶段（14、15 岁至 17、18 岁）被称为青年初期。处于这两个阶段的青少年正值青春发育时期，故又被称为青春发育期；《青少年发展心理学》中指出，青少年时期应该是指少年期（11、12 岁—14、15 岁）、青年初期（14、15 岁—17、18 岁）及青年晚期（17、18 岁—24、25 岁）的统称，即青少年是指年龄在 11、12 岁至 24、25 岁之间的社会群体。[①]

二是在语义表达上，存在着将"青少年"与"少年"、"青年"、"青春期"、"未成年人"等概念互换、交叉使用的状况。如将"青少年"等同于"未成年人"、"青春期"，有时用"青年"包含"青少年"，有时又用"青少年"来包含"青年"。在公开发表的学术论文和著作中，经常会看到将青少年概念与其他相似概念混用、混淆的情况。

应当看到，在生理年龄上，对"青少年"的界定虽不必有精确的起止年龄界限，但至少应有年龄段之分。狭义的"青少年"年龄主要从 12、13 岁到 17、18 岁，但是在实际研究中，根据不同研究需要也可使用较为广义的青少年概念，即将年龄扩展到从 12、13 岁至 24、25 岁的范围。本书所指的青少年，年龄也大致在这个范围内，并且，在后文经验研究部分所抽取的青少年样本，年龄也都在此范围内，从发展阶段上来看涵盖了青少年早期阶段、中期阶段及晚期阶段。

此外，在语义表达上，应当注意，"青少年"一词多用于教育学、心理学和社会学等学术研究中；"未成年人"多数情况下是一个法学概念；而"少年"、"青春期"严格意义上并不算是学术概念；而"青年"的概念更为广义，从年龄段上看，青年早期应当包括广义的青少年概念的"青少年后期"，即 17、18 到 24、25 岁这个年龄阶段。

---

① 张文新：《青少年发展心理学》，山东人民出版社 2008 年版。

　　社会化理论指出，青少年期主要完成两大任务：一是习得社会文化和社会规范，扮演社会角色，成为合格的社会成员；二是在此过程中逐渐养成独特的个性和人格，形成健康的自我心理。

　　实现人的正常社会化的社会主体包括家庭、学校、同辈群体、工作单位、大众传播媒介等等。但对于当代的青少年而言，媒体社会时代的大众传媒工具和他们的同辈群体无疑是对其最具影响力的。埃里克森曾将"认同与角色混淆"和"亲密感与孤独感"分别总结为青少年期和成年早期的两大主要任务。前者即青少年在这一时期要调整自己的意识形态（如职业、政治、道德观、人生观），认清自己的社会角色和在社会中所处的社会地位，以便于自己能够更好地融入社会、适应社会。如果能够顺利完成这一任务，则青少年容易获得较为合理的自我认同；反之，则容易产生"认同危机"，出现难以弄清自己角色的混乱感。后者即是通过互动，青少年与他人形成一定的亲密关系（如交往、性别角色、友谊、娱乐活动），融入同辈群体。如果能够顺利完成任务，则青少年可以收获友谊、爱情，与同龄人建立亲密感；反之，青少年则会感到孤独。埃里克森虽未明言，但从这两大任务中我们可以看到，"认同与角色混淆"这一层面实际上是个人与社会层面的互动；而"亲密感与孤独感"则其实就是个人与他人层面的互动。从以上的论述我们可以看到，事实上，青少年期的两大主要任务恰恰与流行文化的传播机制是相互呼应的。

　　综上所述，第一，从流行文化本身的传播机制来看，流行文化既具有结构功能主义者所谓的"文化作为宏观社会结构中重要的构成元素对人的社会化产生影响"的社会功能，又具有符号互动论者指出的"同辈文化影响人际互动和自我发展"的情境功能；第二，从青少年期本身的心理发展任务来看，青少年既要与宏观社会环境进行互动，也要与微观的同辈文化进行互动，从而实现正常的社会化，形成健康的自我。因此，无论是从传播的角度，还是从受众的角度，流行文化都在青少年个体的社会化和人际互动中充当了重要的角色。

三　研究问题及思维主线

　　前文中论及的社会变迁、人际互动及个体自我认同的理论，以及当代社会媒介、群体与个人的高度关联性，使"当代流行文化对青少年自我认同的影响"这一主题呈现出层次化的分析水平。即在宏观上，流行文化作为一种社会要素对青少年自我认同产生怎样的影响？在中观上，流行文化作为青少年人际交往的重要纽带，又会对青少年的自我认同产生什么样的影响？

表 2.1　　　　　　　　　本书的分析水平和分析内容

分析水平	分析内容
宏观	流行文化作为一种宏观社会要素 （以大众传媒为载体的流行文化讯息）
中观	流行文化作为青少年人际交往的重要纽带 （青少年以流行文化为纽带与同辈群体的日常互动）
微观	个体的自我认同 （个体反思性的自我认识）

至此，本书的研究立场和思维主线已相当明晰：总体上采用的是社会学取向的社会心理学立场，兼顾历史视角、社会文化视角和发展视角的观点，将个体层面的认同发展与个体所处的社会情境（社会文化环境、群体互动）结合起来，将自我认同置于个体所处的情境之中进行研究。

第三篇

经验研究：流行文化与自我认同的关系模型

在以上的理论探寻中，我们可以看到，虽然流行文化的研究已经逐渐从纯粹的文化学理论向社会学、人类学、传播学的视角和方法转变，但这种转变也只是一种学科思维的转变，其本质仍是立基于现代性对人的自我认同的理论构建或潜在假设之上，将"流行文化与自我认同"的关系主题作为经验研究的直接主题的，还为数不多。而在自我认同方面，虽然关于情境与自我认同的研究方兴未艾，许多学者都在致力于研究具体情境因素影响下的自我认同的动态变化，但同样缺乏直接将"流行文化"作为自我认同发展的外部因素进行经验研究的主题。所以，我们至今仍只能从理论上推测流行文化作为一种现代社会文化现象对现代人的自我认同的影响状况，而并不真正清楚二者究竟存在何种内在关系。

本书该部分的研究就将流行文化和自我认同置于经验研究的框架，采用量化的研究范式，尝试性地建构流行文化与自我认同的关系模型。在这个模型中，我们将清楚地看到，流行文化对青少年的自我认同产生影响的方向和强度。这将成为本书立论的基础。

第一章　流行文化涵化程度测量

近几年，关于流行文化对青少年心理和行为的影响研究逐渐增多，各种流行文化调查问卷层出不穷。但观其调查内容和题项设计则发现，研究者们对流行文化的概念界定和其包含的内容边界似乎并没有一个统一的标准。在公开发表的流行文化实证研究文献中也并未见到研究者对其调查量表或问卷的信度和效度进行说明。这在某种程度上导致科学研究的不规范性，并造成研究结果的混乱以及不同调查之间结论的不可比较性和不可讨论性。需要提及的是，流行文化是一个客观的社会变量，欲了解"流行文化对个体产生的影响"这一议题并不能通过对流行文化的直接测量而获得，而只能通过个体对流行文化的接触和回应或者说个体被流行文化涵化的程度和效果来间接获得。因此，本书试图结合当下国内青少年在实际生活中所面临的流行文化议题，编制"流行文化涵化程度"调查问卷，即通过一些陈述语句来描述个人与流行文化有关的观念或行为，被试根据这些陈述符合自己的程度做出选择。编制问卷的程序如下：

（1）以理论为先导。根据文化分类的相关理论和流行文化传播机制的理论，对问卷做整体结构的设计。

（2）参考国内外关于"流行文化"的调查问卷，分析其项目与问卷结构，对项目内容进行整理，同时结合与青少年日常生活中的流行文化密切相关的议题编定题项，形成题库。

（3）对青少年学生进行访谈、专家征询，确定试测问卷的结构和题项。

（4）小范围试测，对题项的内容和陈述方式的合理性进行调整。

（5）对问卷进行探索性因素分析（EFA）。

（6）另取样本，对问卷进行验证性因素分析（CFA），以实现交叉证实（cross-validation）的目的，保证问卷的可靠性、稳定性和有效性。

第一节　预测题本的编制及初步检验

一　问卷的构面

"流行文化涵化程度"问卷按照双向构面来设计。其中，一个构面可以称为"流行文化内容构面"，主要针对流行文化的内容层次而言；另一构面可以称为"流行文化传播途径构面"，主要针对流行文化传播的途径和手段而言。

先来看"流行文化内容构面"。

其一，就流行文化本身的内容而言，造成流行文化调查问卷的不统一性很大程度上是由于流行文化这一概念本身具有的复杂性。流行文化包含的内容甚广，对其维度的划定是编制问卷的第一步。

利奥塔在对当代流行文化进行批判时，表达了他对当代流行文化的看法：午餐吃麦当劳，晚餐吃当地的烹饪美食（local cuisine）。洒有巴黎香水的服装（the wearing of "Paris perfume"），穿复古的衣服（retro clothes），电视游戏（TV games）知识的获得等，皆被归为粗劣文化（kitsch）。① 可见，在利奥塔看来，流行文化无非包括饮食、服装、品牌、电视节目等几个方面。

后现代主义者赫伯迪格指出：流行文化是指"一系列普遍可用的人工制品（a set of generally available artifacts）"，包括电影、唱片、时装、电视节目、沟通和交流的模式（modes of transports）等等。②

"流行文化是时装、时髦、消费文化、休闲文化、奢侈文化、物质文化、流行生活方式、流行品味、都市文化、次文化、大众文化以及群众文化等概念所组成的一个内容丰富、成分复杂的总概念。"③

正因为流行文化的"内容丰富、成分复杂"，将流行文化这一变量操作化为可观测变量并非易事。而在国内有关流行文化的实证调查中，对流

---

① Lyotard, J. F., *The postmodern condition: a report on knowledge*. Manchester University Press. 1984, p. 76.

② Hebidige, D., *Hidding in the light: On images and things*, London, Routledge. 1988, p. 47.

③ 高宣扬：《流行文化社会学》，中国人民大学出版社2006年版，第80页。

行文化的维度划分也并不一致。

团中央宣传部与中国青少年研究中心于 2002 年开展的题为"青少年流行文化现象与对策研究"的调研活动中，将 1997 年—2002 年六年来的青少年流行文化现象归纳为产品、产业和流行语三个层面。①

"青少年流行文化现象与对策研究"课题组在《青少年流行文化现象调查问卷与数据》一文中，将流行文化现象分为"偶像崇拜"、"时尚消费"、"流行语"、"网络文化"四个维度。②

"北京大学青年流行文化课题组"在 2005 年进行的青年流行文化的调查中将校园流行文化分为：对校园论坛、书籍、报刊和杂志的选择，选择服饰的标准，喜欢的运动项目，对所喜欢名人的选择，对流行语的了解和使用，对新潮文化的认知和反应、对校园文化的评价等八个方面。③

可以看到，无论在理论界还是实证研究中，对流行文化的构成成分的认识都极不统一。而对于青少年流行文化而言，本书结合理论研究和前期访谈的结果，认为饮食、服饰、时尚物品、网络文化、流行语、偶像崇拜、流行音乐、电视娱乐节目、影视剧、流行出版物、运动竞技、时尚观念等这些方面都属于青少年接触最频繁的流行文化的内容。

其二，就文化所包含的范畴而言，古今中外的文化学者在文化的分类上提出了不同的见解，但归纳起来，有以下几类：

一因素说。认为文化是精神层面的技巧、能力或习惯。持这种文化观点的，是在文化研究上享有盛名的英国人类学家泰勒。正如前文所提到的，泰勒认为，"所谓文化或文明乃是包括知识、信仰、艺术、道德、法律、习俗，以及包括作为社会成员的个人而获得的其他任何能力、习惯在内的一种综合体。"④ 可见，在泰勒那里，文化只包括精神要素，他的这一定义被后来人广为引用。

---

① 中国青少年研究中心：《中国青少年流行文化的现状、成因与对策》，中国青少年研究网，http://www.cycs.org/InsInfo.asp? InsID=1andID=12865, 2009–12–16

② "青少年流行文化现象与对策研究"课题组：《流行文化现象问卷调查与数据》，《中国青年研究》，2003 年第 2 期。

③ "北京大学青年流行文化"课题组：《北京大学青年流行文化调查报告》，南方医科大学网，2006 年 9 月 8 日，. http://web2. fimmu.com/tuanwei/Article_ Show.asp? ID=375

④ ［英］爱德华·泰勒：《原始文化》，浙江人民出版社 1988 年版，第 1 页。

二因素说。持这种观点的学者认为文化既包括物质因素，也包括精神因素。这种观点被学术界最常采纳。其中所谓物质因素，主要是指凡是打上了人类智慧和行为的烙印，经过人类"耕耘"（culture）的物质，都可归属于文化的范畴。德国学者普芬多夫曾这样定义"文化"：文化是社会人的活动所创造的东西和有赖于人和社会生活而存在的东西的总和。《辞海》这样解释文化：广义指人类社会历史实践过程中所创造的物质财富和精神财富的总和。狭义指社会的意识形态，以及与之相应的制度和组织结构。戴维·波普诺在分析文化定义时认为，文化是人类群体或社会的共享成果，这些共有产物不仅包括价值观、语言、知识，而且包括物质对象。①

三因素说。即将文化分为物质、制度、精神三个层次。如费孝通先生就将文化分为器物层次、组织层次和价值观念层次。

四因素说。即将文化分为物质、制度、行为、精神四个层次。如果将文化绘制一个同心圆，则物质文化层在最外层，往里依次是制度文化层、行为文化层、精神文化层。一种文化的改变，总是先从外层开始，越往内层，阻力越大。

本书采纳文化的三因素观点，即认为文化由表及里地分为物质层、行为层、观念层三个层次。第一是物质层面，它是文化的物质形态；第二是行为层面，主要包括人们在交往中约定俗成的习惯定式和社会交往规范；第三是精神心理的层面，主要指人们的价值观念、心理模式、宗教信仰等，这一层面反映的是人的内心世界。

综合流行文化的内容维度和更广泛意义上的文化的层次构成，本研究将"流行文化的内容构面"分为物质领域、行为领域、观念领域。其中，物质领域包括服饰、饮食、日常用品三个维度；行为领域包括闲暇行为、交友行为两个维度；观念领域包括审美观、爱情观、人生观三个维度。具体题项围绕饮食、服饰、时尚物品、网络文化、流行语、偶像崇拜、流行音乐、电视娱乐节目、影视剧、流行出版物、运动竞技、时尚观念等十二个方面展开。

---

① ［美］戴维·波普诺：《社会学》（第十版），李强等译，中国人民大学出版社1999年版，第63页。

再来看"流行文化传播途径构面"。

前文已经通过研究问题和研究思路的相关理论依据，证明了流行文化通过大众传媒和人际传播两种途径进行传播的机制。此处不再赘述。可见，无论在流行文化传播机制的理论层面还是在青少年面临的实际生活议题层面，我们都有理由将"流行文化传播途径构面"分为两个层面：媒介流行文化和群体流行文化。其中，媒介流行文化是指主要由大众传播媒介制造和传播的流行文化；群体流行文化是指经过主体心理表征和行为表征、通过人际传播而在群体内和群体间传播的流行文化。而本书所研究的群体流行文化主要是指在青少年的同辈群体内传播和流行的文化。

二 设计题项

在参考以往的流行文化调查问卷的基础上，根据本书的研究需要，经过前期访谈和专家征询，围绕两个构面探索性地筛选归纳出与青少年日常生活最为密切、对青少年影响最大的 54 个题项，其中物质领域 16 题，行为领域 22 题，观念领域 16 题，每个领域都包含分别测量媒介流行文化涵化程度和群体流行文化涵化程度两个变量的题项。目的在于考察在每一个流行文化领域，青少年分别被媒介流行文化和群体流行文化涵化的程度。所有题目均为正向陈述。

问卷的总体设计既包含流行文化的主要内容，又符合流行文化传播机制的前期理论假设，更契合本书回答"流行文化从'宏观'和'中观'两个层面对青少年自我认同的影响"这一研究问题的需要。

三 计分标准

该问卷采用李克特陈述式语句，让被试按照这些陈述对自己的符合程度来勾选答案。选项采用五点式计分，即"完全不符合"、"不符合"、"一般"、"符合"、"完全符合"，分别计 1、2、3、4、5 分。得分越高，越倾向于说明流行文化对个体的涵化程度越高。

四 初步检验

由于对题项的合理性以及题项与青少年实际生活、学习议题的适切性并没有十分的把握，因而第一次试测主要在小范围内进行，对收回的问卷采用主观判断的方法对量表题项的合理性做出初步的判断。

（一）预估样本

分别从 SY 中学、S1 中学和 L 大学 F 学院随机选取 40 名青少年作为试测对象，发放问卷 40 份，回收 38 份，回收率 95%，除去废卷 3 份，有效问卷 35 份，有效回收率 87.5%。平均年龄 16.2 岁，男生 18 名，女生 20 名。初中生（初三、初四）10 名、高中生（高二）13 名、大学生（大一）12 名。

（二）检验及修改结果

通过检验发现，被调查者在某些题项上的回答与研究者本来的预想并不一致，有些甚至相反。出现这一问题的原因可能在于，被调查者在某些题项陈述上的主观意愿与其实际行动之间可能并不完全一致。

比如，由于被调查者中约有 70% 是初中生（初三、初四）和高中生，学业的紧张和课程作业的压力使他们尽管有看电视和上网的欲望，但现实往往并不允许他们这样做。大学生由于住校的缘故，接触电视媒介的时间较少。因此，对凡是涉及电视和网络的题项，都修改为尽量用符合学生实际情况的方式提问。

另外，考虑到有些学校对初中、高中生的穿衣、发型、日常用品的限制（《中学生守则》的规定），以及中学生还不具有独立的经济能力，日常花销多由父母做主这一客观现象，将凡是与物质和消费有关的题项，也改成符合学生实际情况的陈述方式提问。

此外，对 3 个负向题目的检视发现，被试对问题的回答存在普遍的极端性，即回答"符合"和"完全符合"（反向计分）的比例很高。猜测可能的原因是，负向题目的内容倾向于反映青少年个性化的特征，由此可能对处于青春叛逆期的青少年造成某种程度的误导。因此，修改后二稿的所有题目均为正向题目。另外又根据不同情况酌情删减或增加部分题项。

这样，修改后的问卷更加符合青少年的实际生活议题。问卷包括"内容构面"和"途径构面"共 50 个题项。其中，物质领域（服饰、饮食、日常用品）共 14 题；行为领域（闲暇行为、交友行为）共 22 题；观念领域（审美观、爱情观、人生观）共 14 题（见表 3.1）。所有题目均为正向陈述。

表 3.1　　　　　　　　**流行文化内容构面与途径构面双向构面表**

途 径 构 面 ＼ 内 容 构 面		媒介	群体
物质	服饰	2 题	2 题
	饮食	2 题	2 题
	日常用品	4 题	2 题
行为	闲暇行为	9 题	4 题
	交友行为	4 题	5 题
观念	审美观	2 题	3 题
	爱情观	2 题	3 题
	人生观	2 题	2 题

第二节　问卷结构效度的探索性因素分析

一　样本概况

探索性因素分析以济南、烟台两地在校的初中、高中、大学生为调查对象。随机选取 YY 中学初中部 1 个班、YS 中学初中部 1 个班；SS 大学附中高一 1 个班、YS 中学高二 1 个班；L 大学 H 专业 2 个班、SG 大学 J 专业 2 个班，共 384 名青少年。发放问卷 384 份，回收问卷 330，剔除废卷 13 份，有效问卷 317 份，有效回收率 82.6%，满足因素分析样本量需要在题项的 5 倍以上的样本需求。对数据编码后利用 SPSS16.0 软件包进行分析。样本构成见表 3.2：

表 3.2　　　　　　　　**样本的社会人口变量**　　　　　　　　（％）

		Frequency	Percent	Valid Percent	Cumulative Percent
性别	女	201	63.4	63.4	63.4
	男	116	36.6	36.6	100.0
	共计	317	100.0	100.0	

		Frequency	Percent	Valid Percent	Cumulative Percent
年龄段	早期	121	38.2	38.2	38.2
	中期	120	37.9	37.9	76.0
	晚期	76	24.0	24.0	100.0
	共计	317	100.0	100.0	
年级	初中	71	22.4	22.4	22.4
	高中	142	44.8	44.8	67.2
	大学	104	32.8	32.8	100.0
	共计	317	100.0	100.0	

需说明的是，一般而言，初一正处于从儿童期向青少年期过渡的时期，特别是对于小学阶段为五年制的学制而言，过渡现象尤为明显，个体的自我认同通常处于萌芽状态甚至对某些个体而言仍处于尚未萌芽的阶段。根据自我认同发展的这一规律，本研究选择初中后期（如是四年制，则选择初三和初四学生，如是三年制，则选择初二和初三学生）、高中、大学的青少年作为调查对象。

对样本的社会人口变量做如下分组处理：抽样对象的年龄在 13～22 岁，将 13～15 岁归为青少年早期，16～18 岁归为青少年中期；19～22 岁归为青少年晚期；对年级也进行分组，分别为初中组、高中组、大学组，但是由于年龄和年级之间存在交叉，因此，在对分组变量进行讨论时，只以年龄段进行讨论。下同，不再赘述。

二　问卷的项目区分度及项目筛选

计算各题项的 C.R. 值，即临界比率（Critical Ration），即将每个 case 在各个题项上的总分从低到高排列，选取前 27% 为低分组，后 27% 为高分组，对两组均值进行独立样本 T 检验，结果表明每个题项的 P 值［sig.（2‐tailed）］均 <0.001，初步说明问卷的项目区分度较好。

三　问卷结构效度的探索性因素分析

首先，对问卷中反映物质领域的测量服饰、饮食、日常用品三个维度的 14 个项目进行探索性因素分析，KMO = 0.916，Bartlett 球体检验（P < 0.001）（见表 3.3）表明数据非常适合做因素分析。用主成分（Principal components）分析法抽取因子，特征值大于 1 的因子有 3 个，累积解释率 60.126%。根据问卷设计的理论基础和理论构想，限制生成 2 个因子，累积解释率为 52.692%（见表 3.4），对 14 个项目进行主成分分析和方差极大正交旋转，得出的因子载荷系数按大小排列。根据"实际中，一般认为绝对值大于 0.3 的因子负载就是显著的"[①] 这样的规则，保留因子负荷大于 0.3 的项目，并删除在因素 1 和因素 2 上具有双重负荷的 6 个项目 a1，a2，a3，a4，a8，a9，删除后的题项在公因子上的载荷系数见表 3.5（0.3 以下未显示），删除题项后的累积解释率为 54.589%。

表 3.3　　　　　　　　　　　KMO and Bartlett's Test

Kaiser – Meyer – Olkin Measure of Sampling Adequacy.		0.916
Bartlett's Test of Sphericity	Approx. Chi – Square	1.901E3
	91	df
	.000	Sig.

表 3.4　　　　　　　　　　Total Variance Explained

Component	Initial Eigenvalues			Extraction Sums of Squared Loadings			Rotation Sums of Squared Loadings		
	Total	% of Variance	Cumulative %	Total	% of Variance	Cumulative %	Total	% of Variance	Cumulative %
1	6.129	43.781	43.781	6.129	43.781	43.781	4.153	29.665	29.665
2	1.247	8.911	52.692	1.247	8.911	52.692	3.224	23.027	52.692

①　郭志刚：《社会统计分析方法——SPSS 软件应用》，中国人民大学出版社 1999 年版，第 107 页。

续表

Component	Initial Eigenvalues			Extraction Sums of Squared Loadings			Rotation Sums of Squared Loadings		
	Total	% of Variance	Cumulative %	Total	% of Variance	Cumulative %	Total	% of Variance	Cumulative %
3	1.041	7.434	60.126						
4	0.817	5.835	65.961						
5	0.762	5.442	71.403						
6	0.686	4.903	76.306						
7	0.601	4.294	80.600						
8	0.550	3.927	84.526						
9	0.476	3.403	87.929						
10	0.393	2.807	90.736						
11	0.373	2.668	93.404						
12	0.353	2.519	95.923						
13	0.332	2.370	98.294						
14	0.239	1.706	100.000						

Extraction Method: Principal Component Analysis.

表 3.5　　　　　　　　　　Rotated Component Matrixa

	Component	
	1	2
a5	0.797	
a6	0.759	
a7	0.745	
a13		0.796
a14		0.766
a12		0.631
a10		0.428
a11		0.310

Extraction Method: Principal Component Analysis.

Rotation Method: Varimax with Kaiser Normalization.

a. Rotation converged in 3 iterations.

对问卷中反映行为领域的测量闲暇行为、交友方式两个维度的 22 个项目进行探索性因素分析，KMO = 0.883，Bartlett 球体检验（P < 0.001）（见表 3.6）表明数据适合做因素分析。用主成分分析法抽取因子，得到特征值大于 1 的因子有 5 个，累积解释率 60.083%。根据问卷设计的理论基础和理论构想，限制生成 2 个因子，累积解释率为 42.201%（见表 3.7），对 22 个项目进行主成分分析和方差极大正交旋转，得出的因子载荷系数按大小排列。保留因子负荷大于 0.3 的项目，并删除在因素 1 和因素 2 上具有双重负荷的 12 个项目 a17，a21，a24，a26，a27，a28，a29，a30，a31，a32，a33，a34，删除后各题项在公因子上载荷系数见表 3.8，删除题项后的累积解释率为 50.238%。

表 3.6　　　　　　　　　　　　KMO and Bartlett's Test

Kaiser – Meyer – Olkin Measure of Sampling Adequacy.		0.883
Bartlett's Test of Sphericity	Approx. Chi – Square	2.899E3
	df	231
	Sig.	0.000

表 3.7　　　　　　　　　　　　Total Variance Explained

Component	Initial Eigenvalues			Extraction Sums of Squared Loadings			Rotation Sums of Squared Loadings		
	Total	% of Variance	Cumulative %	Total	% of Variance	Cumulative %	% of Variance	Cumulative %	Total
1	7.416	33.711	33.711	7.416	33.711	33.711	5.168	23.490	23.490
2	1.868	8.490	42.201	1.868	8.490	42.201	4.116	18.710	42.201
3	1.558	7.083	49.283						
4	1.345	6.113	55.397						
5	1.031	4.687	60.083						
6	0.972	4.419	64.502						
7	0.859	3.904	68.406						
8	0.803	3.648	72.054						
9	0.775	3.523	75.576						

续表

Component	Initial Eigenvalues			Extraction Sums of Squared Loadings			Rotation Sums of Squared Loadings		
	Total	% of Variance	Cumulative %	Total	% of Variance	Cumulative %	% of Variance	Cumulative %	Total
10	0.698	3.175	78.751						
11	0.577	2.625	81.375						
12	0.562	2.553	83.929						
13	0.489	2.221	86.150						
14	0.451	2.048	88.197						
15	0.426	1.938	90.135						
16	0.404	1.837	91.973						
17	0.366	1.663	93.636						
18	0.324	1.472	95.107						
19	0.305	1.388	96.495						
20	0.284	1.291	97.786						
21	0.252	1.148	98.934						
22	0.235	1.066	100.000						

Extraction Method：Principal Component Analysis.

表 3.8　　　　　　　　　　Rotated Component Matrixa

	Component	
	1	2
a25	0.646	
a36	0.635	
a35	0.626	
a22	0.590	
a23	0.544	
a18	0.511	
a19		0.802
a20		0.757
a15		0.656
a16		0.507

Extraction Method：Principal Component Analysis. Rotation Method：Varimax with Kaiser Normalization.

a. Rotation converged in 3 iterations.

对问卷中反映观念领域的测量审美观、爱情观、人生观三个维度的 14 个项目进行探索性因素分析，KMO = 0.864，Bartlett 球体检验（P < 0.001）表明数据适合做因素分析（见表 3.9）。用主成分分析法抽取因子，得到特征值大于 1 的因子有 2 个，累积解释率 44.095%（见表 3.10）。对 14 个项目进行主成分分析和方差极大正交旋转，所得因子负载按大小排列。保留因子负荷大于 0.3 的项目，删除具有双重负荷的 6 个题项 a37，a39，a41，a43，a47，a50，删除后各题项在公因子上的载荷见表 3.11，（0.3 以下未显示），删除题项后的累积解释率为 54.867%。

表 3.9   KMO and Bartlett's Test

Kaiser – Meyer – Olkin Measure of Sampling Adequacy.		0.864
Bartlett's Test of Sphericity	Approx. Chi – Square	1.141E3
	df	91
	Sig.	0.000

表 3.10   Total Variance Explained

Component	Initial Eigenvalues			Extraction Sums of Squared Loadings			Rotation Sums of Squared Loadings		
	Total	% of Variance	Cumulative %	Total	% of Variance	Cumulative %	Total	% of Variance	Cumulative %
1	4.533	32.376	32.376	4.533	32.376	32.376	3.176	22.686	22.686
2	1.641	11.719	44.095	1.641	11.719	44.095	2.997	21.409	44.095
3	0.996	7.114	51.209						
4	0.982	7.013	58.222						
5	0.809	5.780	64.002						
6	0.796	5.688	69.690						
7	0.661	4.723	74.413						
8	0.642	4.584	78.997						
9	0.631	4.505	83.502						
10	0.536	3.830	87.332						

Component	Initial Eigenvalues			Extraction Sums of Squared Loadings			Rotation Sums of Squared Loadings		
	Total	% of Variance	Cumulative %	Total	% of Variance	Cumulative %	Total	% of Variance	Cumulative %
11	0.512	3.657	90.989						
12	0.462	3.297	94.286						
13	0.426	3.042	97.328						
14	0.374	2.672	100.000						

Extraction Method：Principal Component Analysis.

表3.11　　　　　　　　　Rotated Component Matrixa

	Component	
	1	2
a38	0.791	
a42	0.776	
a40	0.662	
a49	0.497	
a45		0.774
a48		0.734
a46		0.684
a44		0.529

Extraction Method：Principal Component Analysis. Rotation Method：Varimax with Kaiser Normalization.

a. Rotation converged in 3 iterations.

在以上三个领域的因素分析后，共得到26个题项，再次做探索性因素分析，KMO＝0.845，Bartlett球体检验（P＜0.001）表示适合做因素分析（见表3.12）。对26个项目进行主成分分析和方差极大正交旋转，限制生成两个因子，累积解释率为35.540%（见表3.13）。所得因子载荷按系数大小排列，保留因子负荷大于0.3的项目，删除具有双重负荷的7个题项a13，a14，a18，a22，a25，a35，a40（见表3.14）。

经过对题项的检视，在剩余的 19 个题项中，其中 a5，a6，a7，a11，a12，a15，a16，a19，a20，a38，a42 共 11 个题项都负载在媒介因素上；a10，a23，a36，a44，a45，a46，a48，a49 共 8 个题项都负载在群体因素上，因此对公因子进行重新命名，将因素 1 命名为媒介流行文化（Media Popular Culture，简称 MPC）；将因素 2 命名为群体流行文化（Group Popular Culture，简称 GPC），由此形成 MPC 和 GPC 两个分量表。每个分量表中皆包含流行文化的物质领域、行为领域和观念领域的题项，由于本研究的核心目的是了解媒介流行文化和群体流行文化对自我认同的影响，因而不欲对每个分量表中的不同领域进行考察。

表 3.12　　　　　　　　　　　KMO and Bartlett's Test

Kaiser – Meyer – Olkin Measure of Sampling Adequacy.		0.845
Bartlett's Test of Sphericity	Approx. Chi – Square	2.832E3
	df	325
	Sig.	0.000

表 3.13　　　　　　　　　　　Total Variance Explained

Component	Initial Eigenvalues			Extraction Sums of Squared Loadings			Rotation Sums of Squared Loadings		
	Total	% of Variance	Cumulative %	Total	% of Variance	Cumulative %	Cumulative %	Total	% of Variance
1	6.561	25.234	25.234	6.561	25.234	25.234	5.309	20.418	20.418
2	2.680	10.306	35.540	2.680	10.306	35.540	3.932	15.123	35.540
3	1.815	6.981	42.522						
4	1.503	5.779	48.301						
5	1.206	4.640	52.941						
6	1.183	4.551	57.491						
7	0.978	3.762	61.253						
8	0.920	3.537	64.790						
9	0.870	3.347	68.137						

Component	Initial Eigenvalues			Extraction Sums of Squared Loadings			Rotation Sums of Squared Loadings		
	Total	% of Variance	Cumulative %	Total	% of Variance	Cumulative %	Cumulative %	Total	% of Variance
10	0.818	3.147	71.283						
11	0.753	2.896	74.179						
12	0.698	2.683	76.862						
13	0.625	2.405	79.267						
14	0.604	2.322	81.589						
15	0.572	2.201	83.790						
16	0.533	2.049	85.839						
17	0.472	1.817	87.656						
18	0.452	1.739	89.395						
19	0.451	1.733	91.129						
20	0.424	1.630	92.759						
21	0.371	1.429	94.187						
22	0.343	1.321	95.508						
23	0.327	1.258	96.766						
24	0.322	1.240	98.007						
25	0.276	1.061	99.068						
26	0.242	0.932	100.000						

Extraction Method：Principal Component Analysis.

表 3.14   Rotated Component Matrixa

	Component	
	1	2
a42	0.711	
a19	0.699	
a20	0.691	

续表

	Component	
a38	0.647	
a6	0.604	
a15	0.589	
a16	0.567	
a5	0.551	
a7	0.495	
a11	0.430	
a12	0.421	
a46		0.701
a45		0.684
a36		0.645
a44		0.529
a48		0.501
a49		0.494
a10		0.414
a23		0.341

Extraction Method：Principal Component Analysis. Rotation Method：Varimax with Kaiser Normalization.

a. Rotation converged in 3 iterations.

四　信度检验

利用 Cronbach α 系数来考察 MPC 和 GPC 两个维度以及总问卷的内部一致性（见表 3.15），其中 GPC 的 Cronbach α 系数稍低，但仍在可接受的范围内。总体上表明问卷具有较好的可靠性与稳定性。

表 3.15　　　　　　　　　　问卷的内部一致性信度

	Cronbach α 系数
总量表	0.803
MPC	0.835
GPC	0.787

第三节　问卷结构效度的验证性因素分析

一　样本概况

另从济南、烟台两地与探索性因素分析同样的母群体中再抽取容量为460 的样本，回收 430 份，剔除废卷后共 381 份有效问卷，有效回收率为88.6%。样本构成见表 3.16。对问卷结构的验证性因素分析采用 SPSS16.0 和 AMOS 17.0 软件。

表 3.16　　　　　　　　　　样本的社会人口变量　　　　　　　　　　（%）

		Frequency	Percent	Valid Percent	Cumulative Percent
性别	女	226	59.3	59.3	59.3
	男	155	40.7	40.7	100.0
	共计	381	100.0	100.0	
年龄段	早期	110	28.9	28.9	28.9
	中期	197	51.7	51.7	80.6
	晚期	74	19.4	19.4	100.0
	共计	381	100.0	100.0	
年级	初中	69	18.1	18.1	18.1
	高中	204	53.5	53.5	71.7
	大学	108	28.3	28.3	100.0
	共计	381	100.0	100.0	

二　结构模型的修正

对前面探索因素分析保留下来的 19 个题项的初始验证结果发现，问卷的结构效度并不是很好（所有拟合指标均不达标），因此，首先要对问卷的结构模型进行修正。

修正的内容主要包括：建立误差关联、删除题项、调整题项。修正的依据有三：一是理论标准，即该题项的内容是否符合媒介流行文化和群体流行文化的理论，即从理论上，该题项是否真正地测量了所属维度的内容；二是数据标准，即将因素负荷小于 0.30 的题项删除、根据修正指数 M.I.

（modification indices）以及验证性因素分析后数据的拟合指标（model fit）建立误差关联和调整题项、根据题项之间的误差相关程度（误差的协方差）来决定是否保留该题项；三是实际意义，即建立误差关联的题项之间是否确有实际意义上的相关、题项与所属维度之间是否确有实际意义。

综合以上标准，将 a7 从 MPC 维度中调整至 GPC 中，共保留 15 个题项，其中 MPC 维度 8 个题项，GPC 维度 7 个题项。得到的问卷结构见图 3.1：

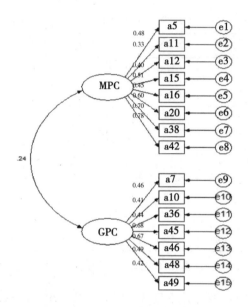

图 3.1　问卷验证因素分析结构图

三　参数显著性检验

在 Amos 中，C. R. 值是参数显著性检验的统计量。从表 3.17 中可以看到，各观测变量对各自所属因子的回归权重都通过了显著性检验（$P < 0.001$）。

表 3.17　　　　　　　　　　Regression Weights

			Estimate	S. E.	C. R.	P	Standardized Estimate
a5	<—	F1	1.000				0.477

续表

			Estimate	S. E.	C. R.	P	Standardized Estimate
a11	<—	F1	0. 724	0. 156	4. 626	＊＊＊	0. 328
a12	<—	F1	0. 887	0. 165	5. 380	＊＊＊	0. 402
a15	<—	F1	0. 945	0. 151	6. 269	＊＊＊	0. 508
a16	<—	F1	0. 931	0. 159	5. 851	＊＊＊	0. 455
a20	<—	F1	1. 395	0. 203	6. 877	＊＊＊	0. 602
a38	<—	F1	1. 506	0. 205	7. 353	＊＊＊	0. 699
a42	<—	F1	1. 754	0. 232	7. 560	＊＊＊	0. 759
a7	<—	F2	1. 000				0. 457
a10	<—	F2	1. 468	0. 426	3. 443	＊＊＊	0. 407
a36	<—	F2	1. 937	0. 549	3. 528	＊＊＊	0. 442
a45	<—	F2	2. 692	0. 704	3. 823	＊＊＊	0. 683
a46	<—	F2	2. 806	0. 736	3. 815	＊＊＊	0. 669
a48	<—	F2	1. 745	0. 481	3. 626	＊＊＊	0. 494
a49	<—	F2	1. 761	0. 506	3. 477	＊＊＊	0. 420

注："＊＊＊"表示 0. 001 水平上显著

而 MPC 和 GPC 相关并不显著，C. R. = 1. 720，P = 0. 085 > 0. 05（见表 3. 18）。

表 3. 18　　　　　　　　　　　　Covariances

			Estimate	S. E.	C. R.	P
MPC	<—>	GPC	0. 041	0. 017	1. 720	0. 085

四　参数的合理性检查

这一步主要是检查所有参数是否存在违犯估计。黄芳铭指出："所谓违犯估计是指不论是结构模式或测量模式中统计所输出的估计系数超出可接受的范围，也就是说，模式获得不适当的解"①，并指出，"一般常发生的违犯估计有以下三种现象：有负的误差变异数存在，或是在任何建构中存在着无意义的变异误；标准化系数超过或太接近1；有太大的标准误"②。对所有参数的合理性进行检验，并未出现违犯估计的现象，说明所有参数都在合理的范围之内。

表3.17中显示，各因子对所属题项的标准化因素负荷（Standardized Estimate）均在0.30之上，且并未超过0.95的门槛。对所有参数的合理性进行检验，也未发现有负的误差变异项和过大的标准误出现（见表3.19），说明所有参数都在合理的范围之内。

表3.19　　　　　　　　　　　Variances

	Estimate	S. E.	C. R.	P
MPC	0.309	0.076	4.052	＊＊＊
GPC	0.490	0.065	4.990	＊＊＊
e1	1.048	0.090	11.664	＊＊＊
e2	1.346	0.110	12.203	＊＊＊
e3	1.264	0.105	11.982	＊＊＊
e4	0.793	0.069	11.499	＊＊＊
e5	1.028	0.087	11.771	＊＊＊
e6	1.059	0.098	10.806	＊＊＊
e7	0.735	0.077	9.558	＊＊＊
e8	0.699	0.084	8.316	＊＊＊
e9	1.268	0.104	12.249	＊＊＊
e10	0.977	0.084	11.663	＊＊＊
e11	1.383	0.121	11.452	＊＊＊
e12	0.744	0.088	8.444	＊＊＊
e13	0.874	0.100	8.742	＊＊＊
e14	0.846	0.076	11.077	＊＊＊
e15	1.297	0.112	11.587	＊＊＊

注："＊＊＊"表示0.001水平上显著

五　拟合指标

SEM的拟合指标较为繁复，塔纳卡将SEM的整体模式适配考验的指

① 黄芳铭：《结构方程模式理论与应用》，中国税务出版社2005年版，第143页。
② 同上书，第144页。

标以6种面向来加以区别。此6种面向包括以母群体为基础相对于以样本
为基础的指标、简单性相对于复杂性的指标。规范性相对于非规范性的指
标、绝对性相对于相对性的指标、估计方法自由相对于估计方法界定的指
标，以及样本数独立相对于样本数依赖的指标。① 但近年来学者主张将整
体适配评鉴指标分为3类：绝对适配量测（absolute fit measures）、增值适
配量测（incremental fit measures）以及简效适配量测（parsimonious fit
measures），并鼓励研究者在做评鉴时，能够同时考虑此3类的指标，其
好处是在使用此3类指标时，对模式的可接受性比较能够产生共识的结
果。② 鉴于此，该模型的拟合将兼顾此三类指标。问卷结构的主要拟合指
标见表3.20：

表3.20   验证性因素分析的拟合指数

绝对指标	GFI	AGFI	RMR	SRMR	RMSEA
	0.969	0.949	0.073	0.0531	0.046
增值指标	NFI	TLI	CFI	IFI	RFI
	0.903	0.939	0.954	0.955	0.872
简效指标	χ^2/df	PNFI	PGFI		
	1.800	0.683	0.599		

可以看到，除了SRMR稍微大于0.05，RFI稍微小于0.90，其余所
有适配指标均达到一个良好模型的标准，因此可以认定，"流行文化对青
少年的涵化程度"调查问卷的结构效度是良好的。

这样，"流行文化对青少年的涵化程度"调查问卷的验证因素分析最
终得到了两个因子共15个题项，其中媒介流行文化（MPC）因子8个题
项，群体流行文化（GPC）因子7个题项（见表3.21）。

---

① Tanaka, J. S., *Multifaceted conceptions of fit in structural equation models*. In Bollen, K. A.
and Long, J. S. (Eds), Testing structural equation models, 1993, pp. 10 – 39, 转引自黄芳铭：《结构
方程模式理论与应用》，中国税务出版社2005年版，第145页。

② Hair, J. F., Aderson, R. E., Tatham, R. L. and Black, W. C., Multivariate data analysis
(5th ed), Prentice Hall International：UK., 1998, 转引自黄芳铭：《结构方程模式理论与应用》，
中国税务出版社2005年版，第146页。

表 3.21　　　　　　　　　　　各因子与所属题项

因素	题项	所属领域
媒介流行文化（MPC）	a5：饮食广告	物质
	a11：流行电子产品	物质
	a12：有动漫形象标志的物品	物质
	a15：看电视	行为
	a16：网络平台的影视剧	行为
	a20：看娱乐类电视节目	行为
	a38：身材、容貌方面的明星膜拜	观念
	a42：偶像剧中的爱情向往	观念
群体流行文化（GPC）	a7：通过人际交流获取时尚美食信息	物质
	a10：购买或收集与明星有关的物品	物质
	a36：网络在线游戏的交友互动	行为
	a45：网恋	观念
	a46：婚前性行为	观念
	a48：对某些所谓"网络红人"的支持	观念
	a49：提倡追求个性、表现自我的人生格言	观念

六　问卷验证结果的讨论

问卷根据"流行文化的内容构面"的相关理论以及"流行文化传播机制"的相关理论，分别从"物质、行为、观念"三个内容构面和"媒介流行文化"和"群体流行文化"两个途径构面入手设计题目。经过探索性因素分析后得到 19 个题目，经验证因素分析后得到 15 个题目。问卷具有较好的内部一致性信度和结构效度。

利用此次问卷验证的样本，对"流行文化对青少年的涵化程度"进行基本的描述统计和分析。结果如下：

（一）"涵化程度"的基本描述统计分析

表3.22　　　　　　分量表及各领域平均得分的基本描述统计

分量表	N	平均分	标准差	领域	平均分	标准差
MPC	381	3.24	0.70	物质	3.28	0.81
				行为	3.23	0.84
				观念	3.20	1.05
GPC	381	2.40	0.67	物质	2.34	0.87
				行为	2.65	1.26
				观念	2.37	0.84

1. 分量表平均得分的基本描述分析

表3.22的结果显示，被调查的青少年在MPC分量表的平均得分远超过GPC。这说明，在青少年的社会化过程中，媒介流行文化的影响比青少年同辈群体的影响大得多。这种结果符合当代流行文化传播的基本机制，即大众媒介是流行文化制造和传播的主要来源。

MPC的平均得分处于"一般"至"符合"之间，这种中度偏上的涵化程度一方面说明了媒介流行文化在青少年社会化过程中扮演了重要的角色，另一方面也显示出这种影响尚未对青少年产生主导性的影响。可能一种原因是，尽管流行文化无处不在，但处于成长期的青少年同时也在接受来自学校和家庭的传统教育，并且他们通常无独立的经济来源，物质花销、日常行为方面通常由父母做主或受制于学校的校纪规范；另一原因也可能在于被调查的青少年都是普通全日制在校青少年，学习压力、严格的家庭和学校管理在某种程度上抵制了流行文化对青少年的影响。

GPC的平均得分处于"不符合"至"一般"之间，这种中度偏下的涵化程度说明，对于青少年来说，尽管同辈之间的流行文化对个体产生一定程度的影响，但其影响力相比于媒介流行文化而言还较弱。

2. 分量表各领域平均得分的基本描述分析

（1）对MPC分量表的基本描述分析

MPC中，三个领域平均得分高低顺序依次为物质、行为、观念。这说明媒介流行文化对青少年的影响通常先从最浅层的物质层面开始，然后才是行为和观念层面的涵化。

结合图3.1和表3.21的流行文化问卷结构，可以看到，对于青少年被试而言，对媒介流行文化具有较强解释力的分别是物质领域中的饮食、日常用品维度；行为领域中的闲暇行为维度；观念领域中的审美观维度。其中，物质领域均分最高的题项是"流行电子产品"（3.88）；行为领域均分最高的是"网络平台的影视剧"（3.48）；观念领域均分最高的是"身材、容貌方面的明星膜拜"（3.25）。以上结果显示出，大众媒介所传播的时尚物品信息尤其是更新换代较快的电子产品信息对青少年更具有较强的吸引力，换言之，青少年在流行物品的使用上也更容易受到流行文化的涵化；上网在线或下载看热播影视剧，是青少年热衷的闲暇行为方式，显示出新兴媒体尤其是网络媒体对当代青少年的广泛影响力；在自我形象的审美观上，媒介所制造的"明星偶像神话"具有较强的审美导向作用。

（2）对GPC分量表的基本描述分析

GPC中，三个领域得分高低顺序依次为行为、观念、物质。可以看到，对于青少年被试而言，群体流行文化对青少年影响最大的是同龄人之间流行的行为方式，其次是观念，最后才是物质层面。这种结果与媒介流行文化的影响形成了某种对照，即媒介流行文化更多地影响着青少年对流行、时尚物品的使用，而青少年人际之间的影响却相对更多地体现在行为方式上。

结合图3.1和表3.21的流行文化问卷结构，可以看到，对于青少年被试而言，对群体流行文化具有较强解释力的是物质领域中的饮食和日常用品维度，这与MPC分量表是相同的；其次是行为领域中的交友行为，与MPC分量表中的闲暇行为维度不同；观念领域中的爱情观和人生观，也与MPC分量表中的审美观维度不同。其中，"经常购买或收集与偶像明星有关的物品"均分为2.03，答案接近于"不符合"，说明青少年在"明星物品"如海报、贴图、音乐CD等方面已很少有相互交流，这显示出当代网络社会影响下青少年流行趣味和消费口味的变化。而在互联网还没有产生的年代，偶像明星的曝光率还很低，他们在青少年心目中具有极高的神秘感，因此，购买、收藏明星的物品几乎是20世纪八九十年代城市青少年最热衷的事情。而在现在的互联网上却可以搜索到关于明星的几乎所有图片、音乐、最新消息甚至个人隐私。通过"人际交流获取时尚美食信息"、"通过网络在线游戏进行交友互动"均分为 2.65，处于"不符合"与"一般"之间，饮食和交友行为的涵化程度皆在中度偏下。观念领域均分高低依次为"提倡追求个性、表现自我的人生格言"（3.14）、"婚前性行为"（2.23）、"网恋"（2.13）、"对某些所谓'网络红人'的支持"（1.98）。以上结果显示出，虽然当代的青少年追求个性，希望自己主宰人生，但对那些通过媚俗和不惜贬损个人人格和形象而赚取眼球的所谓"网络红人"，青少年们还是普遍给出了很低的分数。而"婚前性行为"和"网恋"的均分则接近于"不符合"，这说明时下一些所谓时尚的婚恋观并未对青少年产生广泛性的影响。

（二）社会人口变量间的涵化程度比较与差异显著性检验

表 3.23　　MPC 分量表不同性别和不同年龄段各领域及各维度均分比较

		物质	行为	观念	饮食	日常用品	闲暇行为	审美观	爱情观
性别	女	3.37	3.44	3.41	3.12	3.49	3.44	3.44	3.38
	男	3.14	2.93	2.88	2.89	3.27	2.93	2.99	2.78
年龄	早期	3.35	3.26	3.07	3.12	3.46	3.26	3.17	2.97
	中期	3.18	3.19	3.17	2.98	3.28	3.19	3.22	3.11
	晚期	3.42	3.32	3.47	3.03	3.62	3.32	3.47	3.47

表 3.24　　GPC 分量表不同性别和不同年龄段各领域及各维度均分比较

		物质	行为	观念	饮食	日常用品	交友行为	爱情观	人生观
性别	女	2.40	2.27	2.20	2.76	2.05	2.27	1.94	2.46
	男	2.25	3.19	2.61	2.50	1.99	3.19	2.53	2.71
年龄	早期	2.25	2.86	2.24	2.65	1.86	2.86	1.95	2.53
	中期	2.40	2.63	2.45	2.63	2.16	2.63	2.31	2.59
	晚期	2.32	2.36	2.35	2.70	1.93	2.36	2.17	2.53

从表 3.23 可以看到，女青少年在媒介流行文化各领域各维度的得分均高于男青少年，表明媒介流行文化对女青少年涵化的程度高于男青少年；而各年龄段之间在各领域及各维度的平均得分虽有差异，但并没有明显的规律可循；表 3.24 也显示，无论不同性别或是不同年龄段，群体流

行文化各领域及各维度的得分虽有差异，也并无明显的规律可循。那么，媒介流行文化和群体流行文化对不同性别和不同年龄段青少年的涵化程度是否存在显著差异呢？以下通过一元方差分析进一步得出结论：

1. 流行文化对不同性别青少年涵化程度的显著差异检验

以下数据皆在方差齐性的前提下进行统计：

表 3.25　　　　　　　不同性别青少年 MPC 得分的一元方差分析

		Sum of Squares	df	Mean Square	F	Sig.
饮食	Between Groups	3.334	4	0.833	3.536	0.008
	Within Groups	88.609	376	0.236		
	Total	91.942	380			
日常用品	Between Groups	2.690	8	0.336	1.401	0.194
	Within Groups	89.253	372	0.240		
	Total	91.942	380			
闲暇行为	Between Groups	11.265	12	0.939	4.282	0.000
	Within Groups	80.677	368	0.219		
	Total	91.942	380			
审美观	Between Groups	3.669	4	0.917	3.907	0.004
	Within Groups	88.274	376	0.235		
	Total	91.942	380			
爱情观	Between Groups	5.368	4	1.342	5.828	0.000
	Within Groups	86.575	376	0.230		
	Total	91.942	380			

表 3.26　　　　　　　不同性别青少年 GPC 得分的一元方差分析

		Sum of Squares	df	Mean Square	F	Sig.
饮食	Between Groups	6.209	1	6.209	5.003	0..026
	Within Groups	470.363	379	1.241		
	Total	476.572	380			

续表

		Sum of Squares	df	Mean Square	F	Sig.
日常用品	Between Groups	0.326	1	0.326	0.293	0.589
	Within Groups	422.356	379	1.114		
	Total	422.682	380			
交友行为	Between Groups	77.687	1	77.687	56.063	0.000
	Within Groups	525.185	379	1.386		
	Total	602.871	380			
爱情观	Between Groups	31.285	1	31.285	30.866	0.000
	Within Groups	384.149	379	1.014		
	Total	415.434	380			
人生观	Between Groups	5.576	1	5.576	7.325	0.007
	Within Groups	288.535	379	0.761		
	Total	294.112	380			

表 3.25 显示，除了日常用品，媒介流行文化对男女青少年的饮食、闲暇行为、审美观、爱情观维度上的涵化程度存在显著差异。即从总体而言，媒介流行文化对女青少年的涵化程度显著高于男青少年。表 3.26 显示，除了日常用品，群体流行文化对男女青少年的饮食、交友行为、爱情观、人生观的涵化程度存在显著差异。其中，在饮食维度上，女青少年得分显著高于男青少年，而在交友行为、爱情观和人生观维度上，男青少年得分显著高于女青少年。

2. 流行文化对不同年龄段青少年涵化程度的显著差异检验

表 3.27 　　　　　不同年龄段青少年 MPC 得分的一元方差分析

		Sum of Squares	df	Mean Square	F	Sig.
饮食	Between Groups	1.341	2	0.670	0.514	0.599
	Within Groups	493.341	378	1.305		
	Total	494.682	380			

续表

		Sum of Squares	df	Mean Square	F	Sig.
日常用品	Between Groups	6.969	2	3.484	4.117	0.017
	Within Groups	319.891	378	0.846		
	Total	326.860	380			
闲暇行为	Between Groups	1.064	2	0.532	0.752	0.472
	Within Groups	267.590	378	0.708		
	Total	268.654	380			
审美观	Between Groups	4.220	2	2.110	1.627	0.198
	Within Groups	490.085	378	1.297		
	Total	494.304	380			
爱情观	Between Groups	11.058	2	5.529	3.531	0.030
	Within Groups	591.845	378	1.566		
	Total	602.903	380			

　　表 3.27 显示，媒介流行文化对不同年龄段青少年的日常用品和爱情观维度的涵化程度存在显著差异。进一步通过 Scheffe 多重比较（表 3.28）显示，青少年中期和晚期在日常用品维度上的涵化程度在 0.05 水平上存在显著差异。结合表 3.23 的数据看到，青少年晚期在日常用品使用上的得分显著高于青少年中期（3.62 VS. 3.28），同时也略高于青少年早期（3.46）。可能的原因是进入大学阶段的青少年相比于初中和高中阶段，虽然经济来源仍依靠于父母，但已经有较独立的经济支配能力，且通常大学对流行物品的使用并无严格限制；青少年早期和晚期在爱情观维度上的涵化程度也在 0.05 水平上存在显著差异。同样结合表 3.23 的数据，看到青少年晚期在爱情观上的得分显著高于青少年早期（3.47 VS 2.97），且高于青少年中期（3.11），说明青少年晚期更多地开始思考有关爱情的问题，且容易受

到媒介的影响。

表 3.28　　　　　　　　　　Multiple Comparisons

Dependent Variable	(I) 年龄	(J) 年龄	Mean Difference (I−J)	Std. Error	Sig.	95% Confidence Interval	
						Lower Bound	Upper Bound
日常用品	1	2	0.18478	0.10918	0.240	−0.0835	0.4531
		3	−0.15932	0.13862	0.517	−0.5000	0.1813
	2	1	−0.18478	0.10918	0.240	−0.4531	0.0835
		3	−0.34410 *	0.12605	0.025	−0.6539	−0.0343
	3	1	0.15932	0.13862	0.517	−0.1813	0.5000
		2	0.34410 *	0.12605	0.025	0.0343	0.6539
爱情观	1	2	−0.134	0.149	0.667	−0.50	0.23
		3	−0.493 *	0.189	0.034	−0.96	−0.03
	2	1	0.134	0.149	0.667	−0.23	0.50
		3	−0.359	0.171	0.113	−0.78	0.06
	3	1	0.493 *	0.189	0.034	0.03	0.96
		2	0.359	0.171	0.113	−0.06	0.78

* The mean difference is significant at the 0.05 level.

表 3.29　　　　　不同年龄段青少年 GPC 得分的一元方差分析

		Sum of Squares	df	Mean Square	F	Sig.
饮食	Between Groups	0.220	2	0.110	0.087	0.917
	Within Groups	476.352	378	1.260		
	Total	476.572	380			
日常用品	Between Groups	7.529	2	3.765	3.428	0.033
	Within Groups	415.153	378	1.098		
	Total	422.682	380			
交友行为	Between Groups	11.473	2	5.737	3.667	0.026
	Within Groups	591.398	378	1.565		
	Total	602.871	380			

		Sum of Squares	df	Mean Square	F	Sig.
爱情观	Between Groups	9.297	2	4.648	4.326	0.014
	Within Groups	406.138	378	1.074		
	Total	415.434	380			
人生观	Between Groups	0.333	2	0.166	0.214	0.807
	Within Groups	293.779	378	0.777		
	Total	294.112	380			

表 3.29 显示，群体流行文化对不同年龄段青少年的日常用品、交友行为、爱情观维度上的涵化程度存在显著差异。进一步通过 Scheffe 多重比较（表 3.30），显示青少年早期和中期在日常用品维度上的涵化程度在 0.05 水平上存在显著差异，结合表 3.24 的数据看到，青少年中期在日常用品维度上的得分显著高于青少年早期（2.16 VS 1.86），青少年晚期也略高于早期（1.93 VS 1.86），说明高中和大学阶段的青少年比初中阶段的青少年更容易受到群体流行文化的影响。可能的原因是随着青少年年龄的增长，在流行物品方面的人际交流程度和相互影响程度逐渐增强，但这种影响程度仍很低；青少年早期和晚期在交友行为维度上的涵化程度也在 0.05 水平上存在显著差异。结合表 3.24 的数据看到，青少年早期在交友行为维度上的得分显著高于青少年晚期（2.86 VS 2.36），也略高于青少年中期（2.63）。这显示，虽然青少年早期在物质层面的人际影响不如中期和晚期，但在行为维度的相互影响却超过了中期和晚期；青少年早期和中期在爱情观维度上也在 0.05 水平上存在显著差异，结合表 3.24 的数据看到，青少年中期在爱情观维度上的得分显著高于青少年早期（2.31 VS 1.95），青少年晚期也略高于早期（2.17 VS 1.95）。可能的原因是随着年龄的增长，青少年逐渐开始思考和交流有关爱情的话题，但相互之间的影响程度并不高。

表 3. 30　　　　　　　　　　　Multiple Comparisons

Dependent Variable	(I) 年龄	(J) 年龄	Mean Difference (I－J)	Std. Error	Sig.	95% Confidence Interval	
						Lower Bound	Upper Bound
日常用品	1	2	−0.307 *	0.124	0.049	−0.61	0.00
		3	−0.076	0.158	0.892	−0.46	0.31
	2	1	0.307 *	0.124	0.049	0.00	0.61
		3	0.231	0.144	0.276	−0.12	0.58
	3	1	0.076	0.158	0.892	−0.31	0.46
		2	−0.231	0.144	0.276	−0.58	0.12
交友行为	1	2	0.230	0.148	0.301	−0.13	0.60
		3	0.509 *	0.188	0.027	0.05	0.97
	2	1	−0.230	0.148	0.301	−0.60	0.13
		3	0.278	0.171	0.269	−0.14	0.70
	3	1	−0.509 *	0.188	0.027	−0.97	−0.05
		2	−0.278	0.171	0.269	−0.70	0.14
爱情观	1	2	−0.36173 *	0.12302	0.014	−0.6640	−0.0594
		3	−0.22078	0.15620	0.369	−0.6046	0.1631
	2	1	0.36173 *	0.12302	0.014	0.0594	0.6640
		3	0.14095	0.14203	0.612	−0.2081	0.4900
	3	1	0.22078	0.15620	0.369	−0.1631	0.6046
		2	−0.14095	0.14203	0.612	−0.4900	0.2081

＊. The mean difference is significant at the 0.05 level.

（三）总结与讨论

利用验证"流行文化的涵化程度"问卷的数据，得出以下结论：

从总体上，媒介流行文化对青少年的涵化程度超过群体流行文化，但前者的涵化程度在"中度偏上"，而后者的涵化程度在"中度偏下"。这说明流行文化虽然对青少年的社会化和身心发展产生了广泛的影响，但尚未产生主导性的影响。传统文化、价值观和学校教育对青少年的社会化仍具有举足轻重的地位和作用。当然这种结果也可能与被调查对象都是普通全日制学校的在校学生有关。

　　社会人口变量的差异显著性检验表明，女青少年明显比男青少年更容易受到媒介流行文化的影响。在群体流行文化的影响上，在饮食维度上，女青少年得分显著高于男青少年；在交友行为、爱情观和人生观维度上，男青少年得分显著高于女青少年。各年龄段青少年在媒介流行文化和群体流行文化的不同维度上各自呈现不同的显著差异。

　　需要提及的是，探索性因素分析后保留下来的 19 个题项，经过验证因素分析后保留了 15 个题项，该问卷仍有待于进一步的后续验证。

第二章 自我认同发展程度测量

第一节 自我认同量表选介

一 自我认同量表的选用

埃里克森的自我认同理论中有三点始终是其反复强调的：一是强调自我认同发展的连续性和同一性；二是强调应将自我认同研究与个体所面临的实际生活议题联系起来；三是强调自我认同在内容上应包括自我认同、个人认同和社会认同三个层面。

而马西亚以后的自我认同状态范式研究虽对埃里克森的自我认同理论有了开创性的发展，并在自我认同的实证研究中占据主要的地位，但该范式的局限性也是有目共睹的。其在意识形态领域和人际关系领域分别归纳出的认同早闭、认同延缓、认同扩散、认同获得等八种类型并没有反映埃里克森的主要理论精神，因而并不具有令人信服的效标效度。

而国内学界的自我认同实证研究主要是基于自我认同状态范式而展开，因而其自编量表或国外修订版量表亦不能真正涵盖埃里克森自我认同的理论意涵。

本研究采用台湾师范大学心理学所陈坤虎等人创制的"自我认同重要性量表第三版（QII - III）"和"自我认同确定性量表第三版（QIF - III）"[①]。该套量表用来测量自我认同的"确定性"和"重要性"以及"认同落差"，较好地弥补了自我认同状态范式忽视个体实际生活议题和无法测量连续性和一致性的缺陷，秉承了埃里克森强调自我认同

---

① 注：感谢台湾师范大学心理学所的雷庚玲教授为本研究提供"认同重要性量表"和"认同确定性量表"第一版至第三版的详细介绍，并耐心解答关于量表的有关问题。

的"连续性"、"同一性"、"认同危机"、"实际生活议题"的理论精神，具有较高的效标效度。除此之外，选择该量表，还有几个与本研究相关的原因：

第一，本研究假设流行文化对自我认同的连续性和同一性产生影响，而"认同确定性量表"正是为测量"连续性"和"同一性"而设，这符合本书的研究假设；第二，既然假设流行文化对自我认同的连续性和同一性产生影响，则必然假设自我认同会由此产生困扰与危机，而"认同落差"的测量恰好能够弥补以往量表无法确切测量认同危机的缺陷；第三，台湾的文化背景与内地差异不大，因此，该量表中"形象认同"维度所涉及的青少年的"实际生活议题"与内地青少年的实际生活议题相仿，在语词表达上也较符合内地青少年学生的基本语境；第四，该量表的施测对象包括刚刚进入青少年期的国中生①，处于青少年巅峰期的高中生和处于青少年晚期的大学生，与本书的研究对象也基本吻合。

二　自我认同的维度

前文述及，埃里克森提出将自我认同分为自我认同、个人认同和社会认同三个层面，但并没有将其用于实际的测量之中；马西亚从概念操作化的角度将自我认同分为早闭、获得、延缓、扩散四个状态，对每一个状态分别从两个维度上进行询问，即"是否投入？""是否探索？"；而施瓦茨则希望自我认同的实证研究能够秉承埃里克森的三维度划分，而不是马西亚的两维度划分。

奇克将自我认同分为个人认同、社会认同和集体认同三个维度，但是，在实际测量中并没有将集体认同设计成可测量的题目纳入到量表中，因而，奇克的量表中实际上只有个人认同和社会认同两部分内容。

本书采纳台湾师范大学心理学所陈坤虎等人对自我认同的维度划分方式。陈坤虎等人在奇克自我认同内容的基础上，又增加了一个"形象认同"的内容，并认为"形象"乃青少年期最为关注的自我问题之一。因而将自我认同分为个人认同、社会认同和形象认同。

①　注：台湾地区的国中生通常年龄在13～15岁，相当于大陆的初中生阶段。

　　奇克在量表中将认同分成个人认同与社会认同两部分。[1] 陈坤虎等人根据埃里克森重视"实际生活议题"的观点，认为个体在不同的发展年龄需扮演各种"社会角色"以探索其价值观及未来方向，并逐渐达成自我认同。因而在奇克的"个人认同"和"社会认同"的基础上，又增加了"形象认同"的维度。哈特指出，属于"形象认同"的题项内容虽然十分表面化和肤浅，但是这些外在的、表面的标签正是儿童期个体自我描述（self - description）的特性。[2] 而埃里克森则早就强调，学龄期儿童在"勤勉与自卑"的发展危机阶段，若能从学校活动的表现认识自己，体验到自己是怎样的一个人，这种外在的、肤浅的自我认同正是下一个"自我认同与认同混淆"阶段感受自我学业表现的连续感与同一感的基础。[3] 此外，过去二十多年有关青少年自尊的系列研究也显示，"外表吸引力"是众多变项中最能有效预测青少年自尊的重要指标。[4] 鉴于此，陈坤虎等人指出，在以成人为对象，研究其自尊与自我认同内容时，或许只需要具备个人、社会（甚至集体）认同即可。但若想了解认同内容自青少年早期起之发展过程，则势必需加入个体对于外在形象，甚至包括"美貌与否"等"肤浅"的问题。[5]

三　QII—III 和 QIF—III 分量表

　　为了秉承连续性和同一性的理论精神，该套量表以两个分量表"认

　　[1]　Cheek, J. M. *Identity orientations and self - interpretation*. In Buss, D. M. and Canter, N. (Eds.), Personality Psychology: Recent trends and emerging directions New York: Springer - Verlag, 1989, pp. 275 - 285.

　　[2]　Harter, S. *Processes underlying adolescent selfconcept formation*, In Montemayor, R., Adams, G. R. and Gullotta T. P. (Eds.), From childhood to adolescence: A transitional period? Newbury Park, CA: Sage. 1990

　　[3]　Erikson, E. H., *Childhood and society*, New York: W. W. Norton and Company, Inc, 1963.

　　[4]　a. Harter, S., *Causes, correlates and the functional role of global self - worth*: A life - span perspective, In Kolligian, J. and Sternberg, R. (Eds.), Perceptions of competence and incompetence across the life span. New Haven, CT: Yale University Press, 1990.

　　b. Lord, S. E. and Eccles, J. S., *James revisited: The relationship of domain self - concepts and values to Black and White adolescents' self - esteem*, Paper presented at the meeting of the Society for Research on Adolescence, San Diego, 1994, Feb.

　　[5]　陈坤虎、雷庚玲、吴英璋：《不同阶段青少年之自我认同内容及危机探索之发展差异》，《中华心理学刊》2005 年第 3 期。

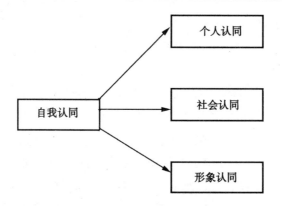

图 3.2　自我认同的维度划分

同重要性量表"和"认同确定性量表"以及两分量表对应题目所构成的
"认同落差"来表示。目前经过不断修订,该套量表已经发展至第三版,
即"认同重要性量表第三版(QII—III)"和"认同确定性量表第三版
(QIF—III)"。

(一)"认同重要性量表第三版(QII—III)"

"重要性"量表是在奇克的"认同量表"(AIQ)[1] 基础上修订而成。
奇克以"重要性(importance)"作为"个人"及"社会"两种认同内容
的测量向度。

所谓重要性,奇克指出,以"重要性"作为测量向度,乃反映个体
本身欲完成或满足的认同需求(identity needs)。换言之,当个体对认同
内容做"重要性"评量时,可反映自身对内在价值体系的心理需求[2]。

陈坤虎等人考虑到奇克的量表设计中的题项仍以抽象的认同概念为
主,因而这些概念无法反映个体所面临的"实际生活议题",以及这些生
活议题所处的"社会脉络"。因而在保留奇克等人原有的认同题目之上,
另以青少年常经历的社会脉络为基础,增加青少年日常生活中(家庭、
学校)具体发生的活动或个人的特殊属性(个人功课、体重、身材、家

---

[1]　Cheek, J. M. *Identity orientations and self - interpretation.* In Buss, D. M. and Canter, N.
(Eds.), Personality Psychology: Recent trends and emerging directions New York: Springer - Verlag,
1989, pp. 275 - 285.

[2]　陈坤虎、雷庚玲、吴英璋:《不同阶段青少年之自我认同内容及危机探索之发展差异》,
《中华心理学刊》2005 年第 3 期。

人、面子等)[①]。

QII—III 为改编自"认同重要性量表"之第一版（QII—I）与第二版（QII—II）。

QII—I 修改自 Cheek 的 AIQ（Aspects of Identity Questionnaire）量表，并增加"形象认同"的题目（量表中"形象认同"的题目主要包括个人对自己的身材、容貌等外在形象的关注以及个人对自己在某些具体领域的能力表现的关注），其目的为测量受试者在不同认同面向上对于定位自我之重要性的评估。换言之，此量表可反映出受试者的认同需求。量表采用李克特五点量尺，比如：以"不重要"（1 分）到"极度重要"（5 分）评量"我个人的价值观"对于定位我自己或了解我是谁的重要程度。陈坤虎等人提供了国中组、高中组及大学组在个人、社会、形象三个认同面向的内部一致性。[②] 不过，QII—I 之题目并未与 QIF—I 一一对应，且 QIF—I 的题数（23 题）远少于 QII—I（43 题），因此，陈坤虎等人 2003 年将 QII—I 修订为 QII—II，2007 年则提供了大学生样本在 QII—II 各面向的内部一致性信度。[③]

而 QII—III 乃进一步修订 QII—II，其目的是配合 QIF—III 题目的对应性及问法（QIF—III 的问法将在下一段中介绍），仍以五点量尺施测，以"不重要"（1 分）到"极度重要"（5 分）五点计分。修订后的 QII—III 共计 30 题，其中个人、社会、形象认同的题目各十题。陈坤虎等人于 2011 年计算的内部一致性为：个人认同 0.85，社会认同 0.88，形象认同 0.81。[④]

（二）"认同确定性量表第三版（QIF—III）"

所谓确定性，是指个体是否清楚觉察或确知他所持守的目标、价值、信仰和能力，并以此去体验或经历日常生活所需面临的社会要求：即使处于不同时空背景下，个体仍能感受自己的连续性和同一性。[⑤]

---

① 陈坤虎、雷庚玲、吴英璋：《不同阶段青少年之自我认同内容及危机探索之发展差异》，《中华心理学刊》2005 年第 3 期。

② 同上。

③ 注：关于量表修订过程的介绍，来源于台湾师范大学心理学所雷庚玲教授为本研究提供的内部资料。

④ 同上。

⑤ 陈坤虎、雷庚玲、吴英璋：《不同阶段青少年之自我认同内容及危机探索之发展差异》，《中华心理学刊》2005 年第 3 期。

QIF—III 为改编自"认同确定性量表"第一版（QIF—I）及第二版（QIF—II）。

QIF—I 量表参考自 QII—I 量表的题目，并根据"认同确定性"概念修正提问方式：比如在 QII—I 中询问"我个人的价值观"对于定位自己的重要程度，在 QIF—I 中则将同一题改为询问"我确定自己有哪些价值观"的确定程度。QIF—I 采用 Likert's scale 五点量尺施测，比如：以"完全不确定"（1 分）到"完全确定"（5 分）评量"我确定自己有哪些价值观"的程度。QIF—I 包含三面向共计 23 题。陈坤虎等人（2005）记录了国中、高中及大学样本在三个认同面向上的内部一致性信度。[1] 陈坤虎等人 2003 年修订 QIF—I 而编制的 QIF—II 共计 31 题，2007 年则提供了大学生样本在 QIF—II 各面向的内部一致性信度。[2]

由于 QIF—I 与 QIF—II 皆为正向内容确定性的问法（比如：在"我确定我自己是受他人喜爱的"的题项中，受试者必须同时考虑自己是"确定"且"受他人喜爱"的，才会勾选高分）。为了区分受试者填答低分时，是"正向不确定"、"负向但确定"或"负向且不确定"，QIF—III 进一步修订 QIF—II 的答题方式，将"认同确定性"每个题目都分为正负两个方向的问法，如正向问法为"我确定自己能掌握未来方向"。而负向问法为"我确定自己目前无法掌握未来方向"，若受试者认为他的状态既非偏向正向认同，亦非偏向负向认同，则受试者将选填"两者皆不确定"，借此希望更能掌握青少年自我认同之特性。修订后之 QIF—III 共计 30 题，每个认同面向各十题，其计分方式为受试者在第一层题目中勾选"正向"选项为 +1 分，勾选"负向"选项为 -1 分，勾选"两者皆不确定"选项为 0 分。若在第一层题目中勾选"正向"及"负向"者，需继续回答第二层题目，亦即对此"正向"或"负向"题目的确定程度为何，确定程度从低至高分别为 25%、50%、75%、100%，如果第一层回答为"负向"，则按 100%—25% 计分为 -4 分至 -1 分，如果第一层回答为

---

① 陈坤虎、雷庚玲、吴英璋：《不同阶段青少年之自我认同内容及危机探索之发展差异》，《中华心理学刊》2005 年第 3 期。

② 注：来源于台湾师范大学心理学所雷庚玲教授为本研究提供的内部资料。

"正向"，则按 25%—100% 计分为 1—4 分。故 QIF—III 之平均分范围从 -4 到 +4。

四　"认同落差"

"确定性"考察的是个体对自我认同内容是否明确的觉知，但是，"不确定"并不必然意味着个体会产生认同危机。是否产生认同危机，要视情况而定。个体虽然对某个认同内容并不确定，但如果个体对此并没有十分投入和付出努力去探索。或者换句话说，个体并不认为这个"不确定"十分的重要，那么这个"不确定"也就不会引发个体的困惑，因而也就谈不上认同危机的发生。

因此，为了能够测量埃里克森提出的"认同危机"，该量表中引入了一个"认同落差"的概念，即，由于"认同重要性量表"和"认同确定性量表"两个分量表的题目是平行的，只是问法不同，因此二者得分之差就形成了"认同落差"。"认同落差"的得分越高，就证明个体感到的认同危机越严重。

QII—III 和 QIF—III 以"重要性"和"确定性"来测量自我认同的连续性和同一性，并以"重要性"与"确定性"的得分之差形成"认同落差"，从而使"认同危机"概念也能够被测量，较好地弥补了自我认同状态范式无法测量自我认同的连续性和一致性的缺陷；将青少年日常生活中面临的实际生活议题融入到题项之中，秉承了埃里克森强调的自我认同研究不能忽视个体实际生活情境的理论精神；同时根据青少年期的成长特点，在"个人认同"、"社会认同"的基础上，又增加了"形象认同"的维度，既是对埃里克森理论的回应，也是对其理论的补充和发展。从这种意义上说，QII—III 和 QIF—III 较好地秉承了的理论精神，具有较高的效标效度。

第二节　QII—III 和 QIF—III 的结构效度验证

前文提及，台湾的文化背景以及青少年的实际生活议题与内地青少年差异并不很大。因此，从总体上并未对 QII—III 和 QIF—III 做修订，只是对个别题项进行修改，比如将"我的工作表现"改为"我的办事能力"。① 另外在个别题项的语言表达上稍微做了修改，将台湾的语言表述习惯变成内地的语言习惯，如"网路"改为"网络"、"电脑软体"改为"电脑软件"；对某些题项给予加注解释，如在"我的社交行为或应对进退"题项陈述后加注为"与他人打交道时我的行为表现方式"，总体上并不改变题项的原意。

一　样本概况

样本采用与前文流行文化问卷验证时同样的样本，具体情况见表3.16。对问卷结构的验证性因素分析采用 SPSS 16.0 和 AMOS 17.0 软件。

二　认同重要性量表（QII—III）的结构效度验证

对 QII—III 分量表 30 个题项的初始验证结果发现，量表的结构效度并不是很好（所有拟合指标均不达标），因此，首先对量表的结构模型进行修正。

同样依据理论标准、数据标准以及实际意义标准建立误差关联、删除题项和调整题项。比如，将题项"我的经济状况（如：零用钱多寡、打工所得多寡）（第 5 题）"与题项"我拥有的物质条件（如：手机、衣物、电玩）（第 6 题）"放在"形象认同"维度中就很不适合，且两题在同一维度中的误差相关达到 0.71 之高；再比如，题项"我的梦想与憧憬"（第 7 题）与题项"我未来的方向"（第 14 题）和题项"我未来的理想与抱负"（第 15 题），三题之间无论是从表面上的语义表达来看还是从数据指标上的误差相关来看，都具有非常高的相关性；再比如，"我个人的自我评价或对自己的看法"（第 9 题）与"我的自我认识，我对自己是什么样的一个人的想法"（第 28 题），"与他人互动的方式"（第 20 题）与"我的社交行为或应对进退"（第 22 题）等题项也都具有不同程度的相关性。此外，将"形象认同"维度中的"我的办事能力"（第 25 题）调整至"个人认同"维度中。

---

① 在内地，"工作"一般是指踏入社会的成人的生活议题，并不适用于内地青少年，容易出现题意模糊，因此做了以上修改。

经过修正后，认同重要性量表共保留 17 个题项，其中，个人认同维度 6 题；社会认同维度 6 题；形象认同维度 5 题（见表 3.31）。

表 3.31   QII—III 分量表维度及题项

维度	题项
个人认同	X4：我的想法和见解
	X8：即使面对外在环境我有许多变化，我仍觉得内心里是"同一个我"
	X10：我知道自己跟他人是不同的，但也不会刻意去模仿他人
	X14：我未来的方向
	X25：我的办事能力
	X28：我的自我认识，我对自己是什么样的一个人的想法
社会认同	X2：我受到他人的欢迎
	X12：我的谈吐及言行举止
	X18：受到他人的肯定
	X19：我的仪态和举止带给别人的印象
	X21：我的名誉或声誉
	X22：我的社交行为或应对进退（与他人打交道时我的行为表现）
形象认同	X16：我的"音乐"表现
	X17：我的"体育"表现
	X23：我的"电脑"表现（如：软硬件、网络、电脑游戏）
	X24：我的"美术"、"工艺"表现（如：绘画、劳作、手工艺）
	X26：我的外形（如：身高、体重、身材）

从表 3.32 中可以看到，各观测变量对各自所属因子的回归权重都通过了显著性检验（P < 0.001）。各因子对所属题项的标准化因素负荷（Standardized Estimate）均在 0.40 之上，且并未超过 0.95 的门槛。对所有参数的合理性进行检验，也未发现有负的误差变异项和过大的标准误出现，说明所有参数都在合理的范围之内。据 M. I. 修正指数，将有实际意义的题项之间的误差（e）进行关联，得到的误差协方差见表 3.33。经过不断修正，得到的"认同重要性"量表的一级因子结构见图 3.3，一级验

证因素分析的拟合指数见表 3.34，可以看到，所有适配指标均达到一个良好模型的标准。因此可以认定，认同重要性量表的一级因子结构具有良好的结构效度。

表 3.32　　　　　　　　　　　　Regression Weights

			Estimate	S. E.	C. R.	P	Standardized Estimate
x4	<—	个人	1.000				.621
x8	<—	个人	0.794	0.106	7.500	* * *	0.453
x10	<—	个人	0.969	0.116	8.356	* * *	0.504
x14	<—	个人	1.160	0.110	10.541	* * *	0.682
x25	<—	个人	1.196	0.112	10.675	* * *	0.703
x28	<—	个人	1.063	0.104	10.262	* * *	0.644
x2	<—	社会	1.000				0.631
x12	<—	社会	1.079	0.095	11.311	* * *	0.699
x18	<—	社会	1.139	0.097	11.736	* * *	0.728
x19	<—	社会	1.202	0.099	12.154	* * *	0.773
x21	<—	社会	1.177	0.099	11.936	* * *	0.751
x22	<—	社会	1.214	0.098	12.380	* * *	0.794
x16	<—	形象	1.000				0.709
x17	<—	形象	0.838	0.065	12.921	* * *	0.629
x23	<—	形象	0.890	0.082	10.804	* * *	0.679
x24	<—	形象	1.010	0.086	11.716	* * *	0.731
x26	<—	形象	0.739	0.079	9.404	* * *	0.565

注："＊＊＊"表示 0.001 水平上显著

表 3.33　　　　　　　　　　　　Covariances

			Estimate
个人	<—>	社会	0.892
社会	<—>	形象	0.584
个人	<—>	形象	0.555
e13	<—>	e14	0.342
e9	<—>	e10	0.312

			Estimate
e8	<—>	e10	0.194
e2	<—>	e3	0.163
e2	<—>	e6	0.172

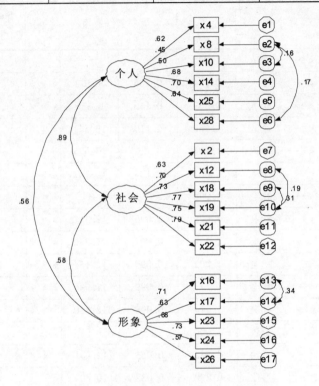

图 3.3　认同重要性量表一级验证因素分析

表 3.34　　　　　　　　验证性因素分析的拟合指数

绝对指标	GFI	AGFI	RMR	SRMR	RMSEA
	0.938	0.915	0.041	0.043	0.049
增值指标	NFI	TLI	CFI	IFI	RFI
	0.925	0.954	0.962	0.963	0.908
简效指标	χ^2/df	PNFI	PGFI		
	1.901	0.755	0.681		

经过一级验证因素分析发现，个人认同、社会认同、形象认同三个维度之间的相关都在 0.50 以上（见表 3.33），且并未超过 0.95 的门槛，其中，个人认同和社会认同之间的相关较高，达到 0.892。三个维度之间不同程度的相关表明各维度既相对独立地测量了认同的不同方面，又同属于一个内容。因此可以再继续抽取二级因子，将二级因子命名为"认同重要性"。据 M. I. 修正指数不断修正后，得到量表的二级因子结构（见图3.4），二级验证因素分析的拟合指数见表 3.35，可以看到，除了 RMSEA 稍大于 0.05（0.051），但仍在合理的范围之内（< 0.08），其余所有指标都达到一个良好模型的标准。其中，个人认同重要性和社会认同重要性对二级因子"认同重要性"的标准化回归权重皆在 0.90 以上，社会认同重要性刚好在 0.95 的门槛上。这说明，从总体上，删除题项后的认同重要性量表的结构效度是良好的。

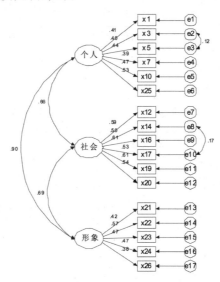

3.4　认同重要性量表二级验证因素分析

表 3.35　　　　　　　　　验证性因素分析的拟合指数

绝对指标	GFI	AGFI	RMR	SRMR	RMSEA
	0.935	0.911	0.043	0.044	0.051
增值指标	NFI	TLI	CFI	IFI	RFI
	0.920	0.949	0.958	0.959	0.903

简效指标	χ^2/df	PNFI	PGFI		
	1.995	0.758	0.684		

三　认同确定性量表（QIF—III）的结构效度验证

前文已经提及，认同重要性和认同确定性量表的题目是平行的，重要性的题项得分与确定性的题项得分之差构成"认同落差"。因此，为了配合"认同落差"的形成，使确定性量表和重要性量表的题项保持一致。即个人认同 6 题、社会认同 6 题、形象认同 5 题（见表 3.36）。

表 3.36　　　　　　　　　QIF—III 分量表维度及题项

维度	题项
个人认同	X1：我无法掌握未来方向/我能掌握未来方向
	X3：我没有一套属于自己的想法和见解/我有一套属于自己的想法和见解
	X5：我不知道自己有何独特之处或是与别人不同的地方/我知道自己的独特之处或是与别人不同的地方
	X7：若面对人生转折或外界环境改变，我会不知道自己还是不是"同一个我"/即使面对人生转折或外界环境改变，我还会是"同一个我"
	X10：我没搞清楚自己是怎样的一个人/我了解自己是怎样的一个人
	X25：我无法接受自己的办事能力/我可以接受自己的办事能力
社会认同	X12：我不受他人欢迎/我是受人欢迎的
	X14：我的谈吐言行给别人的印象是糟糕的/我的谈吐言行给别人的印象是良好的
	X16：他人无法肯定我/我是受他人肯定的
	X17：我的仪态和举止会让别人觉得我没礼貌、没规矩/我的仪态和举止会让人觉得我懂得礼节
	X19：我的声誉不佳/我有不错的声誉
	X20：我对人的应对无法被他人接受/我对人的应对可以被他人接受

维度	题项
形象认同	X21：我无法接受自己的"音乐"表现/我可以接受自己的"音乐"表现
	X22：我无法接受自己的"体育"表现/我可以接受自己的"体育"表现
	X23：我无法接受自己的"电脑"表现（如：软硬件、网络、电脑游戏）/我可以接受自己的电脑表现（如：软硬件、网络、电脑游戏）
	X24：我无法接受自己的"美术"、"工艺"表现（如：绘画、劳作、手工艺）/我可以接受自己的"美术"、"工艺"表现（如：绘画、劳作、手工艺）
	X26：我无法接受自己的外形（如：身高、体重、身材）/我可以接受自己的外形（如：身高、体重、身材）

从表 3.37 中可以看到，各观测变量对各自所属因子的回归权重都通过了显著性检验（P < 0.001）。各因子对所属题项的标准化因素负荷（Standardized Estimate）均在 0.35 之上，且并未超过 0.95 的门槛。对所有参数的合理性进行检验，也未发现有负的误差变异项和过大的标准误出现，说明所有参数都在合理的范围之内。经过不断修正，得到的"认同确定性"量表的一级因子结构（见图 3.5），一级验证因素分析的拟合指数见表 3.39，可以看到，除了 NFI 和 RFI 小于 0.90（但也都在 0.80 以上），其余所有指标都达到一个良好模型的标准。因此可以认定，删除题项后的认同确定性量表的一级因子结构从总体上是不能被拒绝的。

表 3.37　　　　　　　　　　Regression Weights

			Estimate	S. E.	C. R.	P	Standardized Estimate
x1	<—	个人	1.000				0.414
x3	<—	个人	0.783	0.147	5.316	* * *	0.431
x5	<—	个人	1.006	0.181	5.563	* * *	0.466
x7	<—	个人	0.973	0.192	5.080	* * *	0.388
x10	<—	个人	0.950	0.169	5.609	* * *	0.475
x25	<—	个人	0.999	0.177	5.649	* * *	0.527

续表

			Estimate	S. E.	C. R.	P	Standardized Estimate
x12	<—	社会	1.000				0.579
x14	<—	社会	0.813	0.107	7.586	* * *	0.537
x16	<—	社会	1.041	0.121	8.584	* * *	0.602
x17	<—	社会	0.848	0.109	7.784	* * *	0.563
x19	<—	社会	0.821	0.097	8.489	* * *	0.614
x20	<—	社会	0.824	0.106	7.775	* * *	0.529
x21	<—	形象	1.000				0.424
x22	<—	形象	1.587	0.255	6.221	* * *	0.567
x23	<—	形象	1.182	0.208	5.698	* * *	0.469
x24	<—	形象	1.348	0.235	5.743	* * *	0.472
x26	<—	形象	0.958	0.201	4.774	* * *	0.375

注："＊＊＊"表示 0.001 水平上显著

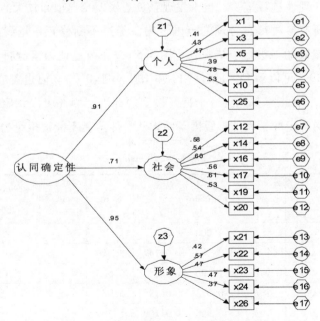

图 3.5　认同确定性量表一级验证因素分析

表 3.38 　　　　　　　　　　　　Covariances

				Estimate
个人	<一>		社会	0.663
社会	<一>		形象	0.686
个人	<一>		形象	0.896
e8	<一>		e10	0.172
e2	<一>		e3	0.123

表 3.39 　　　　　认同确定性量表一级验证性因素分析拟合指数

绝对指标	GFI	AGFI	RMR	SRMR	RMSEA
	0.943	0.924	0.025	0.048	0.044
增值指标	NFI	TLI	CFI	IFI	RFI
	0.825	0.900	0.916	0.918	0.792
简效指标	$\chi2/df$	PNFI	PGFI		
	1.728	0.692	0.703		

　　经过一级验证因素分析发现，个人认同、社会认同、形象认同三个维度之间的相关都在 0.60 以上（见表 3.38），且并未超过 0.95 的门槛，其中，个人认同和社会认同之间的相关较高，达到 0.896，三个维度之间不同程度的相关表明各维度既相对独立地测量了认同的不同方面，又同属于一个内容。因此可以再继续抽取二级因子，将二级因子命名为"认同确定性"，得到量表的二级因子结构（见图 3.6），二级验证因素分析的拟合指数见表 3.40，可以看到，除了 NFI 和 RFI 小于 0.90（但也都在 0.80 以上），其余所有指标都达到一个良好模型的标准，其中，个人认同确定性和形象认同确定性对二级因子"认同确定性"的标准化回归权重皆在0.90 以上，形象认同重要性刚好在 0.95 的门槛上。这说明，删除题项后的认同确定性量表从总体上是不能被拒绝的。

表 3.40 　　　认同确定性量表二级验证性因素分析拟合指数

绝对指标	GFI	AGFI	RMR	SRMR	RMSEA
	0.939	0.920	0.026	0.049	0.046

续表

	NFI	TLI	CFI	IFI	RFI
增值指标	0.814	0.889	0.905	0.907	0.802
简效指标	χ^2/df	PNFI	PGFI		
	1.813	0.694	0.712		

四　分量表及总量表的信度

利用 Cronbach α 系数考察 QII—II 和 QIF—III 分量表及总量表的内部一致性信度（见表 3.41），结果表明分量表及总量表的 Cronbach α 系数均在 0.80 以上，其中认同重要性量表的 Cronbach α 系数达到 0.90，总量表的 Cronbach α 系数达到 0.88，表明各分量表及总量表的内部一致性信度较高。

表 3.41　　　　　　　　　问卷的内部一致性信度

	Cronbach α 系数
总量表	0.882
QII—III	0.900
QIF—III	0.800

五　量表验证结果的讨论

以山东省初中、高中、大学共 381 名在校青少年为样本，对 QII—III 和 QIF—III 的结构效度进行验证性因素分析，经过题项的调整、删除，原量表的 60 个题项缩减为 34 个题项，每个分量表各 17 题。初步验证表明，删除题项后的 QII—III 和 QIF—III 的结构效度和内部一致性信度较好，在中国大陆的文化背景之下，用来测量青少年自我认同的内容和认同危机具有一定的适切性。

利用此次验证量表结构的样本，我们可以进一步得到目前青少年所处的自我认同状态的结果，并对不同社会人口变量的自我认同进行差异显著性的检验。

（一）基本描述统计

1. 社会人口变量与自我认同得分均值的比较

表3.42　　　　　　　　　　**确定性 重要性 ＊ 性别**

性别		确定性得分	重要性得分
女	Mean	9.61	63.61
	N	226	226
	Std. Deviation	5.895	10.678
男	Mean	9.98	62.89
	N	155	155
	Std. Deviation	6.168	10.020
Total	Mean	9.76	63.31
	N	381	381
	Std. Deviation	6.002	10.408

表3.43　　　　　　　　　　**确定性 重要性 ＊ 年龄**

年龄		确定性得分	重要性得分
早期	Mean	9.25	64.45
	N	110	110
	Std. Deviation	5.486	10.288
中期	Mean	10.01	61.71
	N	197	197
	Std. Deviation	6.267	11.218
晚期	Mean	9.86	65.91
	N	74	74
	Std. Deviation	6.048	7.232
Total	Mean	9.76	63.31
	N	381	381
	Std. Deviation	6.002	10.408

　　由于确定性得分范围在 –17 分至 17 分之间（按一级选项计分），而表 3.42、表 3.43 中显示，无论是不同性别还是不同年龄段的确定性得分均值都在 9 分以上，正向偏高，因而从总体上说明，当代青少年能够较为清楚地觉察或确知他所持守的目标、价值、信仰和能力，并以此去体验或经历日常生活所需面临的社会要求；重要性得分范围在 17—85 分之间，而表中无论是不同性别还是不同年龄段的重要性得分均值都在 60 分以上，得分偏高，可反映出青少年个体对内在价值体系的心理需求程度较高。

　　2. 自我认同不同内容之间的得分比较

表 3.44　　　　　　　　　　Descriptive Statistics

确定性题项	N	Sum	Mean	Std. Deviation
X19	381	303	0.80	0.508
X17	381	275	0.72	0.572
X20	381	274	0.72	0.591
X14	381	273	0.72	0.574
X3	381	262	0.69	0.680
X12	381	245	0.64	0.656
X21	381	244	0.64	0.695
X16	381	242	0.64	0.658
X10	381	232	0.61	0.748
X25	381	231	0.61	0.709
X23	381	215	0.56	0.743
X26	381	213	0.56	0.754
X5	381	208	0.55	0.809
X22	381	175	0.46	0.825
X24	381	164	0.43	0.842
X1	381	87	0.23	0.905
X7	381	76	0.20	0.939
Valid N（listwise）	381			

表 3.44 显示的是自我认同确定性每个题项的总得分及均值的降序排列，可以看到，青少年最为确知的自我认同内容依次为第 19、17、20、14 题，即"我有不错的声誉"、"我的仪态和举止会让人觉得我懂得礼节"、"我对人的应对进退可以被他人接受"、"我的谈吐言行给别人的印象是良好的"。该四题均属于"社会认同"的维度，这证明处于"发展友谊、建立亲密关系"关键期的青少年对自我与他人的互动、自我在同辈群体中的表现有更多的思考和关注，从而在社会领域的自我认同的确定性也相对更高。

表 3.45   Descriptive Statistics

	N	Sum	Mean	Std. Deviation
X14	381	1577	4.14	0.931
X28	381	1530	4.02	0.909
X25	381	1525	4.00	0.933
X21	381	1521	3.99	0.958
X12	381	1512	3.97	0.943
X22	381	1494	3.92	0.931
X18	381	1491	3.91	0.946
X4	381	1472	3.86	0.881
X19	381	1471	3.86	0.951
X10	381	1454	3.82	1.045
X8	381	1445	3.79	0.961
X2	381	1413	3.71	0.972
X26	381	1283	3.37	1.047
X23	381	1247	3.27	1.051
X17	381	1245	3.27	1.067
X16	381	1231	3.23	1.126
X24	381	1212	3.18	1.101
Valid N (listwise)	381			

表 3.45 显示的是自我认同重要性每个题项的总得分及均值的降序排列。在青少年看来，最为重要的自我认同内容依次为第 14、28、25 题，即"我未来的方向"、"我的自我认识，我对自己是什么样的一个人的想法"、"我的办事能力"。该三题均属于"个人认同"维度，这证明处于自我意识发展期的青少年更加渴望明确自己未来的发展方向以及希望知道自己究竟是一个什么样的人，即在个人认同领域的心理需求要高于社会领域

和形象领域。

3. 社会人口变量与落差等级的列联表

由于认同落差得分是重要性得分与确定得分之差，因此，认同落差的得分均值范围在 0—102 分之间。利用 SPSS 将数据合并分组，生成新变量"落差等级"，将得分在 0—33 分（包括端点）的划归为"轻度落差"、34—67 分（包括端点）为"中度落差"、68—102 分（包括端点）为"重度落差"。得到性别、年龄与落差等级的列联表。

表 3.46　　　　性别 * 落差等级 Crosstabulation　　　　（%）

			落差等级			共计
			轻度落差	中度落差	重度落差	
性别	女	Count	7	189	30	226
		% of Total	1.8%	49.6%	7.9%	59.3%
	男	Count	5	139	11	155
		% of Total	1.3%	36.5%	2.9%	40.7%
共计		Count	12	328	41	381
		% of Total	3.1%	86.1%	10.8%	100.0%

表 3.47　　　　年龄 * 落差等级 Crosstabulation　　　　（%）

			落差等级			Total
			轻度落差	中度落差	重度落差	
年龄	早期	Count	3	91	16	110
		% of Total	0.8%	23.9%	4.2%	28.9%
	中期	Count	9	173	15	197
		% of Total	2.4%	45.4%	3.9%	51.7%
	晚期	Count	0	64	10	74
		% of Total	0.0%	16.8%	2.6%	19.4%
共计		Count	12	328	41	381
		% of Total	3.1%	86.1%	10.8%	100.0%

表 3.46、表 3.47 中显示，无论男生或女生，还是不同年龄段，"中度落差" 所占的比重（86.1%）都远远超过"轻度落差"（3.1%）和"重度落差"（10.8%）。这说明，从总体上看，青少年的自我认同普遍处于中度的认同危机状态。

（二）社会人口变量与自我认同的差异显著性检验

为了了解男、女青少年在自我认同确定性、自我认同重要性以及认同危机上的差异，采用单因素方差分析（One – Way ANOVA）的统计方法对数据进行分析。

1. 性别、年龄与自我认同确定性

表 3.48　　　Test of Homogeneity of Variances 自我认同确定性

Levene Statistic	df1	df2	Sig.
0.168	1	379	0.682

表 3.49　　　ANOVA 自我认同确定性

	Sum of Squares	df	Mean Square	F	Sig.
Between Groups	12.589	1	12.589	0.349	0.555
Within Groups	13678.676	379	36.091		
Total	13691.265	380			

尽管单因素方差分析要求因变量的数据呈现正态分布，但由于"在样本含量较大时，方差分析对正态性的假设是稳健的"[1]，因此这里不讨论数据是否是正态分布的问题，而只关注数据的方差齐性（Homoscedasticity）问题。表 3.48 显示，Levene 方法检验统计量为 0.168，在当前自由度下对应的 P 值为 0.682 > 0.05，可认为样本来自的总体满足方差齐性的要求。

表 3.49 显示，F 统计量为 0.349，P 值为 0.555 > 0.05，即可以认为男、女青少年在自我认同确定性得分上并不存在显著差异。

---

① 张文彤、闫洁：《SPSS 统计分析基础教程》，高等教育出版社 2004 年，第 263 页。

表 3.50　　　　Test of Homogeneity of Variances 自我认同确定性

Levene Statistic	df1	df2	Sig.
1.153	2	378	0.317

表 3.51　　　　　　　ANOVA 自我认同确定性

Sig.	Sum ofSquares	df	Mean Square	F
Between Groups .569	40.749	2	20.374	.564
Within Groups	13650.516	378	36.112	
Total	13691.265	380		

表 3.50 显示，Levene 方法检验统计量为 1.153，在当前自由度下对应的 P 值为 0.317 > 0.05，可认为样本来自的总体满足方差齐性的要求。

表 3.51 显示，F 统计量为 0.564，P 值为 0.569 > 0.05，即可以认为不同年龄段的青少年在自我认同确定性得分上并不存在显著差异。

2. 性别、年龄与自我认同重要性

表 3.52　　　　Test of Homogeneity of Variances 自我认同重要性

Levene Statistic	df1	df2	Sig.
0.001	1	379	.972

表 3.53　　　　　　　ANOVA 自我认同重要性

	Sum of Squares	df	Mean Square	F	Sig.
Between Groups	47.118	1	47.118	0.434	0.510
Within Groups	41117.087	379	108.488		
Total	41164.205	380			

表 3.52 显示，Levene 方法检验统计量为 0.001，在当前自由度下对应的 P 值为 0.972 > 0.05，可认为样本来自的总体满足方差齐性的要求。

表 3.53 显示，F 统计量为 0.434，P 值为 0.510 > 0.05，即可以认为男、女青少年在自我认同重要性得分上并不存在显著差异。

表 3.54　　　　Test of Homogeneity of Variances **自我认同重要性**

Levene Statistic	df1	df2	Sig.
6.609	2	378	0.002

表 3.55　　　　　　　　ANOVA **自我认同重要性**

	Sum of Squares	df	Mean Square	F	Sig.
Between Groups	1144.187	2	572.093	5.404	0.005
Within Groups	40020.018	378	105.873		
Total	41164.205	380			

　　表 3.54 显示，Levene 方法检验统计量为 6.609，在当前自由度下对应的 P 值为 0.002 < 0.05，出现了方差不齐的情况，由于当数据方差不齐时，Brown – Forsythe 或 Welch 的检验方法要更加稳健，因而改用此两种方法。得到的结果与 Levene 检验结果一致，表 3.55 显示，F 统计量为 5.404，P 值为 0.005 < 0.05，即可以认为不同年龄段的青少年在自我认同重要性得分上存在显著差异。

　　接下来我们继续探讨不同年龄段的青少年究竟在自我认同重要性的哪些领域存在差异。

表 3.56　　　　　　　　　　ANOVA

		Sum of Squares	df	Mean Square	F	Sig.
个人 重要性	Between Groups	209.388	2	104.694	6.990	0.001
	Within Groups	5661.431	378	14.977		
	Total	5870.819	380			

续表

		Sum of Squares	df	Mean Square	F	Sig.
社会 重要性	Between Groups	395. 338	2	197. 669	10. 330	0. 000
	Within Groups	7232. 951	378	19. 135		
	Total	7628. 289	380			
形象 重要性	Between Groups	3. 909	2	1. 955	0. 119	0. 888
	Within Groups	6219. 025	378	16. 452		
	Total	6222. 934	380			

表 3. 56 显示，个人和社会领域的重要性的 P 值均 < 0. 05。表明不同年龄段在个人和社会领域的认同重要性差异明显。经过进一步的折线图分析发现，青少年中期个人认同重要性和社会认同重要性的得分显著低于青少年早期和青少年晚期。而在形象认同重要性领域，虽然年龄与形象认同并无显著相关，但也呈现出年龄大的青少年比年龄小的青少年更加看重个人的形象和外在能力表现的特征。

3. 性别、年龄与认同落差

表 3. 57　　　　　　Test of Homogeneity of Variances 认同落差

Levene Statistic	df1	df2	Sig.
1. 705	2	378	0. 183

表 3. 58　　　　　　　　　ANOVA 认同落差

	Sum of Squares	df	Mean Square	F	Sig.
Between Groups	1574. 076	2	787. 038	7. 370	0. 001
Within Groups	40367. 845	378	106. 793		
Total	41941. 921	380			

　　表 3.57 显示，Levene 方法检验统计量为 1.705，在当前自由度下对应的 P 值为 0.183 > 0.05，可认为样本来自的总体满足方差齐性的要求。

　　表 3.58 显示，F 统计量为 7.370，P 值为 0.001 < 0.05，即可以认为男、女青少年在认同落差上存在显著差异。

　　接下来我们继续探讨男女青少年究竟在哪些领域存在认同落差的差异。

表 3.59 ANOVA

		Sum of Squares	df	Mean Square	F	Sig.
个人认同落差	Between Groups	154.755	1	154.755	8.208	0.004
	Within Groups	7145.308	379	18.853		
	Total	7300.063	380			
社会认同落差	Between Groups	5.200	1	5.200	0.270	0.604
	Within Groups	7305.808	379	19.277		
	Total	7311.008	380			
形象认同落差	Between Groups	0.366	1	0.366	0.020	0.887
	Within Groups	6831.917	379	18.026		
	Total	6832.283	380			

　　表 3.59 显示，男女青少年的认同落差差异主要体现在个人领域，F 值为 8.208，P 值为 0.004 < 0.05。经过进一步的折线图分析发现，比起社会认同落差和形象认同落差，女青少年在个人认同落差上的得分显著高于男青少年，这说明女青少年在个人内部领域表现出更多的认同困扰。

　　此外，虽然性别与社会认同落差之间并不无显著相关，但也表现出女青少年比男青少年的社会认同落差更大的特质。这在某种程度上也反映出女青少年更加关注与他人的互动关系，从而出现了更多的社会认同危机，这也支持了女性更多地具有"场依存性"的理论假设。同样，性别与形象认同落差之间也并无显著相关，但与个人领域和社会领域相比，男青少年在形象认同落差上的得分要高于女青少年，这也在某种程度上反映出，男青少年这一时期更加关注自己在父母、老师、同学面前的"能力"表现，这种推论也支持了社会角色理论中关于"男子气概"、"男性社会责任"的假说。

表 3.60　　　　　Test of Homogeneity of Variances 认同落差

Levene Statistic	df1	df2	Sig.
3.332	1	379	0.069

表 3.61　　　　　ANOVA 认同落差

	Sum of Squares	df	Mean Square	F	Sig.
Between Groups	199.241	1	199.241	1.809	0.179
Within Groups	41742.680	379	110.139		
Total	41941.921	380			

表 3.60 显示，Levene 方法检验统计量为 3.332，在当前自由度下对应的 P 值为 0.069 > 0.05，可认为样本来自的总体满足方差齐性的要求。

表 3.61 显示，F 统计量为 1.809，P 值为 0.179 > 0.05，即可以认为不同年龄段的青少年在认同落差得分上并不存在显著差异。

第三章 建模与验证

在前文中，编订了"流行文化涵化程度"调查问卷，并对"QII—III"和"QIF—III"自我认同量表进行了修订与结构效度的验证。以此为依据，另取样本，利用 SPSS 16.0 和 AMOS 17.0 软件建立流行文化对青少年的自我认同影响的结构方程模型（Structure Equation Model，简称 SEM）。由于 SEM 结合了因素分析（Factor Analysis）和路径分析（Path Analysis）的分析优势，比较适合多变量（尤其是对于一些不能直接观测的变量）之间的关系研究，并允许测量误差存在，因而非常适合于本研究。

第一节 模型建构

一 变量

本书试图研究当代流行文化对青少年自我认同的影响。根据本书的研究思路，即从宏观上，流行文化作为一种社会要素对青少年的自我认同产生何种影响？从中观上，流行文化作为青少年人际交往的纽带，又会对自我认同产生何种影响？由此形成本研究中的 11 个潜变量（latent variable）。其中，外源潜变量（exogenous variable）有 2 个，分别是媒介流行文化（MPC）和群体流行文化（GPC）；内生潜变量（endogenous latent）有 9 个。需要说明的是，为了获得更为详细的研究结果，在这里并不准备使用自我认同量表的二级因子，而是直接使用一级因子，因此就形成了个人认同确定性、社会认同确定性、形象认同重要性；个人认同重要性、社会认同重要性、形象认同重要性以及个人认同落差、社会认同落差、形象认同落差共 9 个内生潜变量（见表 3.62）。

表 3.62　　　　　　　　　　外源潜变量和内生潜变量

外源潜变量	内生潜变量
媒介流行文化（MPC）	个人认同确定性
群体流行文化（GPC）	社会认同确定性
	形象认同确定性
	个人认同重要性
	社会认同重要性
	形象认同重要性
	个人认同落差
	社会认同落差
	形象认同落差

二　模型及假设

（一）模型

根据本书的研究问题需要，设定以下假设模型（图 3.7）：

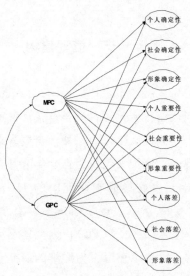

MPC 和 GPC 对自我认同影响的结构模型

（二）研究假设

依据上述假设模型，提出以下具体研究假设：

H1：媒介流行文化对青少年的自我认同确定性有显著负向影响

H1a：媒介流行文化对个人认同确定性有显著负向影响

H1b：媒介流行文化对社会认同确定性有显著负向影响

H1c：媒介流行文化对形象认同确定性有显著负向影响

H2：媒介流行文化对青少年的自我认同重要性有显著正向影响

H2a：媒介流行文化对个人认同重要性有显著正向影响

H2b：媒介流行文化对社会认同重要性有显著正向影响

H2c：媒介流行文化对形象认同重要性有显著正向影响

H3：群体流行文化对青少年的自我认同确定性有显著负向影响

H3a：群体流行文化对个人认同确定性有显著负向影响

H3b：群体流行文化对社会认同确定性有显著负向影响

H3c：群体流行文化对形象认同确定性有显著负向影响

H4：群体流行文化对青少年的自我认同重要性有显著正向影响

H4a：群体流行文化对个人认同重要性有显著正向影响

H4b：群体流行文化对社会认同重要性有显著正向影响

H4c：群体流行文化对形象认同重要性有显著正向影响

H5：媒介流行文化对青少年的自我认同落差有显著正向影响

H5a：媒介流行文化对个人认同落差有显著正向影响

H5b：媒介流行文化对社会认同落差有显著正向影响

H5c：媒介流行文化对形象认同落差有显著正向影响

H6：群体流行文化对青少年的自我认同落差有显著正向影响

H6a：群体流行文化对青少年的个人认同落差有显著正向影响

H6b：群体流行文化对青少年的社会认同落差有显著正向影响

H6c：群体流行文化对青少年的形象认同落差有显著正向影响

H7：媒介流行文化与群体流行文化之间呈现显著的正相关

第二节　流行文化对自我认同的影响之结构模型检验

一　样本概况

以山东省在校青少年为总体，随机抽取 SC 大学、ZH 大学、L 大学、SG 学院、SS 附中（高中部）、YY 中学（初中部）、YS（初中部、高中部）共830名青少年，发放问卷830份，回收问卷766份，剔除废卷后的有效问卷为736份，有效回收率88.7%。对数据的处理和结构模型的构建采用SPSS16.0和AMOS17.0软件包。

以下为此次抽样样本的基本描述统计。

表3.63　　　　　　**样本的社会人口变量**　　　　　　　　　　　　　　　（%）

		Frequency	Percent	Valid Percent	Cumulative Percent
性别	女	383	52.0	52.0	52.0
	男	353	48.0	48.0	100.0
	Total	736	100.0	100.0	
年龄段	早期	239	32.5	32.5	32.5
	中期	321	43.6	43.6	76.1
	晚期	176	23.9	23.9	100.0
	Total	736	100.0	100.0	
年级	初中	171	23.2	23.2	23.2
	高中	318	43.2	43.2	66.4
	大学	247	33.6	33.6	100.0
	Total	736	100.0	100.0	

二　总体结构模型检验

这里需要说明的是，由于显变量和潜变量之间的关系（即测量模型，measurement model）在前面的验证分析中已经说明，而全书的研究目的也并不在此，而在于验证潜变量之间的关系，因此，这里只呈现"流行文化对自我认同影响"的结构模型（structural model），不再呈现测量模型。

表3.64　　　　　　　　　　Regression Weights

			Estimate	S. E.	C. R.	P
个人确定性	<—	MPC	0.018	0.055	0.326	0.745
社会确定性	<—	MPC	0.206	0.052	3.957	* * *
形象确定性	<—	MPC	0.072	0.039	1.860	0.063

续表

			Estimate	S. E.	C. R.	P
个人重要性	<—	MPC	0.448	0.125	3.579	＊＊＊
社会重要性	<—	MPC	0.543	0.142	3.814	＊＊＊
形象重要性	<—	MPC	0.651	0.153	4.259	＊＊＊
个人确定性	<—	GPC	−0.978	0.403	−2.424	0.015
社会确定性	<—	GPC	−0.982	0.390	−2.521	0.012
形象确定性	<—	GPC	−0.554	0.244	−2.276	0.023
个人重要性	<—	GPC	−3.002	1.142	−2.629	0.009
社会重要性	<—	GPC	−3.470	1.323	−2.624	0.009
形象重要性	<—	GPC	−3.200	1.239	−2.583	0.010

注：＊＊＊表示在 0.001 水平上显著

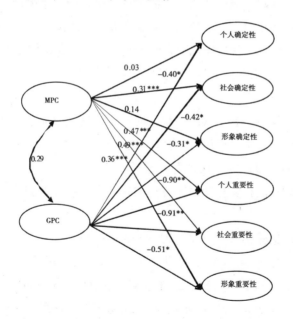

图 3.8　总结构模型(注:＊＊＊表示在 0.001 水平上显著;
表示在 0.01 水平上显著; ＊表示在 0.05 水平上显著)

总体结构模型的主要拟合指标 $\chi2/df = 4.111 < 5$，RMSEA $= 0.065 <$ 0.08，NFI（0.734）和 CFI（0.715）虽然低于良好模型的指标 0.90，但

由于显变量题目较多，且量表结构较为复杂，模型仍然是可以接受的。在此基础上，对总体结构模型的路径参数进行显著性检验，结果显示（表3.64），MPC 和 GPC 之间并无显著相关（C. R. = 1.916, P = 0.055 > 0.05），在影响路径上，除 MPC 对个人认同确定性和形象认同确定性影响不显著，其他各路径都在不同的水平上呈现显著正向影响。具体如下：

媒介流行文化对个人认同确定性和形象认同确定性的影响路径不显著（分别为 0.03 和 0.14），拒绝 H1a 和 H1c；媒介流行文化对社会认同确定性在 0.001 水平上有显著的正向影响，拒绝 H1b；媒介流行文化对各领域的自我认同重要性皆在 0.001 水平上有显著正向影响，接受 H2。以上结果表明，青少年被媒介流行文化涵化的程度越高，其社会认同确定性程度和各领域的认同重要性程度也倾向于越高。从路径图中可以看到，媒介流行文化对自我认同重要性的影响程度要远远高于对自我认同确定性的影响，这也暗示着媒介流行文化有可能对认同落差产生影响。

群体流行文化对个人、社会、形象领域的认同确定性在 0.05 水平上有显著的负向影响，接受 H3；群体流行文化对个人认同重要性、社会认同重要性在 0.01 水平上有显著的负向影响，对形象认同重要性在 0.05 水平上有显著的负向影响，拒绝 H4。以上结果表明，青少年被群体流行文化涵化的程度越高，各领域的自我认同确定程度就倾向于越低，重要程度也倾向于越低。其中，群体流行文化对社会认同重要性（0.91）、个人认同重要性（-0.90）的影响尤为显著。

此外，媒介流行文化和群体流行文化之间没有显著相关，拒绝 H7。

三　多群组分析（Multiple - Group Analysis）

在多群组分析中，AMOS 提供了 5 个模型的数据分析，分别是测量模型系数（measurement weights）、结构模型系数（structural weights）、结构模型的协方差（structural conviances）、结构模型的残差（structural residuals）、测量模型的残差（measurement residuals）。[1]

需要说明的是，由于本研究主要关注流行文化对自我认同的影响，因此，在分组别进行显著性检验时，也主要是进行结构模型系数（structural

---

① 荣泰生：《AMOS 与研究方法》，重庆大学出版社 2009 年版，第 158 页。

weights）的比较，对测量模型系数、结构模型协方差、结构模型残差、测量模型的残差就不再进行显著性差异的检验。以下同。

表 3.65　　　　　　　　　总模型拟合（RMSEA）

Model	RMSEA	LO 90	HI 90	PCLOSE
Unconstrained	0.058	0.056	0.059	0.000
Measurement weights	0.058	0.056	0.059	0.000
Structural weights	0.058	0.057	0.060	0.000
Structural covariances	0.058	0.057	0.060	0.000
Structural residuals	0.058	0.057	0.060	0.000
Measurement residuals	0.059	0.057	0.060	0.000
Independence model	0.090	0.089	0.092	0.000

根据表 3.65 中显示的 RMSEA 数据，可以看到，各模型的"模型与数据拟合"较好（RMSEA 均 < 0.08）。

下面我们主要来分析一下，不同社会人口变量在"流行文化与自我认同"结构模型系数（structural weights）上是否存在显著差异。

（一）分性别的"流行文化对自我认同确定性和重要性的影响"差异性检验

分性别的"流行文化对自我认同确定性和重要性的影响"差异性检验，主要考察"流行文化"对不同性别青少年"认同确定性"和"认同重要性"的影响差异。

在多群组分析中，为了进行结构系数间的显著性检验，模型会产生相关的结构系数。在假设测量模型为真（Assuming model Measurement weights to be correct）的情况下，来检验结构模型系数的显著性。

表 3.66　　　　　　　分性别模型的显著性检验

Model	DF	CMIN	P	NFI Delta − 1	IFI Delta − 2	RFI rho − 1	TLI rho2
Structural weights	12	129.527	0.000	0.010	0.011	0.007	0.008
Structural covariances	15	152.846	0.000	0.012	0.013	0.008	0.009
Structural residuals	21	184.567	0.000	0.014	0.016	0.009	0.010

续表

Model	DF	CMIN	P	NFI Delta – 1	IFI Delta – 2	RFI rho – 1	TLI rho2
Measurement residuals	65	425.056	0.000	0.032	0.037	0.015	0.018

从表 3.66 中可以看到，结构模型系数（structural weights）的 P <
0.001，表示男女两组在结构模型系数上存在显著差异。

但是上述说明的只是整体现象，即男女两组青少年在整体模型上存在
显著差异，并不能说明各路径间的具体差异，因此利用"参数配对"
（pairwise parameter comparisons）的方法对之进行进一步的检验。

检验结果显示，媒介流行文化对男青少年的社会认同确定性的影响程
度（0.63）显著高于女青少年（0.54）；群体流行文化对男青少年的各领
域的认同确定性（－0.78、－0.59、－0.44）和重要性（－0.92、
－0.91、－0.74）的影响程度也都显著高于女青少年（－0.39、－0.48、
－0.33；－0.85、－0.83、－0.60）。

（二）分年龄段的"流行文化对自我认同确定性和重要性的影响"差
异性检验

分年龄的"流行文化对自我认同确定性和重要性的影响"差异性检
验，主要考察"流行文化"对不同年龄段（青少年早期、青少年中期、
青少年晚期）青少年的"认同确定性"和"认同重要性"的影响差异。

同理，在假设测量模型为真的情况下，来检验结构模型系数的显著性。

表 3.67　　　　　　　　　分年龄段模型的显著性检验

Model	DF	CMIN	P	NFI Delta – 1	IFI Delta – 2	RFI rho – 1	TLI rho2
Structural weights	24	180.301	0.000	0.011	0.013	0.006	0.007
Structural covariances	30	284.363	0.000	0.017	0.020	0.011	0.013
Structural residuals	42	308.688	0.000	0.018	0.022	0.009	0.011
Measurement residuals	130	971.015	0.000	0.058	0.069	0.029	0.035

从表 3.67 中可以看到，结构模型系数（structural weights）的 P 值 <

0.001，表示三组在结构模型系数上存在显著差异。

　　但是上述说明的只是整体现象，即青少年早期、青少年中期和青少年晚期三组青少年在整体模型上存在显著差异，并不能说明各路径间的具体差异，因此继续利用"参数配对"的方法对之进行进一步的检验。检验结果显示，三组（两两配对）路径系数交叉值的绝对值大于 1.96，因此，在 0.05 的显著性水平下，各组的系数值具有显著性差异。

　　具体而言，青少年早期"媒介流行文化对个人认同重要性（0.84）、社会认同重要性（0.83）的影响"程度显著高于青少年中期（0.58、0.63），其他路径并无显著差异。

　　青少年早期"群体流行文化对形象认同确定性的影响（-0.40）"显著高于青少年晚期（-0.22）；"群体流行文化对社会认同重要性的影响（-0.93）、形象认同重要性的影响（-0.62）"也显著高于青少年晚期（-0.78、-0.35）。

　　青少年中期"群体流行文化对个人重要性（-0.93）、社会重要性（-0.94）、形象重要性（-0.63）的影响"显著高于青少年晚期（-0.77、-0.78、-0.35）。

第三节　流行文化对自我认同落差的影响之结构模型检验

一　总体结构模型检验

表 3.68　　　　　　　　　　　Regression Weights

			Esti mate	S. E.	C. R.	P	Standardized Estimate
个人落差	<—	MPC	0.342	0.090	3.801	＊＊＊	0.543
社会落差	<—	MPC	0.288	0.099	2.921	0.003	0.446
形象落差	<—	MPC	0.291	0.087	3.324	＊＊＊	0.327
个人落差	<—	GPC	-1.388	0.257	-5.397	＊＊＊	-0.855
社会落差	<—	GPC	-1.586	0.315	-5.041	＊＊＊	-0.951
形象落差	<—	GPC	-1.262	0.247	-5.116	＊＊＊	-0.551

　　注：＊＊＊表示在 0.001 水平上显著

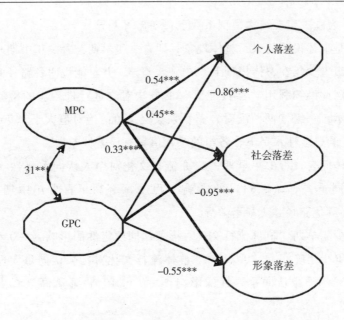

图 3.9　认同落差总体结构模型（注：＊＊＊表示在 0. 001
水平上显著；＊＊表示在 0. 01 水平上显著）

该模型的主要拟合指标 $\chi2/df = 3.678 < 5$，$RMSEA = 0.060 < 0.08$，NFI（0.759）和 CFI（0.811）虽然低于良好模型的指标 0.90，但由于显变量题目较多，且量表结构较为复杂，模型仍然是可以接受的。在此基础上，对认同落差结构模型的路径参数进行显著性检验，结果显示（表 3.68），媒介流行文化对所有领域的认同落差都呈现显著的正向影响，群体流行文化对所有领域的认同落差都呈现显著的负向影响。具体如下：

媒介流行文化对个人认同落差、形象认同落差在 0.001 水平上有显著正向影响，对社会认同落差在 0.01 水平上有显著正向影响。即青少年被媒介流行文化涵化的程度越高，青少年越倾向于出现认同危机，因此接受 H5a，H5b，H5c；

群体流行文化对所有领域的认同落差都在 0.001 水平上有显著负向影响，其中，群体流行文化对社会落差的影响最大（－0.95），即青少年被群体流行文化涵化的程度越高，出现认同危机的可能性反而越低，因此拒绝 H6。

此外，MPC 和 GPC 之间在 0.05 水平上呈现显著正相关（C. R. = 2.050，P = 0.040 < 0.05）。

二　多群组分析

表 3.69　　　　　　　　认同落差模型与数据拟合（RMSEA）

Model	RMSEA	LO 90	HI 90	PCLOSE
Unconstrained	0.056	0.053	0.058	0.000
Measurement weights	0.056	0.053	0.058	0.000
Structural weights	0.056	0.054	0.059	0.000
Structural covariances	0.057	0.054	0.059	0.000
Structural residuals	0.057	0.054	0.059	0.000
Measurement residuals	0.057	0.055	0.060	0.000
Independence model	0.098	0.096	0.101	0.000

从表 3.69 中的 RMSEA 的数据中，可以看到，各模型的"模型与数据拟合"较好（RMSEA 均 < 0.08）。

下面我们主要来分析一下，不同社会人口变量在"流行文化与认同落差"结构模型系数（structural weights）上是否存在显著差异。

（一）分性别的"流行文化对认同落差的影响"差异性检验

分性别的"流行文化对认同落差的影响"差异性检验，主要考察"流行文化"对不同性别青少年"认同落差"的影响差异。

在多群组分析中，为了进行结构系数间的显著性检验，模型会产生相关的结构系数，在假设测量模型为真的情况下，来检验结构模型系数的显著性。

表 3.70　　　　　　　　分性别模型的显著性检验

Model	DF	CMIN	P	NFI Delta－1	IFI Delta－2	RFI rho－1	TLI rho2
Structural weights	6	53.307	0.000	0.009	0.011	0.006	0.007
Structural covariances	9	99.396	0.000	0.018	0.020	0.013	0.015
Structural residuals	12	100.959	0.000	0.018	0.020	0.011	0.013
Measurement residuals	39	236.749	0.000	0.042	0.047	0.020	0.022

从表 3.70 中可以看到，结构模型系数（structural weights）的 P 值 < 0.001，表示男女两组在结构模型系数上存在显著差异。

但是上述说明的只是整体现象，即男女两组青少年在整体模型上存在显著差异，并不能说明各路径间的具体差异，因此利用"参数配对"的方法对之进行进一步的检验。结果显示，两组路径系数交叉值的绝对值大于 1.96，因此，在 0.05 的显著性水平下，两组的以上系数值具有显著性差异。

具体而言，群体流行文化对男青少年的个人认同落差（-0.94）、社会认同落差（-0.93）和形象认同落差（-0.76）的影响程度显著高于女青少年（-0.82、-0.85、-0.54）；而男女青少年在"媒介流行文化对认同落差"的影响上并无显著差异。

（二）分年龄段的"流行文化对认同落差的影响"差异性检验

分年龄的"流行文化对认同落差的影响"差异性检验，主要考察在青少年早期、青少年中期和青少年晚期，"流行文化"对"认同落差"的影响差异。

在假设测量模型为真的情况下，来检验结构模型系数的显著性。

表 3.71　　　　　　　　分年龄段模型的显著性检验

Model	DF	CMIN	P	NFI Delta - 1	IFI Delta - 2	RFI rho - 1	TLI rho2
Structural weights	12	72.771	0.000	0.011	0.013	0.005	0.006
Structural covariances	18	126.862	0.000	0.019	0.022	0.010	0.012
Structural residuals	24	141.384	0.000	0.021	0.025	0.009	0.011
Measurement residuals	78	393.149	0.000	0.058	0.068	0.019	0.022

从表 3.71 中可以看到，结构模型系数（structural weights）的 P = 0.000 < 0.001，表示青少年早期、中期、晚期三组在结构模型系数上存在显著差异。各组路径系数的绝对值大于 1.96，因此，在 0.05 的显著性水平下，三组（两两配对）的系数值具有显著性差异。

具体而言，青少年早期，媒介流行文化对个人认同落差的影响程度（0.46）显著高于青少年中期（0.37），群体流行文化对形象认同落差的影响（-0.23）也显著高于青少年中期（-0.19）。

青少年中期，媒介流行文化对形象认同落差的影响程度（0.23）显著高于青少年晚期（0.18）；群体流行文化对个人认同落差（-0.40）、形象认同落差（-0.19）的影响程度也都显著高于青少年晚期（-0.34、-0.16）；而群体流行文化对社会认同落差的影响（-0.38）稍低于青少年晚期（-0.39）。

青少年早期，群体流行文化对个人认同落差的影响（-0.37）显著高于青少年晚期（-0.34）；群体流行文化对形象认同落差的影响程度（-0.23）高于青少年晚期（-0.16）；而群体流行文化对社会认同落差的影响（-0.35）稍低于青少年晚期（-0.39）；青少年早期和青少年晚期，媒介流行文化对各领域的认同落差影响并不显著。

第四节　研究结果的总结与讨论

一　总结构模型的总结与讨论

"媒介流行文化和群体流行文化对自我认同确定性和重要性的影响"结构模型的验证结果表明：总体而言，媒介流行文化对自我认同的确定性和重要性的影响是正向的，群体流行文化对自我认同确定性和重要性的影响是负向的。

其中，媒介流行文化除了对个人认同确定性和形象认同确定性没有显著影响之外，对社会领域的自我认同确定性和各领域的认同重要性都有显著正向影响，换句话说，青少年被媒介流行文化涵化的程度越高，就越能清晰地确知他在社会交往领域的表现以及清晰地对自己的表现做出评价。这一结果支持了文化社会心理学关于文化能够给个体提供"认知安全感"[1]的理论观点。这一观点认为，当人们对生活中遇到的问题有确定性的需要的时候，他们可能会求助于文化知识；同时，被媒介流行文化涵化程度越高的青少年，其对自身内在价值体系的心理需求强度（即重要性）也越大。这在某种程度上说明，媒介流行文化在促进青少年个体与团体理想保持内在一致感和团体的归属感、习得"社会角色"、成为合格社会成员的"社会

---

① a. Kruglanski, A. W., and Webster, D. M., *Motivated closing of the mind*: "*Seizing*" *and* "*Freezing*". Psychology Review, 1996 (103).

b. 赵志裕、康莹仪：《文化社会心理学》，刘爽译，中国人民大学出版社 2011 年版，第 90—91 页。

化"进程中扮演着十分重要的角色，这种结论证实了大众传播媒介是青少年社会化重要载体的研究结论。同时，媒介流行文化对自我认同重要性的显著正向影响也潜藏着媒介流行文化容易引起认同危机的可能性。

群体流行文化对自我认同确定性和重要性呈显著的负向影响，也就是说，青少年被群体流行文化涵化的程度越高，其自我认同的确定性反而越低，个人、社会和形象领域的自我认同也倾向于越来越不重要。这说明，群体流行文化干扰了自我认同的连续性和同一性；而自我认同重要性的随之减弱，则可能的原因是青少年群体亚文化对主流文化所重视的价值体系的某种"颠覆"。

分性别的结构模型显示：媒介流行文化对男青少年社会认同的确定性的影响、群体流行文化对男青少年各领域的认同确定性和重要性的影响程度都显著高于女青少年。

分年龄的结构模型显示：随着年龄的增长，媒介流行文化和群体流行文化对自我认同确定性和重要性的影响程度呈逐渐降低的趋势。

二　认同落差结构模型的总结与讨论

"媒介流行文化和群体流行文化对认同落差的影响"的结构模型的验证结果表明：媒介流行文化对个人认同落差、社会认同落差、形象认同落差都具有显著的正向影响，而群体流行文化对个人认同落差、社会认同落差、形象认同落差则皆具有显著的负向影响。也就是说，目前青少年普遍处于"中度危机"的状态，媒介流行文化是其中的一个重要因子；而群体流行文化却成为青少年减少认同危机的重要因子，即青少年在与同辈群体的人际交往中，被群体流行文化涵化的程度越高，发生认同危机的可能性越低。这与上面总结构模型中得出的"群体流行文化对自我认同的重要性产生显著负向影响"的结论是一致的。

分性别的结构模型显示：男女青少年在"媒体流行文化对认同落差"的影响上并无显著差异，而在"群体流行文化对认同落差的影响"程度上，男青少年都要显著高于女青少年。这也与总模型显示的结论一致。

分年龄的结构模型显示：从总体而言，随年龄的增长，媒介流行文化和群体流行文化对青少年认同落差的影响程度逐渐降低。这也与总模型中得出的结论是一致的。

　　综合以上研究结果，除了在总体结构模型中，媒介流行文化对男青少年社会认同确定性的影响程度高于女生，媒介流行文化对其他领域自我认同的确定性、重要性以及认同落差的影响上都不存在显著的性别差异。因而传统意义上认为的"女性对流行和时尚更为敏感、更容易受到流行和时尚引导"[1] 或者"父权制权力运作方式下的女性流行文化现象"（如女权主义）的结论并不适用于尚处在青少年期的女性。可能的原因是，虽然青少年期性别角色意识不断增强，但还没有成熟到以"男性期望"的流行文化口味去迎合异性的程度，因而上述理论假设可能更适用于解释青年期或成年期女性对待流行文化的态度；而群体流行文化对男青少年所有领域的自我认同确定性、重要性及认同落差的影响程度却都显著超过女青少年。需要说明的是，因为群体流行文化对自我认同的影响是负向的，恰恰与媒介流行文化对自我认同的影响相悖，因此从这一结果中可能得到的推论是，男青少年在这一时期结成的"小群体"比女青少年更倾向于对主流媒介流行文化产生对抗性的"颠覆"作用。

　　而在年龄段差异上，无论是总结构模型还是认同落差结构模型，媒介流行文化和群体流行文化对青少年自我认同的影响程度都呈降低趋势。可能的原因是，伴随着年龄的增长，个体的自我认同逐渐稳定和成熟起来，受外界干扰的程度也随之逐渐降低。

　　通过实证研究，前期的理论假设中部分被接受，部分被拒绝，从而使研究者对"当代流行文化对青少年自我认同的影响"这一研究主题有了较为清晰的认识。

三　对研究结果的进一步说明

　　需要指出的是，在结构式调查中往往存在一种不可避免的问题，即由于问卷的内容是研究者出于研究的需要而设定的题目，因而在某种程度上有强加于被调查者的一面，而选项的设置也未必一定穷尽了被试的感受，因而量化研究的一切数据结果均来自被调查者的"自我报告"（self - report），而并非一定是客观事实。

---

　　① ［德］齐奥尔格·西美尔：《时尚的哲学》，费勇、吴蘩译，文化艺术出版社 2001 年版，第 81 页。

此外，对本研究的结果还需要做以下补充说明：

首先，由于流行文化对日常生活的渗透无所不在，因而我们无论从客观现实的角度还是从伦理的角度都不可能将一部分青少年封闭在不接触流行文化的空间内来作为对照组从而建立常模，因此，得出"媒介流行文化"与"群体流行文化"对某些领域的自我认同有显著影响，并不能就此说明"媒介流行文化"、"群体流行文化"和"自我认同"之间必然存在因果关系，而只能说明，流行文化与自我认同之间存在着共变的关系。

其次，自我认同的影响因素是多方面的，本研究很难在流行文化和自我认同之间引入一个至关重要的中介变量或控制变量，并以此确定在引入中介变量或控制变量之后，流行文化对自我认同的影响是否会消失。

再次，本研究并不追求样本的代表性。本研究意在通过小范围的经验研究来反映当代流行文化与青少年自我认同的关系问题，因此并没有刻意追求数据的广泛代表性。本研究是在山东省境内选取经济发达的城市地区展开调查研究，因此只能基本代表在经济、文化发展上相类似地区的情况。

复次，为了研究的方便性，对青少年的选取主要以普通在校的初中、高中、大学生为主，并没有选取同年龄下职业中学以及辍学、在职的青少年，因而，研究结论并不能精确地说明所有处于青少年期的个体的自我认同均受到流行文化的上述影响。

最后，自编的"流行文化涵化程度"调查问卷和修订后的自我认同量表仍需要利用不同的样本进行进一步的后续验证。

尽管有着上述的局限性，但调查反映的数据告诉我们，流行文化对青少年的自我认同具有显著的影响作用。这一结论与以往的理论研究的结论也具有相当大的一致性。因而，进一步研究流行文化对青少年自我认同的影响机制，在各个影响环节上注意挖掘流行文化对青少年的积极影响，避免其消极影响，是具有相当的积极意义的。而本研究的上述局限性也启发了未来在该课题上的探索方向：第一，找到一个很少接触流行文化的青少年群体（比如偏远农村、山区）作为对照组，来比较流行文化对青少年自我认同的影响程度有何不同；第二，选取不同文化背景下的青少年群体（比如国内外青少年）做对比研究。不同文化情境下个体的自我认同发展具有不同的特质。比如集体主义文化背景和个体主义文化背景下，自我认同的发展有何不同？有学者指出，在一名集体主义者看来，人们在关系网络中的社会角色和位置决定了他们的自我认同。[①] 在社会交往中，集体主义者关注自己的行为或决定对他人产生的影响，关注他人的想法和感受以及他人对自己的看法、人际责任以及角色期望。[②] 此外，关于不同文化语境下的个体的自我认知风格差异的研究，证明了高语境文化（high context，如中、日、韩、希腊）中的人比低语境文化（low context，如欧裔美国人）中的人更倾向于注意语境。[③] 这也使得本论题的跨文化比较研究成为可能。

通过实证研究结果，我们可以得出这样的结论：从总体上，媒介流行文化是以"社会化"的方式影响青少年的自我认同；而群体流行文化则是以"颠覆"的方式来修正、调和青少年的自我认同。本书接下来的内容将对此做出详细的解释。

---

① a. Trafimow, D., Triandis, H. C., and Goto, S. G., *Some tests of the distinction between the private self and the collective self*, Journal of Personality and Social Psychology, 1991 (60).

b. Triandis, H. C., McCusker, C., and Hui, C. H., *Multimethod probes of individualism and collectivism.* Journal of Personality and Social Psychology, 1990 (59).

② Hui, C. H. and Triandis, H. C., *Individualism - collectivism: A study of cross - cultural researchers*, Journal of Cross - cultural Psychology, 1986 (17).

③ Masuda, T. and Nisbett, R. E., *Attending holistically versus analytically: Comparing the context sensitivity of Japanese and Americans*, Journal of Personality and Social Psychology, 2001 (81).

第四篇

活在流行文化中的"自我"

第一章　媒介流行文化：让"我"欢喜让"我"忧

正如萨特在《存在与虚无》中所指出的那样："如果人的实在，正如我们试图确立的，真的是以他追求的目的显示和定义的，对这些目的的研究和分类就变成必不可少的了。"① 因此，研究青少年的自我认同，了解其如何定义和分类自我，必须对媒介流行文化的运作逻辑和影响机制进行分析。上一部分的调查和分析显示，媒介流行文化对青少年自我确定性的影响集中体现在"社会认同"维度上，在"个人认同"和"形象认同"维度上并未产生显著影响。这说明个人在与环境、与他人互动中型塑的社会认同发展中，媒介流行文化具有较强的渗透和影响作用，而关乎个人内在经验的个人认同和形象认同则并无显著影响。可见，媒介流行文化对自我认同确定性的影响充分体现出"流行"之群体性、社会性的特点。同时，媒介流行文化对自我重要性层面的个人认同、社会认同和形象认同维度上皆存在显著正向影响，对认同落差也呈现显著的正向影响。这说明媒介流行文化在诱导较高的心理期望的同时，也潜藏着诱发认同危机的可能性。

由此可见，媒介流行文化作为青少年日常生活中的重要组成部分，已深深嵌入到其"自我"的发展之中。一方面，媒介流行文化通过社会化的方式型塑着个体关于自我与他人、环境的关系的认知，是青少年掌握知识、获取经验、养成品格的重要文化来源；另一方面，媒介流行文化的"物化"特征又潜藏着虚假认同、引发认同危机的隐忧。媒介流行文化是青少年自我认同发展的一把"双刃剑"。

---

① ［法］萨特：《存在与虚无》，陈宣良等译，生活·读书·新知三联书店1997年版，第616页。

第一节 共同的经验框架：媒介流行
文化的"社会化"功能

凯尔纳在《媒体文化》一书中曾这样论述大众媒体的社会化职能："媒体是一种深刻但又常常被误解的文化教育学的资源；他们有助于教育个人如何举手投足，告诉人们哪些是需要思考、感受、相信、恐惧和希冀的——以及哪些是不必要理会的。"① 而本书的调查结果也再一次证实了媒介文化的社会化角色：媒介流行文化对青少年的社会认同确定性及个人、社会、形象认同重要性的显著正向影响，证明了媒介流行文化在塑造、发展自我认同过程中的重要的"社会化"功能。换句话说，媒介流行文化以其社会化的功能使青少年能够确认自己在社会中的位置，同时唤醒青少年对自我内在价值的心理需求程度——媒介流行文化"建构"了青少年的自我认同。

一 媒介社会化理论

"社会化"（socialization）概念历来是教育学、社会学、心理学研究的基础课题。"通常是指个体在社会影响下，通过社会知识的学习和社会经验的获得，形成一定社会所认可的心理—行为模式，成为合格社会成员的过程。"② 可见，社会化的功能有二，一是习得社会角色，成为合格社会成员；二是发展个性，形成清晰的自我认识。社会化是一个社会系统维持其稳定生存的基础，它以一贯性和连续性的社会秩序，使其社会成员在较长时期内能够保持足够的一致性。而文化，是承载一个社会的文明传递、培养社会成员完成"社会化"的重要载体，"文化一词暗含的假设是，文化是使人们凝聚为一个共同整体的一系列共享的意义、信仰与价值"③。而个体在习得文化、认同文化的同时，也在认识自我、发展自我。

---

① ［美］道格拉斯·凯尔纳：《媒体文化》，丁宁译，商务印书馆2004年版，中文版序言，第1页。

② 章志光、金盛华：《社会心理学》（第二版），人民教育出版社2008年版，第68—69页。

③ ［英］迈克·费瑟斯通：《消费文化与后现代主义》，刘精明译，译林出版社2000年版，第186页。

因而，从本质上说，社会化的过程也是自我认同形成和发展的过程。

在当代社会，媒介文化所传播的信息成为我们了解社会的最主要的途径，并且，媒介文化通过其传播技术的支撑，不断地塑造着大众的共同经验。正如卢曼所言："关于我们的社会，甚至我们生活于其中的世界，我们所知道的，都是透过大众媒介而得知的。"①

媒介流行文化的社会化功能早已被很多研究所证实。虽然没有证据说明人们接触一次某些媒介内容就会受到它的影响而采取行动，但长期、持续的接触同类媒介文化内容而积累起来的影响，将最终促使人们倾向于产生某种特定的思维方式和行为方式。因此，在传播学者看来，长期的、持续的、潜移默化的媒介文化影响是人们实现社会化进程的重要因子。

关于媒介的社会化理论非常繁复，这里择其要者而述。

（一）"拟态环境论"

"拟态环境论"的代表人物是美国著名传播学者李普曼。它在《公共舆论》一书中所表达的核心观点是：大众传媒建构了我们今天的世界。李普曼指出，我们今天所处的世界纷繁而复杂，人们很难一一去感知它，因此人们追求简单而概括性的"刻板模式"（stereotype）来提高认识世界的效率。而大众传媒的出现迎合了人们的需要。通过大众传媒，人们不需要凡事亲历或直接感知就能够"知晓天下"。但正因为如此，人们头脑中形成的世界并不是真正的世界，而是传媒虚构的世界，即所谓的"拟态环境"。然而，即是如此，人们宁愿相信那是真的，"不管我们是否相信那就是真实的图像，我们似乎都已经习惯于将它当作真实本身。"②

（二）"涵化理论"

"涵化理论"也被称作培养理论、教化理论。代表人物是美国传播学者格伯纳。格伯纳等人通过对传媒的内容分析尤其是对电视剧分析和受众抽样调查，得出以下的结论：收看电视时间越长的人，他们对社会现实的认识越倾向于符合电视节目中所描述的符号现实。并且，收看电视多的人，尽管他们的社会人口特征（如性别、年龄、受教育程度）不同，他

---

① ［德］尼克拉斯·卢曼：《大众媒体的实在》，胡育祥、陈逸淳译，左岸文化2006年版，第24页。

② ［美］沃尔特·李普曼：《公共舆论》，阎克文、江红译，上海世纪出版集团2011年版。

们却共享着关于世界的观念，他们有更多的机会接触主流的、同一化的意识形态及世界观。电视趋向于将人对世界的看法引向一致。同时，当人们发现电视中的场景与现实世界不谋而合时，两者叠加会双倍强化电视信息的作用，并显著提高电视的涵化程度。

（三）"议程设置理论"

"议程设置"理论的思想最早来自于李普曼，后经麦库姆斯和肖的发展，渐趋成熟。其核心观点是：大众传媒往往并不能决定人们对某一事件或意见的具体看法，但可以通过提供信息和安排相关的议题来有效地左右人们关注哪些事实和意见。大众传媒除了可能影响人们"怎么想"，也可以影响人们去"想什么"。"议程设置"是大众传播媒介影响社会的重要方式，通过这种方式，媒介可以构造事件、引导舆论，受众则可以在此基础上建立共识，实现对话。

（四）"模仿论"

"模仿论"从班杜拉的观察学习论发展而来。班杜拉通过实验研究，发现行为的获得与行为的表现是两回事，也就是说，一个人不表现出某种行为并不代表着他没有习得这种行为。人们可以仅仅通过观察别人的行为表现，就可以获得有关行为的概念，并习得这种行为。进一步的研究还表明，不仅直接的观察学习可以使儿童习得某种行为，通过大众媒介实现的间接学习，也可以使儿童接受同样的影响。即儿童通过模仿大众媒介传播的内容来做出相应的行为。当然，模仿的实现也是有条件的，即观察者对媒介的内容或媒介塑造的人物具有一定的认同感。

（五）文化规范论和社会期待论

文化规范论认为，大众传媒之所以能够间接地影响人们的行为，是因为传媒发出的信息隐含着一种道德的文化力量，人们会不知不觉依据媒介提供的"参考框架"来解释社会现象和事实，形成自己的观点和主张。正如媒介批判论者所说的那样，我们以为我们表达的观点真正是自己的观点，但其实只是报纸上的评论而已。大众传媒通过"议程设置"，使受众得以知道什么是社会认可的规范和价值，而什么又是社会所不赞许的。这样，大众传媒就成了传递社会文化规范和价值的有力工具。而人们在行为时，就要考虑别人是怎么想的，怎么做的，按照传媒所构建的文化模型和行为模式去行为，以符合社会的"期待"，成为"合格的社会成员"。

（六）"沉默的螺旋"说

"沉默的螺旋"说由德国学者纽曼创立。他的核心观点是：由于各种媒体倾向于长期用一种大同小异的方式去报道媒介事件，且在媒介内容上呈现出高度的同质性，导致受众对事情的看法严重受到媒介的左右，不知不觉的，大众媒介就控制了社会舆论。这使得少数拥有与媒介或周围多数人不同观点的受众，由于害怕被孤立而不敢公开表达自己的不同看法，于是，形成了信息传播的"马太效应"，占主流地位的信息将会越来越强势，而持不同意见的少数将会越来越"沉默"，随时间的推移逐渐形成了上大下小的"沉默螺旋"。

二　媒介社会化的实证研究

除了媒介社会化理论的研究，关于媒介对青少年社会化影响的经验资料也证实了大众传媒在青少年社会化过程中的重要影响作用。

在电视媒体的实证研究方面，风笑天对武汉市中学生的调查表明，中学生在校外生活中接触最频繁的首先是电视，其次是课外书籍和报纸杂志，最后是广播，指出了大众传媒在青少年社会化过程中的重要作用。[①]上海团市委 2000 年对 1971 名上海青少年的问卷调查表明，青少年度过业余时间的方式首选电视，看报纸杂志列第三位，读书则列第四位。卜卫的实证研究表明，儿童接触电视的频率对其社会化没有显著影响，而电视的知识性内容则对其社会化产生重要作用。[②]

在网络媒体的实证研究方面，《央视国际》2004 年 5 月 31 日报道的一项由重庆沙区检察院、西南师范大学、西南政法大学对大学生进行的"如果没有互联网，你的生活会怎样？"的随机调查显示：大学生中有89% 的人认为，如果没有了互联网，生活会很无聊；74% 的人已经难以回想起在互联网出现之前自己的童年是如何度过的。另外，有 51% 的大学生每周上网 1 至 6 小时，但 89% 的学生是为了聊天；11% 的学生是在线游戏；55% 的学生是在网上找感情并交流；只有不到 10% 的学生是在咨

---

① 风笑天：《他们信息世界的另一半——中学生与大众传媒的描述性报告》，《青年研究》1995 年第 6 期。

② 卜卫：《大众传媒与儿童性别角色社会化》，《青年研究》1997 年第 2 期。

询疑难和查找资料。① 李海彤等人对上海市 10 所中学 3068 名中学生进行研究，结果发现，网络过度使用的中学生存在家庭功能减弱现象。②

　　而本研究的实际调查数据也支持了媒介的社会化影响：被调查的青少年普遍具有较为确定的自我认同（自我认同确定性平均得分正向偏高），且媒介流行文化对青少年的社会认同确定性及个人、社会、形象领域的自我认同重要性呈显著的正向影响。

　　应该说，大众传媒所制造的"共同经验"越来越通过青少年高频率地接触媒介而被感知，并对其产生影响。尽管在"媒介文化"的具体社会影响上还存在着细节上的争议以及进一步的验证讨论，但媒介文化是"社会化"进程的重要影响因素这一事实已经无可争议。而"媒介流行文化"作为"媒介文化"的重要组成部分，则更是当今青少年实现"社会化"的重要载体。因此我们看到，无论是在理论上，还是在实际调查中，媒介流行文化都越来越充当着塑造大众共同经验、价值标准和行为规范的"社会化"职能或者说"意识形态"功能，甚至可以说，媒介流行文化正在或已经在扮演着塑造、传递主流文化价值的角色和职能。而大众媒体也因其对青少年的广泛影响力而被称作是"看不见的学校"或者"同步学校"。广告、影视剧、流行音乐、网络论坛、博客、网络文学……层出不穷、铺天盖地的流行文化时刻"型塑"着青少年的认知和行为："我们像港台明星那样说，像韩国明星那样打扮，做出欧美明星的表情，像日剧那样恋爱"③，过去人人喊打的过街老鼠成为现在的爱情老鼠，"偷菜"成为集体时尚，网络聊天、手机阅读更成为"现代人"之基本标准。正如贝尔所言，"社会行为的核准权已经从宗教那里移交到现代主义文化手中……现代人满足的源泉和社会理想行为的标准不再是工作劳动本身，而是他们的'生活方式'。"④

　　① 《九成的大学生迷恋上网》，2005 年 9 月 1 日，人民网：http://theory.people.com.cn/GB/40557/51611/52603/3661159.html

　　② 李海彤等：《上海市中学生网络过度使用与家庭功能关系的研究》，《中国临床心理学杂志》2006 年第 6 期。

　　③ 陆玉林、常晶晶：《我国青年文化的现状与发展趋势简析》，《中国青年政治学院学报》2003 年第 4 期。

　　④ ［美］丹尼尔·贝尔：《资本主义文化矛盾》，赵一凡等译，三联出版社 1989 年版，第 34 页。

可见，媒介流行文化的确起到了如罗兰·巴特所讲的"制造神话"的作用。而正是这些神话般的"流行共识"，使处于社会化关键时期的青少年得以共享流行事物并获得其意义，并以此来确认"我是谁"以及"他们是谁"，获得判断自我认同内容之重要与否的参照标准。

第二节　"被建构的自我"：媒介流行文化对自我认同的塑造和诱导

社会学对大众媒体角色的传统阐释认为，大众媒体广泛传播的文化符号充当着促进人们在总体上与社会认同的角色。"文化是一个集体现象，它包括一系列共享的意义，这些意义为一个人群理解社会实在、调整自己在集体生活中的活动以及适应外部环境提供了共同的参考框架。共有的知识产生了共享的意义，这些意义体现在共有的特质环境、社会机构、社会实践、语言、会话图式和其他媒介当中。确实，有大量研究文献精彩地阐释了文化知识如何在各种媒介中具象化，这些媒介包括流行歌曲、新闻媒体、谚语、广告、消费符号及法律和社会政策。"[1] 而本研究得出的"媒介流行文化对社会领域的自我认同呈显著的正向影响"这一结论恰恰是对传统社会学关于大众媒介角色理论的回应，同时也是对关于"在大众媒体影响下社会团结正在降低而不是在提高"[2] 的观点的某种程度的反证。

一　社会认同确定性的"型塑"

自我认同中的"社会认同"维度，主要是指自我的"公我"（public self）属性。即个人在与环境互动后产生的诸如个人的名誉、受欢迎程度、社会角色、他人的期待与规范等方面的认同。没有清晰的价值与规范，个体就不可能形成确定的社会认同，不可能清楚地知道"自己是谁"以及"别人是谁"。反过来说，当个体认同了自我的社会表现，其本质也就是认同了某些特定的角色规范和价值标准，将之内化并自愿自觉地按这些标

---

① 赵志裕、康莹仪：《文化社会心理学》，刘爽译，中国人民大学出版社2011年版。

② ［美］戴安娜·克兰：《文化生产：媒体与都市艺术》，赵国新译，译林出版社2001年版，第31页。

准去进行实践。"社会认同是群体认同和社会分类这两个过程互动的产物。"① 换句话说，当个体自我认同中的社会认同领域的确定性增强，也就意味着，个体已经进入到一个较为清晰的认同框架和认同秩序之中，他们对所属群体的边界和社会分类有着比较清晰的认识。泰费尔指出，社会认同是"个体认识到他（或她）属于特定的社会群体，同时也认识到作为群体成员带给他的情感和价值意义"②。王宁指出："社会认同乃是我们对关于'我们是什么人和'他们'是什么人的理解。反过来，它是'他们'对自己是什么人以及其他'他人'（包括'我们'）是什么人的理解。"③

布迪厄曾提出，文化知识或文化资本是强化和提高社会阶级地位的一种手段。④ 个人的文化偏好和价值取向是由其阶级背景决定的。即，文化成为人们识别和传达社会地位的有力工具，通过文化资本的占有和使用，人们得以建构自我的社会身份，并以此显示自己的内群体归属和外群体区隔。而媒介流行文化，恰恰以它特有的"社会化"功能，型塑着认同框架，传播着认同秩序——"媒体文化为许多人提供了材料，使其确立对阶级、族群和种族、民族、性，以及'我们'与'他们'等的理解"⑤。媒介流行文化通过"类型化"和"序列化"的商业运作手段，使青少年得以通过消费来确认自我在社会中的位置；同时，又通过"赋予意义"和"识别意义"的手段帮助个体传达这种自我认同。青少年从而得以在媒介流行文化的"型塑"下清楚地知道"自己是谁"，也让别人知道"自己是谁"。

（一）流行文化告诉"我"："我是谁"——媒介流行文化塑造了自我认同

凯尔纳指出，过去，人们通过与家庭、宗教团体、社区、同行、政治

---

① 王宁：《消费与认同——对消费社会学的一个分析框架的探索》，《社会学研究》2001 年第 1 期。

② Tajfel, H., *Differentiation between social groups: studies in the social psychology of inter - group relations*, London: Academic Press, 1978.

③ 王宁：《消费与认同——对消费社会学的一个分析框架的探索》，《社会学研究》2001 年第 1 期。

④ Bourdieu, P., *Distinction: A social critique of the judgement of taste*, Cambridge. MA: Harward University Press, 1984.

⑤ ［美］道格拉斯·凯尔纳：《媒体文化》，丁宁译，商务印书馆 2004 年版，第 1 页。

立场和意识形态的认同来构建自己的身份；而在媒体时代，人们则通过与名人的认同构建自己的身份，从媒体文化中获得自己的性别和社会角色类型、言行举止的模仿对象以及奋斗目标。①

当青少年发出“我是谁？”“我如何？”这样的反思时，流行文化成为一个重要的参考标准。通过“类型化”和“序列化”的商业运作手段，青少年得以通过“消费”行为来对自我身份进行确认。从这个意义上说，流行文化塑造了自我认同。

1. “类型化”与群体身份归属

霍克海默和阿道尔诺在《启蒙辩证法》中以建筑的“类型化”来说明我们今天所面对的“共同经验”：“不管是在权威国家，还是在其他地方，装潢精美的工业管理建筑和展览中心到处都是一模一样。辉煌雄伟的塔楼鳞次栉比，映射出具有国际影响的出色规划，按照这个规划，一系列企业如雨后的春笋突飞猛进地发展起来。这些企业的标志，就是周围一片片灰暗的房屋，而各种商业场所也散落在龌龊而阴郁的城市之中。在钢筋水泥构筑的城市中心的周围，是看起来像贫民窟似的旧房子，而坐落在城市周边地区的新别墅，则以其先进的技术备受称赞。不过，对那些简易房屋来说，过不了多久，他们就会像空罐头盒一样被抛弃掉。”② 而所谓“贫民窟”和“新别墅”，都是媒介文化建构起来的“类型化”的标志。

再来看看我们日常生活中所接触到的流行文化：头发的颜色，衣服的款式，阅读的方式，沟通的工具，房子的户型，室内的装潢，哼的歌，讲的话……什么“葡式蛋挞”、“欧式建筑”、“剩男剩女”、“哈韩哈日”、“时尚达人”、什么“蚁族”、“土豪”、“屌丝”、“宅”、“萝莉”……今天我们所面对的一切一切，都被流行文化贴上了“类型化”的标签。有了这些标签，就有了比对的标准，就有了认同的框架。就可以清楚地知道自己究竟是“地球人”还是“火星人”。

“类型化”，从社会心理学的角度来说是一种“刻板认知”。它通过概括化、归纳化的思维模式满足了当代人在纷繁复杂的广阔世界中快速获得

---

① ［美］道格拉斯·凯尔纳：《媒体奇观：当代美国社会文化透视》，史安斌译，清华大学出版社 2003 年，第 131 页。

② ［德］马克斯·霍克海默、西奥多·阿道尔诺：《启蒙辩证法：哲学断片》，渠敬东、曹卫东译，上海世纪出版集团 2006 年版，第 107 页。

信息的认知需要。流行文化正是以"类型化"的商业运作手段迎合了这种"刻板认知"：流行文化制造商通过创造和推动不同趣味的流行文化，把具有相同人口学特征的大众紧密地聚集在一起，然后将这些大众当作商品"出售"给不同的广告商，以满足广告商对于潜在目标消费者的需求并最终获取利润。比如，体育频道的广告以运动品牌居多，女性杂志则以推销化妆品和服饰品牌为主。由此，"作为流行文化产品对不同人口学特征的消费者的吸引，'类型'概念被广泛运用在流行文化的生产和推广领域，詹姆斯·邦德的'007'是一种'类型'电影，'纽约客'是一种'类型'杂志，DISCOVERY 则可被视作一种'类型'频道，如此等等。'类型'不仅仅通过这样系列性的文化消费产品使不同的受众可能在茫茫人海中使自己在社会群体中有所归宿，而且还可以因为对不同类型流行文化产品的消费活动，建构起自己的所谓'个性化'时尚品位，最终，成为某类流行文化的一部分"①。

可悲的是，当代人却对自我的"被类型化"浑然不觉，反而自鸣得意于他对"类型化"的轻而易举地识别："只要电影一开演，结局会怎样，谁会得到赞赏，谁会受到惩罚，谁会被人们忘却，这一切就都已经清清楚楚了。在轻音乐中，一旦受过训练的耳朵听到流行歌曲的第一句，他就会猜到接下去将是什么东西，而当歌曲确实这样继续下来的时候，他就会感到很得意。"②戴安娜·克兰将这种媒介文化的构架手段称作是"套路"（formula）③。基于此，越是深谙流行之道，其自我认同就越是接近于虚假和肤浅。因此，当你静静地窝在沙发里消遣电视娱乐节目的时候，你可千万别认为是吃到了"免费的午餐"，精明的媒体运营商和广告商早已把你"算计"在内，你看他们的节目的时刻也正是他们瓜分利益的时刻，如果你还愿意再掏出价格不低的银子趋之若鹜般赶去影院看"最新大片"，那就更应了那句老话了——"被别人卖了还倒贴给人家钱"。当然，

　　① 陆晔：《出售听众——美国商业音乐电台对流行文化的控制》，《新闻与传播研究》，2000 年第 1 期。

　　② ［德］马克斯·霍克海默、西奥多·阿道尔诺：《启蒙辩证法：哲学断片》，渠敬东、曹卫东译，上海世纪出版集团 2006 年版，第 112 页。

　　③ ［美］戴安娜·克兰：《文化生产：媒体与都市艺术》，赵国新译，译林出版社 2001 年版，第 82 页。

得出这样的结论无意于抹杀我们在分享流行文化时获得的身心愉悦，但是，清醒地活着，不是更好么？

媒介流行文化的“类型化”特质为人们评定自我的社会身份归属提供了参照标准。青少年正处于了解自我、探索自我的萌芽时期，表面的、肤浅的标准往往容易成为他们确认自我身份的参照框架。青少年通过自己所使用的流行语言、所穿的衣服款式、爱听的流行音乐、喜欢的娱乐方式等等“类型化”的标签，逐渐建构起属于自我的趣味样态。同时，群体是有其独特的文化分野的。青少年借助于穿着、语言、行为方式等带有群体身份的标识在同辈群体结构中定位自己，比如，被称作“新人类”的“80 后”，“新新人类”的“90 后”；同时青少年也可以根据不同类型的流行文化所传达的时尚信息自由选择自己的身份归属，比如，时下青少年流行的“跑酷族”、“街舞族”、“cosplay 族”等都是青少年以“类型化”的流行文化来选择和确认自我身份的方式。

2. “序列化”与社会阶层归属

如果说“类型化”塑造了横向的群体身份归属，那么“序列化”则塑造了纵向的群体身份归属。媒介流行文化在“类型化”运作的同时，也利用“序列化”的特质来实现对不同层次个体的社会分层的划分。确切地说，个体通过对某个阶层群体文化的“共享”和消费，来确认自我的社会地位：“批量生产的产品不仅具有不同的质量，而且也有一定的等级次序，这样……每个人都似乎会自发地站在他先前确定和索引好的层面来行动，选择适合于他这种类型人的批量的类型。”① 由此，宝马“X”系列和奥迪“A”系列会将使用它的中产阶层目标群体又进一步分成上中层、中中层和下中层。而一个自诩为“上等人”的消费者断然要与“生活必需品保持距离”，一个崇尚“小资情调”的“中产阶级”则必然不能缺少“美酒加咖啡”的生活情趣。社会阶层中所谓的“三六九等”在今天这个社会，更多地以消费的“序列化”来加以衡量。也正因此，流行文化成为社会成员实现“社会区隔”的“文化资本”，人们也在为获得这种文化资本而不懈地努力奋斗。正如布迪厄（Bourdieu，1984）所指出的

---

① ［德］马克斯·霍克海默、西奥多·阿道尔诺：《启蒙辩证法：哲学断片》，渠敬东、曹卫东译，上海世纪出版集团 2006 年版，第 110 页。

那样，阶级固然是文化的重要决定因素，但这并不是一种单向的偶然关系，相反，个体和群体在他们富于竞争性的对区隔的追逐中，总是积极运用文化资本的。此外，文化的分层和使用文化去确认个体区隔，已经远远超越了一种阶级和文化分析所能了解的一切。①

从这个意义上说，在当代社会，与其说存在着以客观经济基础来划分的"自在"阶级（阶层），毋宁说存在着以拥有对所属群体文化的"自我意识"为基础来划分的"自为"阶级（阶层）。因此，霍尔等人在解释文化与分层的关系时，主张将社会——经济阶级描述成各种文化群体，试图以"群体的文化意识"来强调文化对社会分层的影响作用。② 换句话说，当传统的社会阶级结构趋于瓦解时，越来越多的人希望根据他们的文化趣味和生活方式来相互认同，而不再拘泥于职业基础的类同与否。

青少年虽不具有独立的经济地位和社会地位，但可以通过对其所属家庭、父母的生活方式和消费取向来感知其在同龄群体中所处的"序列化"位置，并以这些外在的标准确认自己的社会身份。

3. "我就是我拥有的东西"

萨特说："我的占有物的整体反映着我的存在的整体。我就是我拥有的东西。"③ 换句话说，消费，是人们建构个体身份的重要因素。这里的消费既指物质——功能意义上的消费，如服饰、饮食、交通工具，也指符号——文化意义上的消费如语言、观念、闲暇。尤其是在当代社会，消费更加成为人们进行自我确认的显性符号。通过媒体的操纵，在"商品—符号"的建构中构筑起来的华丽大厦，陈列着各种平凡却不平庸的物品，人们在消费着各种被赋予美丽、浪漫、金钱、权力、小资、品位等特殊含义的物品的过程中，弥合着理想与现实的差距，自我与他人的差距，获得莫大的"心理满足感"。通过消费，个体将对自我的认识和评价投射到其对"物"和"符号"的占有和使用上来，从消费习惯和消费行为中，个

---

① Bourdieu, P., Distinction: A social critique of the judgement of taste, Cambridge. MA: Harward University Press, 1984.

② ［美］约翰·R. 霍尔、玛丽·乔·尼兹：《文化：社会学的视野》，周晓虹、徐彬译，商务印书馆 2002 年版，第 181 页。

③ ［法］萨特：《存在与虚无》，陈宣良等译，生活·读书·新知三联书店 1997 年版，第733 页。

体逐渐建构起关于自我的品位、喜好、性别角色、社会地位等方面的认知。换句话说，当个体在消费这些"功能意义"和"文化意义"的时候，他（她）认为这些意义是能够反映或者满足他（她）的心理需求的。虽然这种思想往往是无意识的，但的确是消费者自我投射的某种反映。

对青少年而言，当个体对"自我"尚无清晰的认识时，吃喝玩乐等被流行文化塑造起来的较为肤浅的消费品就成为建构自我的社会认同确定性的重要参照标准。"我是谁"与我所购买、消费和崇尚的物品之间建立起了内在的联系，"于是代之以与他们所生产的东西的认同，人们被塑造成与他们所消费的东西的认同"①。

于是，"我就是我拥有的东西"成了人们评价自己、对自己的身份进行确认的基本参照系。"'我'消费什么、怎样消费，实际上体现和贯彻了'我'对自己的看法、定位和评价，以及对自己的社会角色和地位的接受。这些认同决定了'我'在进行消费时，哪些消费内容和形式是恰当的、哪些是不恰当的，哪些是符合'我'的社会地位、身份、角色认同的以及哪些是不符合的。因此人们的消费活动是围绕着认同在进行的。人们并不能超越个体认同（包括自我认同和社会认同）的边界去进行与自己的身份、地位和认同不相符合的消费活动。"② 这种结论或许是对"媒介流行文化对青少年的社会认同确定性具有显著正向影响"这一调查结果的最好解释。

（二）流行文化告诉"你"："我是谁"——媒介流行文化传达了自我认同

"你"想知道"我是谁"？想了解我吗？请看看我穿的是什么牌子！吃的是哪家西餐店的披萨！玩的是那一款3D游戏！甚至，如鲍德里亚所言，连消费垃圾都成了识别人们的标志："告诉我你扔的是什么，我就能告诉你你是谁。"流行文化在社会学意义上的重要性之一在于，它不仅是用于建构自我认同的原材料，同时也是表达自我认同的符号和象征。而这种符合和象征能够被对方所识别、读懂，也恰恰是媒介流行文化制造

---

① 罗钢、王中忱：《消费文化读本》，中国社会科学出版社 2003 年版，第 16 页。
② 王宁：《消费与认同——对消费社会学的一个分析框架的探索》，《社会学研究》2001 年第 1 期。

"流行共识"的社会化功能的体现。从这个意义上说，流行文化表达了自我认同。

1. 流行文化符号的"建构"——赋予"意义"

社会学中所讲的"意义"本是从符号互动论、俗民方法论等"微观"层面的解释论发展而来的。微观层面的互动理论诞生的初衷主要是与宏观的"结构"理论相抗衡，认为主体并不总是按照自上而下的结构框架来行动，而是具有主动性和能动性，能够在日常互动中进行"情境定义"、生成"意义"和解读"意义"。布鲁默、米德、加芬克尔等人的微观理论正是着眼于此。而媒介流行文化日益全球化的广泛影响力，正在逐渐缩小着传统社会学中所谓"结构"与"互动"之间的鸿沟——媒介流行文化作为一种宏观的"结构要素"，正越来越强烈地型塑着人们日常生活中的"意义"，左右着人们之间对"意义"的识别和解读；而本来有着巨大地域差异和文化差异的日常"情境定义"，却越来越被卷入到所谓全球化的文明进程之中，被日益"拉平"，失去了生成"意义"的纯粹。正如哈贝马斯所指出的：我们日常的"生活世界"（lifeworld）已经被"体系"（system）所遮蔽。① 从这个意义上说，社会学大师吉登斯和布迪厄试图融合"结构"与"日常世界"的社会学探索是极为现实和有意义的。

媒介流行文化制造的"流行共识"不仅使个体能够实现内在的自我身份确认，也为个体提供了确认他人身份的标准。而这个标准，就是流行文化赋予文化产品的"意义"。爵士音乐意味着"小资情调"，玫瑰象征着爱情，高尔夫代表着贵族气质……本是平淡无奇的"物"在流行文化的"赋意"下变得多姿多彩。流行文化的高妙之处就在于它能够将意识形态层面的流行共识有效地转化为日常生活中的互动意义——通过"物"的占有和使用，个体顺利地成为媒介文化意识形态的"合谋者"，个体在消费带来的愉悦中习得了"意义"、认可了"意义"，也传达了"意义"。

2. 流行文化符号的"解构"——识别"意义"

媒介流行文化不仅能够赋予"意义"，更为重要的是，它还教会人们"读懂"、"识别"意义。通过"意义"，青少年获得了关于价值、规范、

---

① Habermas, J., *The Theory of communicative action*, Vol. II: *Lifeworld and System*: *A Critique of Functionalist Reason*. Boston: Beacon Press, 1987.

生活方式、人际交往等方面的"社会准则"，得以借此表达自我和评价他人。媒介流行文化通过"赋予意义"和"识别意义"，实现了迪尔凯姆和西美尔所讲的群体文化在群体成员中的"共享性"和"可获得性"。通过对"意义"的解读，人们可以较为准确地对他人的群体身份、社会地位做出判断：一个戴"ROLEX"手表的人可能比较富有；穿笔挺西装的人不是"白领"就是"金领"；喝红酒的比喝白酒的人更有"品味"……媒介流行文化制造和传达给我们的"意义"，使得我们能够快速而准确地对他人进行定位，而传达这些信息的人们必定也确认他人是读得懂这些信息的。因此流行文化更多地作为一种"符号"来传达自我认同："在一个多元社会中，虽然穿与某个特定的参照群体相适应的服装是一种自由选择，但正是这个选择在群体的其他成员眼中，或许也在局外人眼中，标志了个体与那个参照群体之间的关系。"① 因此，社会成员在消费流行文化时除了感性的愉悦，恐怕更多是在"运用"流行文化——恰当地使用"类型化"或"序列化"的符号以传达自我的社会身份，"比如，通过买一辆'社会意义上正确'的小轿车，或者穿一个作为股票经纪人来说'正确'的衣服"②，从而使他人能够清楚地确认"我是谁"。

由此可以看到，流行文化在传达自我身份上的特殊功效，借用列维—斯特劳斯的话说：晚期资本主义社会的所有商品都是"会言谈的物品"③。

综上所述，媒介流行文化以"社会化"的手段建构了青少年个体的社会认同确定性。然而正如我们所看到的和所担忧的，媒介流行文化无论在塑造自我认同还是在传达自我认同上，都建立在"物的消费"基础上。而"物"从本质上来说是易变的，不稳定的。当人的自我需要依靠人类自己创造的外物来进行确认的时候，人的自我认同就构成了哲学上的悖论，人也由此成为物的奴隶。由此看来，在媒介流行文化中浸润长大的青少年在调查中"自我报告"（self – report）的"普遍具有较高的自我认同

---

① ［美］约翰·R. 霍尔、玛丽·乔·尼兹：《文化：社会学的视野》，周晓虹、徐彬译，商务印书馆2002年版，第180页。

② 同上书，第90页。

③ 转引自［美］约翰·费斯克：《理解大众文化》，王晓珏、宋伟杰译，中央编译出版社2001年，第42页。

确定性"的调查结果是值得我们认真反思的。个体所确知或清楚觉察的目标、价值、信仰及日常社会生活所需面临的社会规范，是源于"真我"还是源于受外物牵引的"非我"？从这一意义上说，在媒介流行文化的影响下，自我认同的确定性更多地一种表面化、虚假的"确定性"。而所谓"真我"，则不会像藤蔓那样东攀西附，在外物中浮躁沉浮，而是回归朴素、天真、自然的人性，依靠自己内心强大的自信和自尊去确知和评估自己。

二 自我认同重要性的"诱导"

媒介流行文化对个人认同、社会认同和形象认同重要性的显著正向影响，说明了媒介流行文化对青少年的自我认同发展具有显著的导向功能。它告诉个体，哪些东西重要抑或不重要，哪些是应该努力探寻和为之奋斗的，而哪些又可以弃之不顾。换句话说，媒介流行文化使个体以社会认可的价值体系来决定自我的心理期望值。这其中，"符号"的传达无疑是最为重要的。我们已经不止一次地提到，媒介流行文化所具有的建构"符号"的功能。以符号的象征意义呈现于世人面前的，是媒介流行文化建构起来的"目标和价值"——媒介流行文化以"绚烂多姿"挑逗人们的欲望，以"区隔"和"出人头地"推动人们无止境的追求，以"实现消费"提高人们的心理期望值。更重要的，是这种心理期望值永远得不到满足，媒介流行文化永动机式的"推陈出新"和"翻手为云、覆手为雨"的巨大能量使人们毫无希望地跌入消费的"无底洞"，心理期望值和现实满足感之间永远有一条填不满的鸿沟，而获得"心理满足"就是人们一生为之追求和奋斗的目标。这其中，广告和大型购物中心无疑是制造和推销消费文化的两大支点——广告通过与大众媒体的结合刺激着人们的消费欲望；而大型购物中心则是人们实现消费行为、满足一时消费欲望、不断"超越自我"、"超越他人"的主要场所。

（一）广告：无限的想象空间

广告尤其是电视广告，以其广告中心语、广告标识和广告代言人（即所谓的"广告视觉中心"）实现了迈克尔·戈德海伯所讲的"注意力经济"。美国在20世纪末的广告调查显示，平均每人每天可能面对500—

1000 条广告信息，一个 16 岁的儿童，已经受到了 10 万条广告的冲击。①
过去很不喜欢看电视广告的我们如今突然发现，广告比以前要好看得多
了。有人甚至用广告来调侃电视节目的劣质——"据说，中央电视台最
好看的节目是广告"。这当然主要是批判电视节目的，但从另一侧面也反
映出广告在今天的大众传媒中的突出地位以及对百姓生活的巨大影响。今
天的电视广告不再是找一个传教士式的明星干巴巴地推荐一款产品，也不
再是单调的"燕舞，燕舞，一起歌来一起舞"的直白宣传，而更多的，
是将观众带入"海阔凭鱼跃，天高任鸟飞"的无限遐想空间：周杰伦手
捧奶茶浓情蜜意地对身旁的女友说："你就是我的'优乐美'"；奔驰车广
告画面中的高级住宅、成功男士和依傍在成功男士身旁的漂亮女士；"钻
石恒久远，一颗永流传"的爱情宣言……时尚的画面、高端的生活品质、
或动感或清新的音乐，为观众展示了一副"这就是我要追求的生活"的
理想画卷；而相比之下，自己现在所处的生活境况却是窘迫不堪，令人无
法忍受。

　　再来看另一个传统媒体，电台。笔者曾经于 2014 年 5 月份对某城市
"I Radio"音乐电台的广告内容和时长进行过专门的统计。该电台的节目
从每天清晨四点开始，至第二天凌晨两点结束。在 22 小时的节目过程中，
总广告数为 715 个，总广告时间 333 分钟，占总节目时长的 25.2%。更令
我们惊讶的是，在所有广告中，汽车类广告和房地产类广告的比重几乎占
据半壁江山，其中，汽车广告的数量为 150 个，占 20.9%；房地产广告
数量为 290 个，占 40.6%。众所周知，房子、车子是眼下中国人正在争
相追逐甚至一生为之奋斗的目标。毫不夸张地说，正是这些海量的广告长
时间地刺激着人们的视觉和听觉神经，引发了人们不切实际的需要。更有
些肉麻低俗的广告，直接将"岳母大人"和娇滴滴的女朋友抬出来，"不
买某房就不嫁，不买某车就不婚"。这让奋斗中的男青年情何以堪？

　　而时下，广告的传播手段更是变化多端，真可谓无所不在，无孔不
入，令人应接不暇。手机 APP、综艺节目、影视剧中的广告植入、网络电
视、网络游戏、QQ 群、微信朋友圈，公交车车体、出租车液晶广告，甚
至长途汽车的座椅套、公共厕所的洗手盆……触目皆广告，这么说为过

---

① 温华：《论视觉冲击力与广告心理》，《江汉大学学报》2000 年第 4 期。

吗？热播电视剧《虎妈猫爸》在网络电视上同步播出之际，当女主人公"虎妈"赵薇身着一身靓丽的时装款款出现时，电视屏幕的右下角就会出现一个由第三方视频软件提供的同款购买链接，活生生的美女真人秀，叫人怎能不心动！收视热潮一浪高过一浪的《爸爸去哪儿》系列综艺节目，不仅在节目中让明星爸爸和孩子们为电影《我们结婚吧》摇旗呐喊，在节目中间插播几乎相当于节目本身时长的广告，更无声无息地将广告植入到节目中间。该节目在每期中都会有意无意地出现节目录制景区的品牌标识，而节目中所谓忆苦思甜的父子、父女的装扮和用品皆属名牌。更令我们感到可悲又可笑的是，大众不再像前些年一样强烈地抵制广告，相反，他们还甘愿"被广告"，热衷于讨论、追逐广告中的流行元素，并以此作为评判自己和他人是不是"时尚达人"的标准。当 Rio 鸡尾酒为《奔跑吧兄弟》冠名时，大街小巷的商铺都能看到 Rio 的影子。当《12 道锋味》中使用的油盐酱醋摆在自家的厨房，"锋蜜"们便能想象着是"暖男厨神"谢霆锋亲自将美味端在自己的饭桌上。

　　林德夫妇曾经在《中镇》（*Middletown*）一书中形象地描述广告对人的心理期望值的提升："大众刊物和全国性广告的兴起，专门采用了对行为具有最强烈刺激的印刷版面。广告取代了米德尔敦一代人以前那些简单灵活、口头传播的宣传方式，并日益使读者感到不快，强迫读者意识到一个体面的人是不像他那样生活的，如：体面的人坐的是豪华汽车，家有两个浴室等等。这种广告会使一个速记员在读完《电影杂志》以后尴尬地看着自己的手指，强烈地意识到自己那粗糙的指甲，或想起地毯上的爬虫；或者会使家庭主妇忧虑地凝视着镜子，查看自己衣服上的褶皱是否与广告上'35 岁的 X 夫人'一样，因为自己没有'闲暇时光'牌电动洗衣机。"①

　　广告就是流行文化的代言人，建构着人们的消费理念，引导着消费时尚。广告唤醒了人们心底的消费欲望与拥有这些产品的幻想体验，变成了挑逗人们的符号。

　　（二）消费：超越、超越再超越

　　如果说广告还使人停留在想象的层面，那么大型百货商场，则是将

---

　　① Lynd, R. S. and Lynd, H., *Middletown*. New York：Harcourt, Brace and Company, 1929, p. 82.

"想象空间"变为"可触摸的空间"，鼓励人们将消费进行到底。"在文化工业中，广告已经取得了胜利：即便消费者已经看穿了它们，也不得不去购买和使用它们所推销的产品"①——富人通常在消费中获得"自我实现"，而穷人却只能"望物兴叹"，陷入无法满足的物欲之中——由此而来的，消费对富人来说是"超越他人"，而对穷人来说则是"超越自我"。鲍德里亚认为比起那种人们在其中更具任务取向和为他们所需的特定物品而进行购买的超级市场来说，杂货店和购物中心更适合于现代消费："购物中心完全不随季节变化而变化……"，就像"一个永恒的春天……人不再需要成为时间的奴隶。购物中心，就像所有的城市街道一样，是一个每周7天、每天24小时都可以去的地方"②。而在购物中心使用信用卡来消费，则"使我们从支票、现金甚至从月底的财政困难中解脱出来"③。

　　而本雅明笔下的《巴黎拱廊街》，则以光怪陆离的商业橱窗和独特的建筑艺术，淋漓尽致地彰显了资本主义商业运作之下的流行文化样态。拱廊街上商业橱窗里五彩斑斓的流行商品向橱窗外散发的是不尽的诱惑，而途经的顾客在橱窗里看到的却已经不是商品，而是自我投入式的想象。CCTV的一则电视广告中曾见到这样的画面：一个漂亮姑娘走到展示着帽子和项链的商业橱窗外面，将自己的头放在帽子下面，于是橱窗上就出现了一个自己戴着帽子的影像，将自己的脖子放到项链下面，橱窗上就出现了一个戴着那条项链的美丽姑娘。这则广告或许就是当年巴黎拱廊街带给顾客的美丽想象的某种再现吧。

　　来看看Iphone手机的"盛况"吧。

　　镜头一：全民热爱"Iphone手机"

　　行货IPhone 4S首卖引发混乱：三里屯店停业，大悦城店限制购买

　　大量警车和警力出现在三里屯和西单大悦城的苹果旗舰店维持秩

---

① ［德］马克斯·霍克海默、西奥多·阿道尔诺：《启蒙辩证法：哲学断片》，渠敬东、曹卫东译，上海世纪出版集团2006年版，第152页。

② 转引自［美］乔治·瑞泽尔：《后现代社会理论》，谢立中等译，华夏出版社2003年版，第115页。

③ 同上。

序，三里屯店队伍一度出现"黄牛"斗殴，警方宣布三里屯苹果店停业，取消首卖。西单大悦城店也对首卖进行了限制，早上已封锁排队入口，限凌晨 2 时 30 分之前的排队者购买。停售和限售对花 100 元/天招临时工排队抢 IPhone 4S 的"黄牛"来说是个巨大打击。现场不少"黄牛"表示损失数万元人民币。停售和限售后人群并未散去，现场依旧十分混乱。①

几乎从今天天亮起，香港就开始为整个 IPhone 日忙碌了，即便苹果香港官网要求用户提前 3 天在官网凭手机短信预订，且每人限购 2 台，而且还必须本人到苹果店现场领取，第一个 6 点 40 就前往铜锣湾直营店排队的人身后就已经堆积了不少人。苹果店外则有大量"黄牛"准备收购排队者买到的 IPhone 6/6 Plus，据说 5588 港币售价的 16GB 版 IPhone 6，转手到黄牛处就能收货 9700 港币，IPhone 6 Plus 16GB 则已经喊到了 13500 港币的收购价，真是买完手机就有钱赚啊。②

英国伦敦摄政街上的果粉支起了帐篷——不过这些在身经百战的"果粉"和"黄牛"面前都只算是基本款。看看澳大利亚墨尔本，排队的中国果粉正在打着麻将，身兼购买 IPhone 时都不忘宣扬国粹的重要职责；各种周边服务的出现也创造了深刻的价值，有人在为伦敦排队的果粉提供生活服务，比如买饮料、食物，价格仅需 10—20 英镑，相比肾一般的 IPhone 实在是小意思。③

那么，盛况背后的"苦"与"忧"呢？

镜头二：

2012 年 8 月 9 日《三湘都市报》报道指出，高中生小王为购买苹果手机和 Ipad2，在网上通过黑中介的牵引，瞒着家人历经"千辛万苦"于郴州卖掉一颗肾后得到 2.2 万元，而等待他的是每况日下

---

① 《行货 iPhone 4S 今日上市 现场：警察出动宣布首卖取消》，http://mobile.163.com/photoview/2ERI0011/15782.htmlJHJp = 7NL2D4OS2ERI0011

② 《中国人民在全球各地排队买 iPhone 6 的盛况 大妈、黄牛、麻将走起》，http://www.evolife.cn/html/2014/79480.html

③ 同上。

的身体和家人操碎的心。

2013年10月19日《楚天金报》报道：家住上海的一对"80后"夫妇，为购买苹果等最新产品，毅然网上公开标价5万元出卖自己违规超生婴儿，上演了比"卖肾买苹果"更为可悲的人伦悲剧。

2014年7月12日苍南龙港镇的一条河道发现一年轻女尸，经警方调查系自杀，而自杀的起因竟是家长答应女儿考进高中后买苹果手机却又食言，一条17岁花季的生命因此再也无法挽回。

2015年5月2日京华时报官方微博称，快递员向居民楼送货时，遭受戴口罩的一男一女用电棍殴打并被抢走其所送的三部苹果6手机，而快递员因为保护快递从楼梯上滚落。

无论是跟风、炫耀，还是"果粉"所标榜的超高用户体验。总之，苹果手机的营销模式成功了。熟谙营销之道的人都知道，一个品牌要想立足，仅靠其好的功能是不足以取胜的。产品、价格、渠道、促销等等环节都至关重要。而所有的环节都可最终归为"人"，即人的消费心理。早在Iphone4代以前，苹果手机并没有达到目前5代、6代的火爆局面，是产品的功能不够好吗？显然不是。如果"果粉"们追求的都是苹果品牌的质量和用户体验，那么，为什么购买苹果电脑的人要远少于购买苹果手机的人？要知道，在还没有手机的时代，苹果电脑就已经在同行中拔得头筹。这个"头筹"，当然不是指市场购买量，而是指它独有的系统和个性的外观。究其原因，电脑是"藏在深闺人未识"，而手机则是"一机在手，走遍天下"。苹果手机俨然成为炫耀的资本和身份的象征。这就是苹果手机成功营销的"赢点"所在。具体而言，首先，新手机上市之前，先广泛造势。所谓"丹唇未启笑先闻"，未见其形，先闻其声。等把购买者的好奇心和胃口吊足了，再来个"饥饿营销"，限量发售。同时不失时期地报道"果粉"排长队抢购的盛况，再看似漫不经心地"透露"网友们如何"八仙过海，各显神通"地通过多种途径抢先购买到苹果手机。此举煽动了网友的期望、焦躁和购买热情。更为微妙的是，苹果手机的价格，是对大多数普通消费者而言"翘翘脚，够得着"的"轻奢品"，不是绝对高不可攀，遥不可及。不需要花费太多就能体验"尊贵"和"体面"，可谓"付出有所得"。更为可悲又略带点幽默色彩的是，一旦你咬了一口这颗苹果，你就中了它的"毒"，而"购买无止境"了。当"6"来了，"5"还能用吗？当"10"来了，"9"还不扔吗？原本就是追求"尊贵"和"体面"的小小心理怎能不倾塌？唯有在消费中超越自我、超越他人，才能重拾那个"丢失"的"我"。

从本质上来说，一个人"自我"的确立是不需要依赖于外物的。较高的自我评价和自我认同感一方面来源于他人对个人人格和能力的赞扬与肯定；一方面来源于自我对过去成功经验的反思和体验。一个内心真正强大的人，即使他一无所有，他的自我仍可屹立不倒；而一个靠外物支撑的自我，当然就变成了物的奴隶，没有了物，也就同样没了自我。当代人的"自我通病"，恐怕就是后者。流行文化的消费特质已经越来越将自我认同卷入其中，而个体的自我认同也越来越将流行文化作为其参照的标准。对处于自我认同关键期的青少年而言则更是如此。对于青少年来说，成绩可以不好，但外形不能不"酷"；努力可以不要，但爸爸却不能不"富"。媒介流行文化所"诱导"的这些人生价值，已成为青少年自我认同价值体系中的重要评判标准。

三　自我认同危机的"引发"

调查数据显示，无论是男女青少年，还是处于不同阶段的青少年，他们总体上的自我认同确定性都正向偏高（见表3.42和3.43），同时他们又普遍处于中度认同危机的状况（见表3.46和3.47）。这一事实再次证明，媒介流行文化"型塑"和"建构"下的表面的自我认同确定性并不能掩盖自我认同的危机。媒介流行文化以社会化的手段"型塑"和"建构"了自我，但同时也增加了青少年对自我的心理期望值，当期望和现实之间出现落差时，自我认同危机也就产生了。换句话说，调查中显示的较高的"自我身份确定性"只是青少年的自我标榜而已，其实这种自我标榜并不能够真正满足青少年对自我认同的心理需求。这一结论印证了社会心理学中的"自欺性自我增强（self‐deceptive enhancement）"[①] 的理论观点。社会心理学家认为，个体为了维护自己在社会中的地位，要用社

---

①　Paulhus, D. , *Two component models of socially desirable responding*, Journal of Personality and Social Psychology, 1984 (46).

会赞许或期望的方式来表现自己，人们可通过夸大自己的积极个人品质如
"我是一个完全理性的人"或者"我完全能够掌控自己的命运"来获得社
会认可。① 而当个体真正付出努力去探索自我时，那些表面上建立起来的
自我认同的确定性将会不堪一击。正像前文弗罗姆已经谈到过的："逃避
自由并不能使人们复得已失去的安全感，而仅能帮助他忘记他是独立的个
体。他牺牲了他个人的自我的完整性，所得到的不过是不堪一击的安全
感。因为他忍受不了孤独的滋味，他宁愿失去自我。因此，自由又使人再
度套入新的枷锁中。"②

这种结果使我们联想到法兰克福学派学者马尔库塞关于"虚假需
要"③ 的论述：马尔库塞指出，人本来是有真正需要的，这需要是创造的
需要、独立和自由的需要、把握自己命运的需要，也是实现自我和完善自
我的需要。而这些真正的需要之所以无法在现代资本主义社会中实现，是
因为虚假的需要反客为主，由特定的社会利益集团强派下来，施加在个人
身上，否定了真正的需要，由此造成压抑和痛苦。大多数流行于世的需
要，休闲、享乐、广告、消费等等，都可以归入虚假需要的类型，其被当
成真正的需要而无止境追逐的结果，是造成个人在经济、政治和文化等各
方面都为商品拜物教所支配，日趋成为畸形的单一维度的人。

而布迪厄同样尖锐地指出所谓中产阶级的虚伪，他认为，在中产阶级
中，人们实际了解的文化远逊于他们自己认为重要的文化区隔的东西。中
产阶级文化短缺的后果是"虚饰"（pretension）——以一种超过自己熟悉
程度的方式进行文化展示。而相反，工人阶级则强调实用主义，在这里，
人们是"真实的"、自然的，他们宁愿在朋友中放屁，也不愿意虚饰自
己，否认基本的生理过程。④

那么，在表面的、虚假的自我认同确定性的背后，隐藏的究竟是怎样

---

① 赵志裕、康莹仪：《文化社会心理学》，刘爽译，中国人民大学出版社 2011 年版，第 93 页。

② ［美］埃里希·弗罗姆：《逃避自由》，刘林海译，国际文化出版公司 2007 年版，第 174 页。

③ Marcuse, H. , *One dimensional man.* London：Routledge. , 1964, p. 5.

④ 转引自［美］约翰·R. 霍尔、玛丽·乔·尼兹：《文化：社会学的视野》，周晓虹、徐彬译，商务印书馆 2002 年版，第 124 页。

的认同危机？媒介流行文化又如何导致认同危机的发生？

（一）"没有规则，只有选择"的媒介讯息导致自我认同混乱

当代社会，无论是消费或时尚的快速转变，还是场所和空间的迅速转换，大众媒体都无所不在，而这种无所不在，不是一个较长时间内的一以贯之，而是见缝插针式零碎地填满我们的生活空间——我们在吃饭的时候看一眼电视，在等地铁的时候刷个朋友圈，课间读篇短文，睡前浏览新闻……回顾一下传统媒体时代，观众为了看完一部热播电视剧，要每天晚上在电视机前端坐两个小时。当年一部《渴望》即可以万人空巷，并能使大众在一两年之内都保持对该剧高涨的娱乐热情。而今，一人独大的信息格局不复存在。新浪、腾讯主页的上千条信息每天都在更新，新的歌手和歌曲频频推出，电影每周都在上线和下线，网络热词每年来一次重新大盘点，QQ群里的信息几分钟内就会滚动几十上百条，即便是最惹眼的新闻，也都会在不超过三天的时间里被淹没、被遗忘。媒介讯息杂乱、碎片化的特点，夹杂着善与恶、美与丑的同时呈现，使大众无法构建起对知识的整体性、关联性的认知体系。

詹明信指出，后现代社会，时间被碎片化为一系列永恒的当下片断，而电视观众不停地调换频道从而产生了对世界的碎片化的感受，因此产生了一种后现代主义的心理要素：精神裂变。精神裂变就是能指之间的联系的中断，就是时间、记忆、历史的中断。精神裂变式的体验就是"孤立的，毫无联系的，毫无连贯性的物质性能指符号，这种能指，无法连贯出前后一致的连续意义"[1]。

而高度重视认知机能的完型心理学指出，人对现象的认识并不是将其构成部分简单相加，而是将其作为一个整体来认知，即所谓的"格式塔"（gestalt），也就是完型认知。换句话说，整体不是因为部分而存在，但部分却是因整体而存在。如果没有了对事物或现象的整体认知，那么部分的存在就毫无意义可言。举个简单的例子，如果你在一张白纸上看到一个未全部闭合的圆形线条，你的心理冲动就是用笔将它全部联结闭合！假如一个人买了一只空鸟笼放在家里，那么一段时间后，他一般会为了用这只笼

---

[1]   Jameson, F. *Postmodernism and the Consumer Society*, Foster, H. editor, Postmodern Culture, London: Pluto Press. 1984, p. 119.

子再买一只鸟回来养而不会把笼子丢掉，这就是心理学上著名的"鸟笼逻辑"。一位心理学家曾给 128 个孩子布置作业，让其中一部分孩子完成作业，而让另一部分中途停顿。结果发现，中途停顿的孩子对未完成作业的记忆程度要高于已经完成的孩子。这个著名的"紫格尼克"效应说明，"完成欲"推动人们去达成一件事情，一旦事情完结，人们内在的心理张力系统就会放松、停止，对作业的遗忘程度就高。相反，对于"未完之事"，这个内在的心理张力始终存在，总想着去完成，所以，记忆才会深刻。

詹明信深刻地指出了媒介文化影响下的受众的精神状态，而作为网络主力军同时又是缺少信息判断力和选择力的青少年更是在大众媒介符号和"拟像"的过度生产与再生产中目眩神迷，神魂颠倒，无所适从，找不出其中任何固定的意义联系。这导致青少年先前在头脑中已经形成的图式或经验不再对个体的认知产生完整的支撑，"完型"的或整合的认知图式难以形成。他们往往无法对同一事件或现象进行深入理性的分析，注意力很容易被新发生的事件吸引而转移。

我们整本书都在探讨人的自我认同的连续性和恒常性，其内在心理动力其实就是完型心理学强调"整体大于部分"的观点，也就是个体能在较长的时间里将过去的我、现在的我和将来的我统一于同一个自我之中。当代社会，面对大量"没有规则"的媒介流行文化，个体必须具有"选择"信息的能力，而纷繁复杂的信息呈现却越来越使个体对自己失去信心："要这样还是不要这样？"——这是一个问题！于是，在变化莫测的外部世界中探索自我就成为个体颇为苦恼的问题，有学者甚至说，后现代的社会和经济环境（比如全球化）在某种程度上使青春期延长了。[①] 换言之，青少年在传统社会中不需要经历复杂的自我发展目标的选择和确认而可以顺利达成自我认同，而在后现代社会中，青少年却要用更漫长的时间来完成自我身份的确认。而为了避免认同混乱引起的内在紧张感，个体只能从其他人和更加不稳定的外部世界中去寻找答案，这因此而极易产生

① a. Côté, J. E., *Arrested Adulthood: the changing nature of maturity and identity.* New York: New York University Press, 2000.

b. Arnett, J. J., *The psychology of globalization.* American Psychologists, 2002, 57 (10).

"媒介导向"的"虚假认同"。

（二）"求同"抑或"存异"与自我认同悖论

布迪厄曾指出，文化区隔着人们的社会等级。不同等级的人们所拥有的"文化资本"的形态不同，文化的品位和"惯习"将会在人的日常生活中的各个领域的文化实践中体现出来。布迪厄的文化品味和惯习更多地与教育和社会出身有关，是一种内在的"心性"。对布迪厄而言，不同阶层的人们的文化实践似乎是难以跨越、不可改变也无法模仿的。流行文化作为文化的一种形式，自然也具有区隔的功能。但流行文化的"区隔"很少关乎内在的心性和气质，而是一种外在的、物化的区隔。即，流行文化往往通过外在的物的使用来标明自己的身份，来区分人和人之间的差异。既然是物，就不会像阶级的"惯习"那般固化，因此，流行文化既可以进行"区隔"，亦可以用来模仿。比如早期的时尚先锋往往率先通过对物品的革新来彰显自己和他人的不同，随后是少量敏锐地嗅到流行风的追随者，然后才是大批模仿者的趋同。如此循环往复。可见，一种流行文化样态在其发展的早期是区隔性，而在后期则是模仿性的。

费斯克通过对牛仔裤使用的符号意义的分析指出："虽然穿牛仔裤者之间存在着社会差异的符号，但这些符号在相互抵牾之际，并不会否定牛仔裤共有的那套整合的意义。"① 这也就是说，"渴望成为自己，并不意味着渴望自己与他人全然不同，毋宁说它渴望着将个人的差别，放置在对某一商品的共同使用当中"。费斯克的上述文字其实表达的是这样的意思：为了追赶潮流，与他人保持一致，每个人都穿牛仔裤，可是又希望在牛仔裤的使用中区分出款式的差异、品牌的差异。流行文化以其符号学特征及其所承载的意义而制造的"同中求异"的"区隔"效应往往既关乎共同性，又关乎个人性。

《壹周立波秀》中曾有一档节目很好地调侃了人们的这种矛盾心态：一个穿着八千块西装的人在朋友面前炫耀地问：你知道我这西装多少钱吗？答曰：不知道。这人很失望。见另一个朋友又问同样的问题，回答还是不知道。这人又失望。又问了第三个朋友同样的问题，这回的答案是：

---

① ［美］约翰·费斯克：《理解大众文化》，王晓珏、宋伟杰译，中央编译出版社 2001 年，第 7 页。

八千块。这回不是失望，而是失落……原来，人家比自己更有品位，一眼就能看出这衣服的价格。

对于青少年而言，"趋同"和"求异"的双重心理尤其突出。人生之中没有哪一个阶段像青少年期这样如此强烈地具有"趋同"和"求异"的双重心理倾向。一方面由于害怕孤独、渴望融入群体而与同辈保持一致；另一方面却又极力张扬自我、表达个性。而媒介流行文化所具有的符号学特征恰恰迎合了青少年的上述心理需要，并因此而受到青少年的极力推崇。然而，当青少年在追逐流行文化的过程中得到片刻的满足和"心理安宁"之际，却发现满大街都是"个性"的"自我"，于是先前获得的小小满足感很快就消失了，"都有个性就代表都没个性"，于是，更加狂热的消费与追逐又开始了。"追逐时尚不是目的，超越时尚才是目的"，这正是媒介流行文化所制造的自我认同发展悖论，也正是这种悖论，使得青少年要不断地在消费流行文化的过程中才能确认自我身份，自我认同也因此而更多地具有外在导向性而不是依赖于内在的自我认知。

同样的矛盾不仅体现在流行文化的消费者上，对于流行文化的制造者来说，有时也常常需要在双重身份下进行选择。一方面，他们也是流行文化的受众；另一方面，他们在制造流行文化的过程中，也面临如何将"艺术"或曰"小众"与"市场"或曰"大众"进行平衡的问题。换句话说，就是"区隔"还是"趋同"的问题。

　　Katherine Elizabeth 还是第一次在一家零售百货店内展示自己的作品，更不用提是在 Fortnam & Mason 这家英国知名老牌百货公司。这位制帽师亲自带来了自己最新的几款设计，习惯了独自在工作室创作的她好像还不太适应这个推销员的角色。过去很长时间，Elizabeth 是排斥进入零售店的，她的订单主要来自时尚品牌走秀活动或是私人客户的定制，光是这些就够她一个人忙活的了。而随着这些一度被视作另类夸张的帽饰被越来越多的普通人所接纳，她几乎很难满足日益庞大的需求，这让她很困惑，该维持原状还是推自己一把？

　　一个叫作 Walpole 的组织的出现让她看到了另一种可能。Walpole 相当于一个奢侈品牌协会组织，会员都是来头不小的品牌和零售巨头，他们需要像 Elizabeth 这样的手工匠人为自己提供定制服务。在

Walpole 的引导下，Elizabeth 这个纯粹只是喜欢做做手工的女孩头一回开始考虑如何拓展自己的品牌，如何商业化。现在，她收了两个学徒，还雇用了两人负责公关和市场。她也开始推出一些针对大众市场的设计，首先，帽子的尺寸得变小点。Walpole 希望帮助那些独立手工艺人同他们组织里的奢侈品大牌、奢侈品零售商之间搭建平台，为他们提供资源来量产一些大众化市场化的产品，这些入门级的产品大多由学徒制作，获得的收入可以维持工作室的运营，大师就可以更专注在更高端的作品上，从而形成一个可持续的生意。①

没有哪一种文化可以像流行文化一样将"同"和"异"如此矛盾地集于一身。说到底，就是"个性"和"共性"的博弈问题。屈原老前辈不也正是纠结于"皆醉"还是"独醒"的问题嘛！虽然当下所谓"流行艺术"正在努力追求将"艺术"与"流行"的完美结合，但由于"艺术"往往在"大众"和"市场"的冲击下显得力不从心，因而经常使那些希望保持"艺术的本真"的艺术家们深受困扰。

著名的滚石唱片公司的下属子公司魔岩文化（后更名为魔岩唱片），制作音乐的宗旨是更看重源自于真实人性与现实生活的音乐表达。按照当时魔岩文化创始人张培仁的描述，他当时做魔岩的使命在于找到高品质的音乐，并将其用正确的方式传达出来。同时，彼时港台地区的音乐界受到西方流行音乐运营模式的影响，偶像风行，却没有全然属于自己的声音，因而，张培仁初来大陆还怀着丰富中国流行音乐类型、促发中国文化行业文艺复兴以对抗全球化竞争的希冀。因此，魔岩文化来到大陆之后，首先签约的艺人是于西洋乐器和重金属音乐中追思盛唐古风的唐朝乐队。其后签下终 H 思考终极问题的摇滚诗人张楚、试图尝试音乐表达的一切可能性的窦唯，后又迎来了因为"音乐理念不同"而从大地唱片解约投奔魔岩的朋克青年何勇。

---

① 姚芳沁：《民主化产业下的奢侈品还能带来惊喜吗?》，腾讯时尚网《入流》，http://fashion. qq. com/original/ruliu/r306. html? ADUIN = 53404963andADSESSION = 1437355142andADTAG = CLIENT. QQ. 5389_ . 0andADPUBNO = 26441

张培仁形容他们是真正的艺术家，他们"关注社会人性和自己敏感的创作天性"。1994 年，张培仁带领他的签约歌手在香港举办"94 中国摇滚新势力"香港红磡演唱会时，曾一度引发了流行音乐界的强烈反响。香港媒体接连三天报道关于这场演出的盛况，且空前地众口一词给予好评。张培仁归因于"他们见到了久违的音乐本质，发现这是和灵魂相通的线路，因而抛开了惯有的矜持，呐喊疯狂"。

但是，就像演出之前香港和台湾的文化圈不相信这几个来自内地的年轻人能够带来轰动、带来商业效应一样，演出结束之后几年里，他们的发展情况也出乎了所有人的意料。张培仁被滚石公司迁回台湾开发港台市场；接管魔岩唱片的负责人偏离了公司创立初衷，导致窦唯、张楚、何勇纷纷离开；魔岩唱片在 2001 年结束运营。这一批艺术家离开魔岩唱片之后成为真正意义上的"独立音乐人"，但"独立"的同时也意味着孤立，意味着被市场边缘化、直到最终在流行音乐市场上销声匿迹。也许在窦唯看来，是他抛弃了市场，他愿意更加随心所欲；但唐朝、何勇以及张楚在接受采访时均有过不介意商业运作的表达。然而，之后的流行文化市场不再接受这些个性化的艺术家，而是乐于打造"伪个性"，即适应于市场要求、将市场接受的特色当作个体个性来渲染和过度制作的"去人眭"生产。当初的魔岩三杰们在香港媒体面前坦率直言，认为北京才是寻找灵感的土地。但是，当大陆开始被港台流行圈视为一个巨大市场且大陆自己的文化人学会了在"拿来"的流行文化运作体制中进退自如的时候，真正的个性不再有出路，因为人们期待的是"相对稳定的生活状态和不冒险的生活方式"，认为个性"是对生活的威胁"。因此，适用性成为大众传媒帮助流行艺术打造的畅通无阻的传播方式，共生性成为流行艺术常常深陷的牢笼。虽然时至今日，著名音乐人陈其钢表示："说谎的音乐一听就听得出来。"但是，那些带着"一颗不肯媚俗的心"创造出的真诚之作，依然常常让位于标准化生产的流行工业产品。①

---

① 张慧喆：《围绕身体意识的绽放与束缚——当代流行艺术的回归与困境》，《艺术百家》2013 年第 8 期。

（三）"过度社会化"和"虚拟社会化"与自我认同"异化"

"异化"是指事物违背了其自然的本性，甚至扭曲、裂变。现当代社会，人的自我越来越受制于外物，自我既脱离了纯粹意义上的"本我"，又被一个物化的、幻象的、虚假的"超我"所牵引。导致自我既无"根"，又无"实"。人在完全被流行文化"遥控"了之后，彻底地走向了"真我"的反面。对处于社会化重要时期的青少年来说，一方面，媒介流行文化的纷繁复杂和未受拦截地过度呈现，传达着超年龄界限的信息和扭曲的性别角色，混乱的价值观念导致青少年以恶为善，以丑为美；另一方面，媒介流行文化所制造的"拟象"扩大了理想与现实的鸿沟，造成自我认同不是以"真我"为基石，而是与"真我"相疏离。

传统社会传递的是诸如"少不看三国，老不读红楼"、"你耕田来我织布"这样的规则和禁忌。每个年龄段应有不同的社会化任务，男女也应在各自不同的性别角色内行事。然而，媒介流行文化却正在缩小年龄之间的差异，性别角色之间的分野似乎也不再那么绝对。媒介流行文化在型塑"自我确定性"的同时，带来了"过度社会化"的隐忧。在媒介流行文化的"共同经验"的"教化"下，童年正在消逝，而成人也在"返萌"。孩子跟成人一起观看电视里播放的节目，网络信息更是毫无限制地对所有的儿童开放。用波兹曼的话说，"电视侵蚀了童年和成年的分界线"，而"电子媒介完全不可能保留任何秘密。如果没有秘密，童年这样的东西当然不可能存在了"。① 而在性别角色上，在青少年中日益推崇的"中性美"和中性装扮也在模糊着男女生之间的性别差异：女生流行剪短发、戴周笔畅式的黑边眼镜、穿哈韩式松垮的衣服；男生则推崇韩庚式的清秀俊美，乐于展现自己阴柔的一面。"女汉子"和"小鲜肉"的自我标榜和社会"赞誉"越来越影响着青少年的性别塑造和性别取向。而在价值观念上，拜金、炫富、浮夸、虚荣等脱离人性自然的虚夸之象正在青少年中漫延。各种关于"富二代"、"星二代"的负面报道客观上展示了有权和有钱阶层的奢靡生活，唾弃"宁在宝马车里哭，不在自行车上笑"

---

① ［美］尼尔·波兹曼：《童年的消逝》，吴燕莛译，广西师范大学出版社2004年版，第115页。

的拜金言论也在客观上为青少年提供了一个择偶的样板。媒介流行文化使心智尚未成熟的青少年超年龄界限地摄入了本属于成年人的信息，并使他们提早地具有"少年老成"的成年人心理特征。性别审美的日益中性化，也使正处于性别角色意识关键期的青少年，面临着失去男女各自应有的性别之美的隐忧。而一些本该属于青少年阶段纯真、善良、美好的价值观正在被侵蚀。

同样，无所不在的媒介流行文化也为青少年带来了"虚拟社会化"的问题。风笑天等指出，"虚拟社会化"特指报刊、电视、网络等大众媒介尤指电视、计算机网络等电子媒介所进行的社会化过程。而这种虚拟社会化由于其不真实感而极易导致青少年产生文化冲突、更深刻意义上的代沟以及内在的疏离感和孤独感等角色认同危机。[①] 首先，网络世界中，因其匿名性所带来的身体的"缺场"，导致信息的杂乱、无序，其中夹杂的低俗、淫秽、丑陋、假恶等偏离主流文化和主流价值观的信息使青少年不明是非、不分善恶，极易导致青少年的价值混乱。反过来，也作为信息发布主体的青少年，同时也可能在匿名的作用下不负责任地任意所为。"肆意"的外显行为极有可能在客观上自我标签化为一个"消极的自我"，并在进一步的虚拟行为中不断自我强化。因此，长期在虚拟、匿名的网络世界中行为的个体不可能发展出积极、自主的自我认同感；其次，媒介信息的不真实性产生"虚幻的自我"，造成虚拟人格和现实人格的分离。就像柏拉图在论及人类对自我最原始的认识时提出的"岩洞映像"一样，一个囚困在洞中的人以为洞壁上的影子就是人本身。媒介讯息在大多数情况下其实就是制造了一个洞壁上模糊虚幻的影子，而人却以为那个影子真的就是他自己，是他自己所向往和追求的。以影像来观察自己和依靠向内作用力来反思自己是两个完全不同级别的自我认识能力。拉康在其"镜像理论"中指出，婴儿在 6~18 个月时需要依靠镜子来观察自我、认识自我，并经历从"自恋式"的"想象级"进入"符号级"和"现实级"的过程。也就是说，人对自己最初的认识是从影像开始的，可见，"影像自我"是低层次的、模糊不清的。电视剧中的豪门生活、偶像剧中的浪漫

---

① 风笑天、孙龙：《虚拟社会化与青年的角色认同危机——对 21 世纪青年工作和青年研究的挑战》，《青年研究》，1999 年第 12 期。

爱情、网络世界中的魔兽，cosplay 中的卡哇伊，无异于制造了一个"影像自我"，"虚幻自我"，并使青少年获得一种混淆了现实与想象、知觉与幻觉的"镜像体验"。而一旦"想象自我"和"现实自我"不能完美重叠，自我便会进入"症状级"而导致异化，并形成一个以一系列异化认同为基本构架的"伪自我"。

> 由于沉迷网游，小邹过起了充满网游幻想的生活：衣着打扮都跟游戏里的人一样，留着长头发、长胡须，还有刺青；交流方式和思维模式都遵照游戏规则。①

> 未成年的小黄是一名网游玩家，他曾经玩的一款游戏充斥大量淫秽色情内容，游戏会呈现整个性行为过程。游戏玩家可以"开房"、进入"房间"并与其他玩家上演"网络强奸"，并伴有真人视频和语言。在游戏里他与女玩家结婚生子，在现实生活中他也开始模仿。一个与他同龄的女孩成了他女朋友，并因此而怀孕。②

综上所述，在该部分内容中，我们看到了媒介流行文化如何以"社会化"的方式型塑着青少年的自我认同，又如何成为青少年自我认同危机的重要影响因子。媒介流行文化已成为青少年社会化和自我认同发展的重要外部情境，它对青少年的影响是原发式的，包围式的，具有强大的感官冲击力和心理冲击力。无论从理论的角度还是从经验的角度，媒介流行文化都构成青少年自我认同发展的重要一维。

需要再次指出的是，媒介流行文化除了对男青少年的社会认同确定性的影响显著高于女生，对其他各领域的自我认同确定性、重要性及认同落差上的影响都与女青少年无显著差别。这一方面否定了传统观念中"女性更容易受流行文化的影响"的理论猜想，或者至少证明这一观点在青少年阶段并未得到验证；另一方面也证明媒介流行文化对同年龄段的男女青少年的自我认同皆具有广泛的、一致的影响力。而不同年龄段的调查则

---

① 《虚拟世界太可怕 危害青少年的"网毒"谁来管？》，2014 年 2 月 11 日，131. com 网，http：//news. 131. com/news/yejie/14/0211/1173931_ 1. html

② 同上。

呈现出随年龄增长，媒介流行文化对自我认同的影响力逐渐降低的趋势。这说明，年龄越大，青少年的自我认同越趋于稳定和成熟，就越少地受到外部世界的侵扰，而是更多地依靠于自己内在的力量来进行自我认知。

第二章 群体流行文化："我"颠覆，"我"快乐

　　尽管媒介流行文化所制造的"共享意义"对青少年构成了绝对性的影响，但在文化社会学者看来，至少有一部分知识没有完全被社会共享这一事实为群体内文化多样性的发展留出了空间。在媒介流行文化对青少年的自我认同构成显著的正向影响的同时，群体流行文化却对青少年的自我认同表现出明显的负向影响。即当个体在与同龄群体交往的过程中，彼此交流和回应流行文化的程度越高，个体越倾向于对"自我"的身份产生不确定感；对自我认同的心理需求也越倾向于显得不重要；随之，自我认同危机发生的可能性也倾向于越低。这一结果表明群体流行文化正在以"颠覆"和"抵抗"媒介流行文化的方式影响着青少年的自我认同发展。它为青少年的自我认同提供了除媒介流行文化之外的新的发展空间，也是影响青少年自我认同发展的重要因子。

　　同时，需要说明的是，对媒介流行文化和群体流行文化之间相关性的检验结果表明，二者的相关关系很不稳定（在总结构模型中二者并无显著相关，而在认同落差结构模型中却有显著正相关）。但即便在总结构模型中不存在显著相关，二者的共变关系也是正向的（0.29）。这种不稳定的正向相关关系在某种程度上表明，尽管群体流行文化以"抵抗"的形式影响自我认同，但仍脱离不了媒介流行文化的影子。换句话说，群体流行文化的形成离不开媒介流行文化的影响，同时，它又以不同于媒介流行文化的方式作用于青少年的自我认同。

第一节 青少年亚文化及其时代特征

　　波普诺这样来定义亚文化："当一个社会的某一群体形成一种既包括

主文化的某些特征，又包括一些其他群体所不具备的文化要素的生活方式时，这种群体文化被称为亚文化。"① 克兰也指出："在创造一种新风尚的时候，亚文化成员从现存风尚中借用了一些细枝末节，以新的方式将它们重新组合起来，正如结构主义理论所暗示的那样，将这些新的细枝末节置于新的语境之下，它们就获得了新的意义。"② 调查数据中"媒介流行文化和群体流行文化之间的不稳定的正向关系"恰恰支持了"亚文化"在理论上的定义。这也就是说，一个群体的亚文化，既不能脱离其所生存的主流文化，同时又具有自己的独特性。霍尔和沃内尔（Hall & Whannel，1964：276）指出："青少年文化是本真和复制的矛盾混合体。对青少年来说，它是一个供青年们自我表达的领域。对商业供应者来说，它是水清草肥的牧场。"③ 换言之，青少年亚文化一方面受媒介文化的影响，但同时，青少年也不是一味被动地受制于媒介文化，他们也形成具有自己独特元素的亚文化。

同时，调查数据显示，青少年受到媒介流行文化的影响程度（18.86分）远远高于受群体流行文化的影响程度（9.59分），且媒介流行文化与群体流行文化之间为正向关系，这一结果又使当代的青少年亚文化得以与"反文化"相区别，虽然反文化也是一种亚文化，但本质的区别是反文化是直接对主流文化的中心因素如价值观、信仰、观念、风俗习惯等构成挑战的亚文化。而青少年亚文化虽带有"颠覆"和"抵抗"主流文化的色彩，但不构成对中心价值的对抗。尤其在进入网络社会之后，青少年亚文化更多地以"趣味"为主，是小群体式的"集体狂欢"，他们将眼光集中在娱乐、消费、艺术、审美等领域，"娱乐心态"多于"抵抗心态"。同时，相比于过去保守、单一的青少年亚文化，媒介流行文化影响下的青少年亚文化又呈现出多变性和流动性的特点。这使当代青少年亚文化成为主流文化的有益补充，并且也是一个文明社会文化多元化的正常形态。

① ［美］戴维·波普诺：《社会学》（第十版），李强等译，中国人民大学出版社1999年版，第78页。

② ［美］戴安娜·克兰：《文化生产：媒体与都市艺术》，赵国新译，译林出版社2001年版，第91—92页。

③ Hall, S. and Whannel, P., *The popular arts*, Boston：Beacon Press；New York：Pantheon books, 1964, p. 267.

一 形成以"流行趣味"为纽带的"族群"文化

相对于普遍性的流行文化而言，当代青少年亚文化呈现出小众化的"族群"文化特征。本研究在前面自编流行文化问卷的探索性因素分析中，曾有一个题项用来考察群体流行文化："我自认为可以归属于下列'一族'（属于其中之一）：追星、恶搞、暴走、快闪、嘻哈、无厘头、*cosplay*、电玩游戏、宅、萝莉、音乐发烧友、拍客、跑酷、街舞。"统计结果表明，317名被调查的青少年在该题项上的平均得分为3.09分，中等偏上，这说明，青少年从总体上较为认可自己在某一"族群"中的身份。

可以看到，以"流行趣味"为纽带的"族群"文化，表现出以下两个特质：

首先，"族群"文化带有明显的媒介流行文化的痕迹。

任何一个群体的亚文化都或多或少地带有主流文化的影子，在媒介流行文化无孔不入的今天则更是如此。里斯曼曾说："（当今社会）个人与外界、与自身的关系都要以大众传播的流通为媒介。"① 前文已经说过，媒介流行文化以"类型化"的手段出售它的阅听人，以"类型化"的"流行趣味"塑造自我、识别他人。而以流行趣味为纽带的"族群"文化正是媒介流行文化"类型化"的产物。"流行趣味"本身就是媒介建构起来的产物，以此为纽带建立起来的"族群"文化很显然受到媒介流行文化的影响，通常的路径是，某种文化通过媒介的放大和传播，而在青少年群体中流行开来。比如，"嘻哈"（Hip‐Hop）是发端于非洲原始部落后经黑人发展而来的一种音乐和舞蹈形式，借助媒介传播而发展为风靡全球的青少年亚文化；"无厘头"源于周星驰的喜剧电影；"*cosplay*"则是动漫爱好者对动漫人物的角色扮演；"拍客"则纯粹是网络文化的产物。

其次，"族群"文化是青少年人际沟通的有力工具。

归属的需求、在心理上依恋某个重要他人或某一群体的需求是人类最基本的动机。而这种动机在青少年身上尤为强烈。人的一生中没有哪个时

---

① ［美］大卫·里斯曼：《孤独的人群》，王崑、朱虹译，南京大学出版社2002年版，第19—20页。

期能够像青少年期那样害怕孤独，渴望被理解。埃里克森指出，青年期是与同伴建立亲密关系的关键时期。① 而参与到文化中是满足归属需求的一种方式。② “族群”文化的形成，满足了青少年寻求认同感和归属感的心理需求，帮助他们建立关于内群体、外群体的群体意识，有利于青少年发展友谊、获得同辈支持。

青少年流行文化主要是一种“同伴文化”，即由年龄、地位、兴趣爱好大体相同的人群关系构成的一种亚文化。里斯曼曾说：“流行文化不但可以填补人与人之间的距离，借谈话来消除人的孤独，促进了人们的往来，而且流行文化并不只是打发时间的一种方式，他得到了同辈群体的赞同。”③ 对青少年而言，除了对流行文化本身的兴趣，更为重要的，是流行文化成为满足青少年交往需要的工具和纽带。中国互联网络信息中心2015 年第 35 次中国互联网发展状况统计报告显示，10 ～ 29 岁的年轻人相对于其他群体更乐于在互联网上分享，尤其是 10 ～ 19 岁的人群，有65.9％的网民表示比较愿意或非常愿意在网上分享。青少年由“族群”文化中获得共同的话题，分享共同的情感与趣味，并由此获得同伴的认可与接纳，有了自己的“小圈子”，青少年会因为拥有群体的归属感而生活得更快乐、对自己更有信心。而相反，在青少年中间，如果没玩过“魔兽世界”，不喜欢周杰伦，就会被同学看成是“out”了，“书呆子”，“没有趣味”，而这恰恰是害怕脱离同伴的青少年所不希望的。正像 Dolby（2003）所说的那样：“友谊的形成和稳固常常是因为大家共同钟爱某一特殊的品牌，喜欢同一个音乐唱片或是某个电视节目。而如果一个人处在当下的流行潮流之外则容易导致被‘社会孤立’。而这种心理往往也导致青少年为了迎合他人而改变或伪装自己的真实趣味。”

---

① a. Erikson, E. H., *Childhood and society*, New York: W. W. Norton and Company, Inc, 1963.

b. Erikson, E. H., *Identity, youth, and crisis*, New York: Norton, 1968.

② Hong, Y. Y., Roisman, G. I., and Chen, J., *A model of cultural attachment: A new approach for studying bicultural experience.* In Bornstein, M. H. and Cote, L. (Eds), Acculturation and Parent Child Relationships: Measurement and Development. Hillsdale, NJ: Lawrence Erlbaum Associate, Inc., 2006, pp. 135 – 170.

③ ［美］大卫·里斯曼：《孤独的人群》，王崑、朱虹译，南京大学出版社 2002 年版，第159 页。

二 形成以"颠覆"为快感的"抵抗"文化

青少年正值"心理断乳期"。生理上的渐趋成熟和心理上急于摆脱对父母的依赖的情绪形成了这个年龄段特有的亚文化特征。一方面，青少年的观念、行为、情感表达方式有别于成年人的世界，往往不被理解，因此，青少年亚文化通常被成人世界的主流文化看作是具有抵抗性和颠覆性的；另一方面，青少年在"父权"社会中，又是低话语权的，因而青少年亚文化又是被边缘化的，不被认可的。青少年亚文化的"抵抗性"和"边缘化"特点自其受到关注之日起就一直成为伴随其成长的两大标签。20 世纪六七十年代，英美文化先锋所关注的"光头党"、"朋克"、"嬉皮士"、"摇滚乐"等青少年亚文化现象就带有典型的"抵抗性"和"边缘化"色彩。半个多世纪以来，各种文化背景下的青少年亚文化层出不穷，变化多样，但始终未能脱离抵抗性和边缘化的特点。霍尔与沃内尔在《通俗艺术》（Hall & Whannel，1964：280 – 282）里这样描述亚文化的抵抗：青少年形成了特别的风格（特殊的交谈方式，在特别的地方以特别的方式跳舞，以特殊的方式打扮自己，和成人世界保持一定距离），他们把穿着风格描绘成是"一种未成年人的通俗艺术……用来表达某些当代观念……例如离经叛道、具有反抗精神的强大社会潮流"。①

需要指出的是，随着流行文化日益广泛的影响，当代青少年亚文化中的"抵抗性"和"边缘化"正在逐渐被流行文化的"娱乐性"、"趣味性"所掩盖。青少年希望表达个性的独立和思想的自由，为获得一定的文化资本和文化话语权而存在。但这种表达和争取不再是"红卫兵式的"、"学潮式的"和"愤青式的"直接的、激烈的对抗，他们转而以"时尚的"、"另类的"面目出现。青少年常以自己独特的思维方式对流行文化的符号意义进行"另类"解读，采取"搞怪"、"搞笑"、"肢解"甚至"丑化"的方式对抗主流文化，继而体验到一种"颠覆式"的快感。因而，青少年亚文化常呈现出在成年人看来"无聊"、"天真"、"不可理喻"的"非正常逻辑"。在流行文化影响下，青少年群体的"抵抗式"亚文化表现出两种截然不同

---

① Hall, S. and Whannel, P. , *The popular arts*, Boston：*Beacon Press*, New York：Pantheon books, 1964, pp. 280 –282.

的形式：一种是外显式的对抗；另一种则是躲避式的对抗。

外显式的对抗文化是青少年故意通过夸张的方式来彰显自己对权威的抵抗，其获得的快感是"狂喜"。比如前段时间流行的"快闪族"，即互不相识的网民利用网络约定好聚集的时间和地点，同时聚集到一起，做出令人意想不到的动作和表情，然后迅速闪开；再比如，时下的"抱抱团"，即在街头以"FREE HUGS"的招牌与陌生人拥抱，以此抵制人与人之间的冷漠；此外，神曲《忐忑》的诡异风靡，cosplay 的夸张行头，雷人"凤姐"的走红，"春哥"李宇春的受宠……这些亚文化的特点某种程度上都是以"外显"的形式来表达着青少年对主流文化的抵抗。而做出行为之后获得的兴奋、喜悦乃至刺激和全新体验，更构成此类行为继续发生的强化效应。

> 作为时下最受年轻人欢迎的亚文化之一，cosplay 可谓相当的"离经叛道"。夸张的行头、怪异的配饰、动画世界中的专属语言、大胆张扬的行为表现，无疑是希望用极其夸张的方式表达他们心中的呐喊：这就是我！如我们所知，cosplay 即角色扮演，主要是把游戏、动漫中的人物形象以真人秀的形式表现出来，也可以是表演者的原创形象，表演者称为 coser 或 cosplayer。青少年扮演的往往是他们喜欢的或理想中的形象。通过此种夸张的表现，来表达反叛传统、追求独特的价值诉求。
>
> "当我披上衣装，我便不再是我。"①
>
> "cosplay 的世界虽然虚拟，但是特别美好，我在漫画人物中找到了自己的影子，扮她们很快乐。"②

躲避式的对抗文化则是青少年以内隐的、匿名的方式来对抗权威，其获得的快感是"窃喜"。比如由《一个馒头引发的血案》带来的"网络恶搞文化"。"恶搞"是用幽默、戏谑的手法，结合 PS 等技术手段，以网络

---

① 《咔哒采访 Cosplay 年轻团长》，2014 年 9 月 25 日，*cosplay8*，http：//www.cosplay8.com/news/cosnews/2014/0925/57151.html

② 《你所不知道的 *cosplay*》，2014 年 11 月 20 日，新华网，http：//www.gs.xinhuanet.com/shishang/2014－11/20/c_1113338926.htm

为平台来表达自己对某些社会现象的看法的行为。"恶搞"时所带有的一点小小的"坏意"和"窃喜"，正是青少年反向思维、反叛意识的表达，同时也透露出青少年智慧和可爱的一面。再比如人肉搜索、匿名发言，比如网络游戏世界的暴力行为、"偷菜"行为……青少年在自己的小世界里以躲避的、内隐的方式体验着对抗权威的乐趣。

　　2010 年 10 月 16 日晚，河北大学新区校园内出现一起车祸。肇事司机在撞伤两名女生后，没有停车，而继续去校内宿舍楼接女友。车子被群众截住后，他放下一句今年最牛大话："有本领你们告去，我爸是李刚。"经查，该男子的父亲的确是事发地河北保定某公安分局副局长李刚。而"我爸是李刚"这一句话迅速蹿红网络，在论坛里被网友狠狠拍砖。

　　随后，网友以"我爸是李刚"为题，开展了网上造句大赛。网络上出现了 36 万多条"造句"，唐诗、宋词、流行歌曲乃至广告语，无一不被网友们改成"李刚版"。众怒引发的创造力，令人惊叹。更有网友自编自唱了一首名为《我爸叫李刚》的网络歌曲，被网友封为"神曲"。

　　泰戈尔版：世界上最遥远的距离不是生与死，而是我就站在你面前，你却不知道我的爸爸是李刚！

　　徐志摩版：最是那一低头的温柔，像一朵水莲花不胜凉风的娇羞，道一声珍重，道一声珍重，那一声珍重里有甜蜜的忧愁。我的爸爸是李刚！

　　普希金版：假如生活欺骗了你，不要悲伤，我爸是李刚！

　　李白版：床前明月光，我爸是李刚！

　　广告版：不是每一杯牛奶都是特仑苏，不是每一个爸爸都叫李刚！

　　台词版：如果上天能够给我一个重新来过的机会，我会对那个女孩子说五个字："我爸是李刚"。①

---

　　① 《"我爸是李刚"被恶搞 网络出现 36 万多条"造句"》，2010 年 10 月 25 日，中国新闻网，http://www.chinanews.com/cul/2010/10-25/2609652.html

当代以流行文化为纽带的青少年群体亚文化，对青少年的社会化和自我认同发展起着极其重要的影响作用。哈里斯的群体社会化理论甚至指出，是群体，而不是家庭（父母）对个体的发展起着决定作用。①

第二节　"他人导向"："抵抗式"亚文化影响下的自我认同

在弗洛伊德眼中，文化是对个体自由的压抑；而对于迪尔凯姆而言，文化对于个人的胜利则是社会的功能必要性。② 可以看到，前者将文化看成是对个体权力的制约，在这种制约下，象征着文化的"超我"将个体本能的"本我"压制下去，而"自我"则在二者之间起着某种调和作用，但"本我"仍在时刻以潜意识或无意识的形式企图冲破束缚；后者则以结构功能视角来看待文化对人的社会化以及社会正常运转所发挥的职能。虽然二人在文化观点上的立场不同，甚至是相悖的，但其本质却是一致的：都承认了文化的社会化功能；都承认文化实现了对个人的"胜利"。

而无论是作为生物性的"本我"，还是作为具有社会理性的能动性个体，都不会是完全顺从于文化制约的机器人，都会或多或少地以各种不同的方式躲避或抵抗着文化的"规训"。青少年是社会中的边缘群体，他们受制于"成人文化"而缺少独立的话语权，因此青少年阶段尤其渴望挣脱成人世界的束缚而凸显自我的存在。对于青少年而言，这种躲避或抵抗往往是以"抱团"的形式实现的，他们通过拒绝一些规则、价值和认可另一些规则、价值而相互吸引、相互支持。在此过程中，与同辈群体的交流程度越深，他们越倾向于重新修正在主流文化中确立起来的自我身份认同，对主流文化的"颠覆"和"抵抗"强度越大，在获得同辈支持的同时越倾向于减少认同危机的发生。由此我们看到，当代青少年的自我认同是"媒介流行文化型塑"和"他人导向"共同作用下的自我认同。

---

① Harris, J. R., *Where is the child's environment? A group socialization theory of development*, Psychology Review, 1995（102）.

② 转引自［美］约翰·R. 霍尔、玛丽·乔·尼兹：《文化：社会学的视野》，周晓虹、徐彬译，商务印书馆2002年版，第227页。

　　前文在理论部分已经提及关于里斯曼的"他人导向"理论。里斯曼通过研究发现，"他人导向性格"是当代美国人的普遍性格。在流行文化的影响下，当代美国人的思想、行为普遍具有受大众传媒和同辈群体影响的特质。"他人导向性格"与传统导向性格和内在导向性格相比，其特点在于"他们均把同龄人视为个人导向的来源，这些同龄人无论是自己直接认识的或通过朋友和大众传媒间接认识的……他人导向性格的人所追求的目标随着导向的不同而改变，只有追求过程本身和密切关注他人举止的过程终其一生不变"①。

　　本研究中得出的"群体流行文化对青少年的自我认同呈显著负向影响"的调查结论证明了里斯曼关于"同侪群体对自我认同影响"的观点同样也适用于当代中国青少年。

一　自我认同确定性的"重塑"

　　"印度狼孩"、"猪孩"的个案早已经表明，脱离了人类社会的成长环境，个体就不可能建立起正常的自我认同。自我认同是在关系中建构的，对于处于自我认同发展关键期的青少年而言，"关系"尤其是同伴关系，显得尤为重要。对此，社会心理学家米德和库利早已有经典论述。米德指出："只有在社会关系和相互作用的基础上，只有借助于他在一个有组织的社会环境中与其他个体的经验交易，（自我）才能作为一个对象进入他的经验。"② 此外，米德还提出了自我在与他人互动中发展的三个阶段：模仿阶段（imitation stage）、嬉戏阶段（play stage）和群体游戏阶段（game stage）。可见，在米德眼中，自我一定是在社会互动中产生的。与米德同时代的库利同样指出，自我是社会的产物，是通过社会互动产生的。他的"镜中我"理论所指出的自我发展的三个阶段正是强调了他人的行为以及与他人互动对自我发展的重要作用。

　　青少年在寻找到"真正的我"之前，同辈群体是自我认同界定的重

---

　　① ［美］大卫·里斯曼：《孤独的人群》，王崑、朱虹译，南京大学出版社 2002 年版，第20 页。

　　② ［美］乔治·H. 米德：《心灵、自我与社会》，赵月瑟译，上海译文出版社 1992 年版，第200 页。

要基础。[①] 研究发现，在青少年中期相互认同为最好朋友的青少年，具有相似的同一性状态以及与自我同一性相关的许多行为、态度和目标。[②]

然而，需要强调指出的是，尽管"关系"尤其是"同伴关系"在人的社会化和自我发展中起到非常重要的作用。但如果交往的对象呈现多元异质特点，或者信息本身呈碎片化格局，就会出现格根所谓的"交往饱和的自我"，"自我的连续性、恒常性"便会受到破坏，从而增加了自我身份的不确定性。本书所得出的"群体流行文化对自我认同的确定性呈显著负向影响"的结论，也恰恰证明了当代社会的"交往饱和"对业已建立起来的自我概念的重塑和解构。那么，群体流行文化为什么会造成自我认同的不确定性？其影响机制又是什么呢？

（一）"信息压力"

埃里克森这样解释自我认同的连续感和同一感："同一感被体验为一种心理社会安宁之感，它的最明显的伴随情况是一种个人身体上的自在之感，一种自知有'何去何从'之感，以及预期能获得有价值的人们承认的内心保证。"[③] 换句话说，个体的"心理安宁与自在之感"是以自我认同的连续性和同一性为前提的。而当代青少年所接受的来自他人的即时的、碎片化的流行文化信息，使这种"心理安宁与自在之感"遭遇挑战。

格根在《饱和的自我：当代生活中的身份困境》一书中曾论到，自我从来都是一个社会构造，个体只有借助于他置身其中的各种关系，才成为一个自我。而当代社会对自我的"构造"则显现出不稳定、不恒常的特性。当代社会的技术革新导致了人们的"交往饱和"。[④] 在互联网技术的支持下，当代青少年的沟通方式日益多元化，短信、QQ、论坛、微博、微信、电子邮件……然而，方便快捷的信息沟通方式在增加了群体成员互

① Newman, P. R. and Newman, B. M., *Early adolescence and its conflict: Group identity versus alienation*, Adolescence, 1976 (11).

② Akers, J. F. Jones, R. M., and Coyl, D. D., *Adolescent friendship pairs: similarities in identity status development, behaviors, attitudes, and intentions.* Journal of Adolescent Research, 1998 (13).

③ a. Erikson, E. H., *Childhood and society*, New York: W. W. Norton and Company, Inc, 1963.

b. Erikson, E. H., *Identity, youth, and crisis*, New York: Norton, 1968.

④ Gergen, K. J., *The saturated self: dilemmas of identity in contemporary life*, New York: Basic Books, 1991.

动频率的同时，也给青少年带来了信息的压力。"信息高速公路"的传输手段使信息的内容、形式瞬息万变，而作为信息接收者的个体，由于认知能力、认知特点、认知兴趣上的不同，其接受的信息也是复杂多样。由此而来的一个结果是，"他者"所传播的多样性、多变性的时尚信息使个体体验到的只是瞬间的和暂时的对世界的感觉，而这种感觉割断了环环相扣的自我连续性和整体性。同时，与他人互动的场所和空间的多样性也使个体关于自己和他人的自我体验产生了大量的不连续感，从而使个体的"心理社会安宁之感"遭到破坏。"当人生活在一个不允许对既定的态度和信仰提出质疑的封闭世界里，没有人会感觉他是依据一套'价值'而行动。他不过是做他该做的事而已。今日的形势正好相反，当代的人们遭遇的'他者'是从根本上的挑战。"①

当代社会，多样的信息、多元的价值，使个体置身于比以往远为异质的人群、文化和关系之中。来自各种社会和文化生活领域的多种多样的观念包围了个人并向其渗透，从而导致了自我卷入的多重性，个人直接遭受"他者"的冲击和挑战。这使当代人的自我缺乏一种连续的、一贯的身份，自我的恒常性遭到破坏，自我成为随社会情境而改变、为达成某个即时目标或为了迎合他人而进行"印象整饰"的"社会变色龙"。个体与他人交往的频度越高、交流信息的程度越深，他受到的来自不同个体的不同信息的冲击越大，个体越倾向于反思自己原来已经确立起来的自我身份：他人掌握的信息为什么跟我不同？他为什么这样看待这件事情，而我却不这么看？越多地交流，越使个体面临选择信息的困境，自我认同就变得越发不确定。

可见，个体如何看待"他者"的生活方式、价值观念，如何协调他人的评价和自我的评价，决定了个体是否有稳定成熟的自我认同。对于一个传统导向或者内在导向性格的人来说，"他者"或许并不是问题。而对于一个"他人导向性格"的青少年而言，来自他人的多变的、碎片化的信息冲击却很容易对自我认同的连续性和一致性构成干扰。就像里斯曼形容"他人导向性格"的人追求时尚的表现："害怕落伍与赶时髦心理特别

---

① 魏明德：《全球化与中国——一位法国学者谈当代文化交流》，商务印书馆2002年版，第35页。

强烈的社会阶层，一定要有迅速接纳新风尚的能力。为了避免跟不上时髦而与众不同，人们在外表及言谈举止上，就需要能做到今日之我不同于昨日之我的地步。"①

（二）群体规范与从众压力

任何一个社会群体都有特定的规范。对于小群体而言，群体规范并没有明文规定的规章制度，但却以一种无形的力量约束着群体成员。这种无形的力量就是群体成员的关系纽带：符合群体的期望，与群体成员保持一致的观念就能获得所属群体的团结，反之，则可能被群体成员所孤立。对于青少年而言，没有什么比被同学和朋友排斥更让他们感到担忧的了，害怕孤独，渴望被群体接纳是其发展同辈关系的主要心理动机。

由此，群体规范构成的压力致使青少年产生"从众行为"。从众是指个人的观念与行为由于群体的引导或压力，而向与多数人相一致的方向变化的现象。关于群体压力导致从众行为的观点早就被美国社会心理学家梅约（Mayer，E.）在1924年的"霍桑试验"中所证实；之后美国心理学家谢里夫（Sherif，M.）通过1935年的"光点移动实验"、美国心理学家阿希（Asch，S.）在1956年所报告的著名的"线段判断实验"都强有力地证明了群体压力对从众行为的影响；而里斯曼在1947年对8～11岁儿童的流行音乐的访谈中也观察到，有些孩子在被问到某些特殊的歌曲或唱片时，会非常顾忌群体中其他人的态度。②

以上实验均表明，在群体规范的压力下，个体为了迎合他人而改变自己的想法，从而产生从众行为。但是，需要说明的是，并不是所有的从众行为都会对自我认同产生困扰。从众行为通常分为两种类型：真从众和权宜从众。前者不仅在外显行为上与群体保持一致，内心的看法也认同于群体；后者则是个体虽然在行为上与群体保持一致，但内心却怀疑群体的选择是否错误的，真理在自己心中，只是迫于群体的压力而暂时与群体保持一致。心理危机通常都是由于个人长期存在的内在的不一致感、紧张感而导致的。真从众的人由于表里如一，因此不会引起认知冲突，也不会产生

---

① ［美］大卫·里斯曼：《孤独的人群》，王崑、朱虹译，南京大学出版社2002年版，第75页。

② 同上书，第76—77页。

危机感。而权宜从众却因为外表和内心的不一致，容易导致认知的矛盾和冲突，从而引发对自我的纠结、茫然和不确定感。由此我们看到，"他人导向性格"的人尤其看重群体的规范，看重群体其他成员的观点和行为表现，为此，他们掩藏自己的真实想法，伪装地活着。而"自我"如果完全淹没在"他验"之中，自我也就失去了其本质属性。

综上所述，群体流行文化对自我认同的不确定感的影响，一方面来自于交往信息的多元化和碎片化；另一方面则来自于权宜从众引发的内在心理紧张感。这样说来，在他人影响下形成的自我认同的不确定感是不是就产生了认同危机呢？答案是，并不必然。我们前面已经说过，认同危机是由认同重要性和认同确定性之间的落差大小决定的。对于一个深受主流文化影响的个体来说，自我越不确定，认同危机越有可能发生。但是，对于具有反抗精神的青少年群体而言，他们通过"颠覆"降低了主流价值体系"型塑"于他们的认同重要性。因而，"他者"对个体自我认同不确定性的影响很快就淹没在"事事无所谓"的"抵抗"情绪之中，从而消解了不确定性带来的认同危机感。

二　自我认同重要性的"颠覆"

正如前文所述，自我认同的重要性乃是个体对关乎自我的不同面向的定位和评估，反映了个体对自我的期望程度和心理需求程度。如果个体在主流文化影响下形成的价值体系和心理需求强度与自我的确定性之间产生了较大的认同落差，那么认同危机就可能出现。但有趣的是，群体流行文化在干扰了自我认同确定性的同时，又以群体特有的价值体系"颠覆"了主流文化影响之下形成的价值体系和心理需求强度。因此，当青少年认为自我发展的某些面向不能获得主流价值体系（主要是父母、老师等）的认可时，其同伴群体中的某些"反叛"、"抗拒"的元素就会自动反射出来，成为保护他们自尊心的有力武器。

2006 年，文学评论家白烨在个人博客上发表一篇题为《80 后的现状和未来》一文。指称"80 后作家"写的东西还不能算是文学，只能算是玩票。其中一个理由是他们很少在文学杂志亮相，文坛对他们不了解，他们"进入了市场，尚未进入文坛"。

接着，"80后作家"韩寒闻之大怒，在其博客发表了《文坛算个屁，谁都别装逼》来反驳，文章里用了粗口。提出"文学不文学，不由文坛说了算。文坛只会拉帮结派，害死文学"，予以回击。白烨接受记者的采访把韩寒所用的这些词语当作80年代后素质低下的佐证，并在其博客上也作了回应韩寒的声明。而韩寒也于其博客上连发文章对白烨进行攻击。双方的口水战不断升级，"白队"和"韩迷"纷纷跳出来相互攻击。①

"韩白之争"以"80后"的胜利而告终。韩寒以一己之身激烈对抗主流价值的行为成就了所谓"80后"的社会名片。追求个性、崇尚自由、具有反叛精神的年轻一代需要韩寒作为他们的精神标杆。当学校教育僵化死板、学生产生厌学情绪之时，韩寒作为孤身反抗应试教育的"少年作家"而受追捧；当青少年渴望受到尊重和关注、希望拥有话语权的时候，韩寒又用他针砭时弊、敢说敢言的文字道出了他们的心声，成为他们的"意见领袖"和"代理发言人"；而当青少年渴望挣脱主流文化的束缚，将命运掌握在自己手中的时候，作为职业赛车手的韩寒又为他们演绎了另一种另类、个性的生活方式。

我们知道，青春期是产生"评价逆反、情感逆反和行为逆反"的时期。正像摆脱宗教束缚、开始自我觉醒的整个人类一样，青春期的青少年也开始进入人生的第一个深刻的自我反思阶段。过去那个在成人的庇护和教导下成长起来的"自我"开始有了挣脱束缚、自由发展的愿望；而成人话语权、家长式权威又使他们追求独立的愿望被压抑，得不到合理的释放；更为重要的是，信息社会带来的是文化传递方式的改变，即由"子代向父辈学习"的"前喻文化"向"父辈向子代学习"的"后喻文化"形态转变。这客观上塑造了青少年藐视权威的逆反心理；再加上网络沟通工具的发达，青少年很容易将这种个人的逆反情绪汇聚起来，形成一种对

---

① a.《韩白之争》，百度百科，http：//baike. baidu. com/link？url＝lCqeo8akqNso7loTZZ3h3rMvo_ jLe9HlToDFijW9yeup4s7Y6e7kkrRSQlsxr7e8kSfj6JCtlwEmC2g4SYFr18pfUnRCjazYfjgRoRSeUgOUffdtEjOHiOM2n9pKhsSC

b.《2006韩寒VS白烨陆川高晓松等笔战全记录》，2009年3月20日，百度贴吧韩寒吧，http：//tieba. baidu. com/p/554020359

抗主流文化的"颠覆式"群体亚文化。

"颠覆式"群体亚文化倾向于解构青少年在主流价值体系下形成的自我期望值和自尊感。比如，主流文化中认可学习成绩好的学生，但"韩寒高中还没读完照样成了知名作家"、"比尔·盖茨没上大学照样成为世界首富"等受到青少年追捧的言论就会降低他们在学习成绩这个认同面向上的重要性。再如，时下青少年中流行的"不乖族"也是青少年以有悖于主流文化价值的态度和行为来削弱自我认同的标准。"不乖族"的特征是叛逆、颓废，不修边幅、不忌讳表现自己的无知、凡事抱着无所谓的态度行事，这与主流文化中成人所期望的干净利落、知书达礼、有上进心的年轻人形象完全相悖。

青少年同辈群体中流行的反叛文化颠覆了主流价值的传统评价标准，使青少年获得了另一套专属的评价体系，并在这一评价体系内重新审视自己、接纳自己。需要强调的是，虽然颠覆性的群体亚文化在一定程度上暂时缓解了自我的不确定性带来的苦恼，但也容易将青少年群体推向集体性的虚无主义，甚至走向道德的底线或走向犯罪。20 世纪 50 年代，被称作"垮掉的一代"的美国青少年就集体性地使用吸大麻的方式来表示对现实的不满。而紧随其后的 60 年代的"嬉皮士"一族，更是"无所不颠覆"，从穿着打扮、言谈举止到摇滚音乐、"毒品文化"、"群居村"，处处彰显着叛逆和对抗现实的味道。大批青少年热衷于"嬉皮"生活，并为此感到自豪。由此引发诸如越轨、犯罪、抢劫等一系列颓废消极的社会行为。

> "嬉皮士"源自诺曼·梅勒 20 世纪 50 年代所写的一部小说《白色的黑人》，书中塑造了一个存在主义的二流英雄——"嬉皮斯特"，他"在反叛的自我意识的推动下，开始了通向未知天地的旅程"，以此作为在一个被死亡的阴影笼罩着的社会中生存下去的手段。这个人物很快成为那些本就迷惘、困惑的人的偶像，把自身的行为准则定位于"嬉皮斯特"的行为准则，即只听命于自身意愿，不受习俗道德、社会行为准则的约束。他们试图在社会边缘重建一个世界，用和平与爱和物质化、科技化的社会对峙。他们鄙视成年人所统治的世界，憎恨他们的保守与柔顺。"嬉皮士"们往往留着长发、长须，喜欢褪色的牛仔裤、手镯、念珠、耳环等一些古怪的饰物，而对传统绅士的整

齐穿戴则不屑一顾。他们自标"花之子"，喜欢嘲弄似地在警察的枪筒里插上鲜花。①

1967 年 5 月 14 日的《纽约时报杂志》有这样一段关于加州的海特－埃施勃里区的"嬉皮士"吸毒的描述：到处可以看到吸大麻的人。人们在边道上吸，在点心店里吸，坐在停着的车里吸，或躺在金门公园的草地上吸。街上几乎每一个 20 岁的人都是用毒者，不是吸大麻，就是吃迷幻药，或两者都用。

1967 年，一位"嬉皮士"对《纽约时报杂志》记者谈了她的看法：每个人都应吸毒，就连儿童也应如此。他们为什么不能早一点儿觉醒，非要等到老呢？人类需要彻底的自由。上帝就在那里。我们需要消灭虚伪、欺诈、谎骗，重新回到我们儿童时所具有的价值观念的纯洁中去。②

当然，这也并不是说，主流文化的文化元素一定都是积极的，向上的，而青少年亚文化也一定都是消极的、颓废的。嬉皮士文化产生的动因乃是因为在 20 世纪五六十年代的美国主流文化中充斥着麻木、服从权威、丧失主体道德取向和千篇一律、毫无创新的负面因素。从这一意义上说，嬉皮士文化对主流文化的革旧更新无疑是有益的。但是，青少年亚文化中"反叛"的文化特点很容易导致青少年的"群体性盲从"而使其走入极端。因此，关注青少年亚文化，引导青少年营造积极健康的群体亚文化氛围，建立积极的自我认同标准，才有可能帮助青少年摆脱"虚无"的自我认同。

三 自我认同危机的"消解"

认同危机，从本质上说是一种由个体长期存在的内在不一致感所导致的紧张感：期望的与现实的不一致，或者过去的和现在的不一致。正如前文所言，群体流行文化增加了青少年个体自我认同的不确定性，但却并不引发认同危机。这是因为，一方面，后现代社会的文化多元化和群体异质

---

① 《叛逆与迷茫——美国六十年代青年文化考察》，2010 年 11 月 5 日，360DOC 个人图书馆，http：//www.360doc.com/content/10/1105/20/2104470_66940854.shtml

② 《嬉皮士文化》，百度百科，http：//baike.baidu.com/link？url＝cDzl1MPAvzEUYdDjkencqJLnd9swuiZvDUnsyfDe8ppd6EyCZECvLz3hYk95a462D4SwIZT_AhYSwqhZA5jhwq

性给自我认同的选择和确认提出了一个极大的难题；而另一方面，却也为身处自我认同焦虑的青少年提供了"避难所"——一个化解危机的避难所，这也是后现代流行文化最具戏谑和讽刺之处——它将你弄懵，然后告诉你怎么做。人们只有跟着媒体制造的"感觉"走，只有参照他人的行动来认识自我和表现行动，就不会有什么大的闪失，就不会"out"，不会"出局"。换句话说，在信息选择的困境下，"同"比"不同"更加安全，顺从比指责来得更有保障。青少年在"抵抗式"亚文化的支持下倾向于较不看重主流文化期望下的价值体系，对作为一个独立个体的"我"与他人的差异性也看得不再那么重要，相反，却十分在乎如何能与他人保持一致。自我认同，本是一种对自我反思能力要求很高的心理现象，真实自我的寻求必须以真实信息和自我经验为依据。而流行文化所提供的无限多样性和可能性，却使那些自我反思能力有限的青少年干脆放弃对自我的投入和探索。因此，个体在"权宜从众"下导致的短暂的不确定感、紧张感很快便会在希望与他人保持一致的心理作用下消解。当个体融入了群体的"抵抗"文化而导致自我认同的重要性体系被瓦解的时候，他便不再困扰于探索自我的痛苦。没有探索，自然也就没有危机可言。

　　正是从这一意义上说，"他人导向"虽往往带来表面化的、肤浅的影响，但也带来如里斯曼所说的"积极影响"——"他人导向的孩子在与新朋友相处时，能够随着身份地位的微妙标识自动调整适应自己"①。而吉登斯也认为，"焦虑是所有形式危险的自然相关物。其成因包括困窘的环境或其威胁，但它也有助于建立适应性的反应和新的创新精神。"② 换句话说，"他人导向性格"的个体虽然对自我有着太多的不确定性，但他（她）凭着能够依照他人而迅速调整自我的能力而很快消除与他人不一致所带来的紧张感，从而得以迅速适应环境。因此，自我认同的不确定性在"他人导向性格"的个体那里，并不足以构成认同危机。这一结论用社会认知的理论来解释，就是个体会运用整合（integration）、转换（alternation）和协同（synergy）的认同策略来协调个人和他人的不同，以使其适

---

　　① ［美］大卫·里斯曼：《孤独的人群》，王崑、朱虹译，南京大学出版社 2002 年版，第 71 页。

　　② ［英］安东尼·吉登斯：《现代性与自我认同》，赵旭东、方文译，生活·读书·新知三联书店 1998 年，第 14 页。

应不断变化的多元文化语境。① 所谓整合，是指个人与他人在观念、价值、思维、行为方式等方面的相互吸收、融合的过程；转换，则是指个体变换立场和角色，用另一种思维方式来看待自己和他人的不同；协同，则是与他人建立和谐一致、相互合作的关系。文化社会心理学关于多元文化认同的研究指出，任何特定个体都可能同时拥有多种文化认同，且这些认同不会因产生相互冲突的心理后果②而相反，如果个体不会整合多元文化，就会感到几种文化之间存在着冲突和对立，也就容易发生认同危机（Benet - Martinez et al.，2002）。③

"屌丝、女汉子"现象：自我解嘲式的认同

"屌丝、女汉子"分别是 2012 年和 2013 年流行的网络热词。"屌丝"特指那些与"高富帅"相对的"矮挫穷"男生。具体表现为"出身卑微、相貌丑陋、收入微薄"。"屌丝"的出现最初源于百度雷霆三巨头吧对李毅吧会员的恶搞，没想到被对方笑纳后又经过网络的持续发酵，成为一类特定化的符号标签。"女汉子"，通常被用来指行为和性格向男性靠拢的一类女性。网友戏谑地将"女汉子"的英文译为"wo - man"，很形象地说明了"女汉子"的内涵。她们被形容为说话单刀直入，缺乏女人味。她们不爱撒娇，性格独立，追求自我；不喜欢化妆，热爱自然美；异性缘不错，与男生称兄道弟；不会向小小的瓶盖屈服，以自己之力服人，不愿

① Padilla, A. M. and Perez, W., *Acculturation, social identity, and social cognition: A new perspective*, Hispanic Journal of Behavioral Sciences, 2003 (25).

② a. Lee, S., Sobal, J., and Frongillo, E. A. *Comparison of models of acculturation: The case of Korean Americans.* Journal of Cross - Cultural Psychology, 2003 (34).

b. Ryder, A. G., Alden, L. E. and Paulhus, D. L., *Is acculturation unidimensional or bidimensional? A head - to - head comparison in the prediction of personality, self - identity, and adjustment.* Journal of Personality and Social Psychology, 2000 (79).

c. Tsai, J. L., Ying, Y., and Lee, P. A., *The meaning of "being Chinese" and "being American": Variation among Chinese American young adults.* Journal of Cross - Cultural Psychology, 2000 (31).

③ Benet - Martinez, V., Leu, J., Lee, F., and Morris, M. W., *Negotiating biculturalism: Cultural frame switching in biculturals with oppositional versus compatible cultural identities.* Journal of Cross - Cultural Psychology, 2002 (33).

随意求助人。自尊自立自爱。"女汉子"这一词的流行，最初是由名模主持人李艾在新浪微博发起的"女汉子的自我修养"这一话题引起。

无论是"屌丝"还是"女汉子"，在词义上都有一些粗言秽语、嘲讽挖苦的性质。但令人注意的是，这些看上去带点贬义的称谓却并不是别人赋予的，而是主动的自我标榜和自我接纳。甚至，和"屌丝"、"女汉子"特征相距甚远的年轻人，也乐意主动争取这些名号。百度贴吧里的"屌丝吧"和"女汉子吧"至今为止已经分别聚拢了 37 万和 10 万人的关注。

一女性在微博上这样发布："早晨风驰电掣般地把儿子送到姥姥家，又风风火火地把老公送到单位，而后在七点五十九分赶到公司，咋样，我真是女汉子。"自豪之情溢于言表。①

"女汉子不解释。有的人看不惯女汉子，有的人通常都会这样说：你就不能淑女一点吗？但是如果你听到这句话通常会回复什么？而我通常会说，不喜欢一边待着去，姐姐我就是这样，咋地了？"②

传统上认为，男人和女人在性别差异、角色定位和社会分工上有着较为严格的界限。男人应该勇猛顽强、果敢豪放、顶天立地，也就是所谓的男性特征；而女人则应温柔贤惠、娴静内敛、小鸟依人。男女各自在社会的角色期待中实现自身的社会化和身份认同。不管男人还是女人，谁突破了界限或跨越了雷池，都会被视为"另类"而加以耻笑。

时至今日，尽管社会约定和审美情趣已经跳出了传统的藩篱，人们的价值观念和社会评价标准日益多元化，社会对男女性别的角色期待不再遵循传统而严格的男女差异。在社会生活的许多领域，男女两性鲜明的性别特征也逐渐模糊起来。但是，"男人以事业为重，女人以家庭为重"、"男主外，女主内"、男性的阳刚之气，女性的阴柔之美仍然是当下主流的评判标准。而且，毫不夸张地说，这些传统的男女两性的评判标准在当代社会有过之而无不及，只是社会化的主体和形式发生了变化。

前互联网时代，性别角色社会化的主体主要是家庭和学校。而在互联网时代，新媒介则充当了性别社会化的主要载体。网络在带给大众多元、

---

① 《"女汉子"缘何走红?》，2014 年 5 月 16 日，360DOC 个人图书馆，http://www.360doc.com/content/14/0516/10/7406795_378153483.shtml

② 《我是女汉子》，2015 年 7 月 21 日，百度"女汉子吧"，http://tieba.baidu.com/p/3909213553

丰富的信息的同时，也将一幅社会不平等的画面赤裸裸地展现在大众面前。“炫富”、“拼爹”、“高富帅”、“白富美”这些象征财富、权力、社会地位的字眼将那些既无长相又无背景的青年带入了隐隐的焦虑和不安之中。他们自身力量薄弱，却又暂时无法改变现状。正如前文中所言，媒介流行文化通过不断“诱导”个体对自我的心理期望值而将他们置于自我认同危机的险境之中。为了消解这种无力感和挫败感，“不高不富不帅”的“三无”男生便将自己归为“屌丝”一族，而“不白不富不美”的“三无”女生则争取以“自立、坚强”的“女汉子”形象立足。

这样看来，“屌丝”和“女汉子”的表征方式等于假定了主流价值对“高富帅”、“白富美”及传统男女两性差异的认同，而当这种高不可攀的评判标准带来巨大的心理落差之时，颠覆式、抵抗式的自我标签就会“解构”主流价值下形成的焦虑感和危机感。“其本质是一种无力改变现状、自我解嘲式的阿Q精神，属心理学式的自我防御。”2015年中央电视台春晚的小品《女神和女汉子》的台词就将这种“不能当女神，那就当女汉子”的幽默式自我定位展现地极其到位：“我长得漂亮，一群男生前呼后拥，我特别有面子；我没心没肺，一群男生前呼后拥，找我掰腕子。”“男朋友陪我去吃饭，他喂我我都害羞了；男朋友陪我去吃饭，还没喂呢我吃完了。”当他们带着些许愉快和戏谑定位自己的社会角色时，会暂时放下内心的沉重，轻松上路，勇往直前！

综上所述，群体流行文化以“信息压力”和“从众压力”给青少年的自我认同带来不确定感，以“抵抗式”亚文化颠覆了青少年在主流文化下形成的自我认同重要性，因此，“他人导向”消解了青少年的自我认同危机。但这种“消解”并非意味着群体流行文化对青少年的自我认同不构成威胁，而是用另类的方式将自我认同的危机暂时掩盖起来，看似平静的自我认同其实潜藏着深刻的危机。

此外，需要专门指出的是，从性别差异来看，数据结果显示，男青少年在“群体流行文化对各个领域的自我认同确定性、重要性和认同落差的影响程度”上都要显著高于女青少年，可能的原因是，男青少年普遍比女青少年更倾向于抵抗主流文化，更渴望结成属于自己的“小圈子”而更倾向于具有“他人导向性格”；而相比之下，女青少年则更倾向于做符合成人期望的“乖孩子”，由于其小群体的亚文化与主流文化价值体系相差并不悬殊，因而其对自我认同负向影响的程度并不像男青少年反差那样大。

另外，群体流行文化对不同年龄段的青少年自我认同的影响呈现出随年龄增长而逐渐降低的趋势。这在某种程度上昭示着，年龄越小的青少年，越看重群体的规范，看重自己在群体中的位置；而随着年龄的增长，"他人导向性格"开始改变，对自我的认知逐渐从"他验"向自我的内在经验转变，同时其关注的焦点也开始转移，逐渐从关注同龄人转向更多地关注周围的成年人，他们更展望自己迈入青年期和成年期的生活，以及怎样在更广阔的天地里展示自我，而不仅仅只把眼界放在身旁的同龄人身上。

需要强调的是，以上内容分析的是群体流行文化对自我认同构成显著负向影响的原理，这并不意味着，当代中国的青少年已经完全处在"他人导向"的自我认同状态，青少年的认同危机也并没有因群体流行文化而消失。我们已经说过，当代青少年的自我认同是"媒介流行文化型塑"和"他人导向"共同作用下的自我认同。因此，流行文化影响下的自我认同究竟是何种状态，要取决于媒介流行文化和群体流行文化二者之间的力量的强弱。就调查的结果来看，青少年接触和回应媒介流行文化的程度要远远高于群体流行文化（参见表3.22），且青少年目前普遍处于中度的认同危机状态，这说明在目前，媒介流行文化对青少年的自我认同的影响程度要远远强于群体流行文化的影响。汤林森在《文化帝国主义》一书中为了驳斥有些学者对"媒介帝国主义"或媒介文化所具有的支配地位的过度强调，曾指出，不妨将媒介视作现代文化的"再现"面，即并非如有些学者所说的那样，媒介起到"文化殖民"或"文化支配"的作用。媒介讯息本身其实是通过其他文化经验而产生作用，这些文化经验是"积极而主动的观众"的日常"亲身体验"，包括家人、朋友的言谈互动过程，包括日常生活的物质存活经验，而这些"真正的"文化经验的某些优先性甚至比媒介提供的经验更具影响力。[①] 一句话，在汤林森看来，过分强调媒介文化而忽略日常文化经验对人的影响是不可取的。本书的结论虽然无意于强调"媒介帝国主义"的观点，当然更重视互动的"日常文化经验"的作用，但毫无疑问，对当代中国青少年而言，媒介流行文

---

① ［英］约翰·汤林森：《文化帝国主义》，冯建三译，上海人民出版社1999年版，第120—121页。

化比群体流行文化更具有支配性的影响力。

**专题 你是我的"瘾"："粉"和"粉团"
的文化实践与群体认同**

对青少年群体流行文化的讨论离不开对"迷"与"迷群"的关注。对"迷"（fans，又译"粉"、"粉丝"）的研究是学术界从未间断的话题。在网络社会，作为群体流行文化重要元素的"迷"文化样态又呈现出新的时代特征，尤其值得关注。"迷"可以理解为对某种行为或某一明星的过度偏好或仰慕。互联网所提供的社交平台，使原本相对独立的"迷"，得以因共同的喜好而在网络上汇聚、分享，形成所谓"网络迷群"。"网络迷群"的文化实践，产生了新的群体和文化形式，丰富了青年亚文化的内涵，具有深刻的社会学意义，同时也为迷的研究从个体视角向转向群体视角提供了新的契机。

一 研究回顾

对"迷群"（fandom，又译"粉团"）的研究是在大众文化研究的基础上拓展而来。以文化和社会学者居多。国外学者对"迷群"心理和行为的研究，大致可分为以下三种脉络：

迷与迷群具有病理学特质。将"迷"视为"疯狂且异常的"，是相当一部分学者的观点。杰森将"迷"分成两种病理学的模式：着迷的孤独者和疯狂的迷群。① 前者在媒体影响下，与喜爱的名人建立起一种强烈的幻想关系；后者则表现为一个群体中的疯狂且歇斯底里的成员。可见，杰森倾向于从精神分析的心理学层面来理解迷与迷群的行动，并建构了一种消极颓废的迷的形象。

迷群的行动具有"参与式文化"的特征。认为迷群具有"集体行动"的特质，体现为挪用、利用、再生产文本和集体分享。学者培根·史密斯依据电视剧《星空奇遇记》迷们的创作文本分析，指出迷群对

---

① Jeson, J. , *"Fandom as pathology: the consequences of characterization."* In The Adoring Audience: Fan Culture and Popular Media, edited by Lisa. A. Lewis. London: Routledge, 1992, pp. 11 – 12.

迷客体的文本创作是一种集体生产的形式。一个迷个体所创作的文本一经发布便很快就会被其他迷分享、补充、扩展；[①] 同样基于电视迷研究的詹金斯认为，迷不是媒介被动的受众，也不是文化霸权的抵抗者，更不是传统观念中的那种"滑稽的、精神错乱的或孤独的（沮丧和孤单的）个体形象"[②]。迷群的行为是一种主动的参与式文化，是"消费者中特别活跃和善于表现的一个社群"。在其著作《文本盗猎者：电视迷与参与式文化》中，詹金斯深刻分析了迷们是如何搜集、存储、传播媒介文本，并加入自己的思考和创作，从而再生产媒介文本这一参与过程的。另外，詹金斯还关注到，随着互联网和新兴媒体的发展，迷还可以利用这一平台将媒介文本上传至网络与他人分享；而费斯克（Fiske，1992：37-49）则更将迷的能动性发挥到极致：迷无论是阅读文本、谈论文本，都被认为是有生产力的活动，从而将迷置于更广泛的文本生产者的位置。[③]

迷的实践是迷对迷客体的能动的认同。哈瑞特和贝利通过对肥皂剧迷的研究指出，迷并不是受制于媒介霸权，而是具有自主选择观看什么节目的能动个体。迷与所观看的节目之间形成强烈的情感关系和认同感，迷于观看节目的过程中获得快乐，这使他们不需要另外创作派生性的文本即可获得满足。而迷个体通过参加迷群的派对、通信活动，得以将原本属于私人的快乐公开化，从而更进一步强化了迷的情感依附和认同感；[④] 希尔斯的研究指出，迷对文本/偶像的过度认同和狂热，"让他们很注意节目的细节和剧情前后连贯性……但这却常常与节目制作单位之目的相互抵触"，这因此形成了迷文化中"反商业意识形态"和"商品完美主义者实

① Bacon-Smith, C., *Enterprising Women: Television Fandom and the Popular Myth*. Philadelphia: University of Pennsylvania Press, 1992.

② Jekins, H., *Textual Poachers: Television Fans and Participatory Cultures*, London: Routledge, 1992.

③ Fiske, J., '*The cultural economy of fandom*', In The Adoring Audience: Fan Culture and Popular Media, edited by Lisa. A. Lewis. London: Routledge, 1992.

④ Hariington, C. Lee and Bielby, D. D., *Soap Fans: Pursuing Pleasure and Making Meaning in Everyday Life*, Phialdelphia: Temple University Press, 1995.

践作为"的共存现象。①

国内的迷文化研究大致经历了两个阶段：一是 20 世纪 90 年代随着港台流行文化的涌入而引发的对"追星族"、"偶像崇拜"现象的关注。这一时期的研究比较关注迷个体的心理和行为，"迷通常具有负面形象"似乎是学者的一致声音；二是 21 世纪初，随着《超级女声》等一批电视选秀节目的火爆，所谓的"粉丝文化"再度受到热议。这一时期学者更倾向于关注迷的群体行为，如陶东风（2009）指出粉丝不仅是一个文化群体，同时也是一个具有政治意义的消费群体。② 近年来随着互联网媒体的发展，学者对网络粉丝社区的关注日益增多，也因此出现了一批基于不同视角、不同"迷族"文化进行研究的学术成果，如邓惟佳（2010）通过对"伊甸园美剧论坛"的个案研究指出，能动的"迷"积极主动地使用媒介，并在媒介使用的过程中进行了身份认同的建构；③ 马中红等对 Cosplay 族的研究指出，Cosplay 不仅仅是自娱自乐的游戏，也是青少年试图获取文化话语权的一场行动；④ 陈霖从新媒介视角出发，指出迷群被新媒介运行机制所催生，同时迷群又利用新媒介构筑起自身的文化空间，展开丰富而又混杂的文化实践；⑤ 易前良等借助于民族志的研究方法，对青年族群"御宅族"的生活场景进行了描摹。⑥

综而述之，国内外关于迷文化的研究体现为两种基本转向：一是借助于新媒体的推动，从对迷个体的研究转向对迷群、迷族的关注；二是从对迷的形象的消极建构和认知转向主动、积极的建构和认知。

二　研究取径

对迷群的文化实践与认同的研究采用"迷民族志"和"自我民族志"相结合的研究取径。迷民族志是以局外人身份，通过介入粉丝群体的日常

---

① ［美］Matt Hills：《探究迷文化》，朱华瑄译，韦伯文化国际出版有限公司 2009 年版，第 46—47 页。

② 陶东风：《粉丝文化读本》，北京大学出版社 2009 年版。

③ 邓惟佳：《迷与迷群：媒介使用中的身份认同建构》，中国传媒大学出版社 2010 年版。

④ 马中红、邱天娇：《COSPLAY：戏剧化的青春》，苏州大学出版社 2012 年版。

⑤ 陈霖：《迷族：被神召唤的尘粒》，苏州大学出版社 2012 年版。

⑥ 易前良、王凌菲：《御宅：二次元世界的迷狂》，苏州大学出版社 2012 年版。

生活来研究其"迷"文化。其中，访谈是其运用的主要手法。但是，"迷民族志"方法的局限在于，"'访问阅听众'的民族志过程，……可能造就了一个简化的取径。它假设文化活动借由语言及'论述'，便能得到充分的解释，而并未思考'为什么你会成为……的迷？'"（Hills，2009：118）。① 因此本书希望在迷民族志研究的基础上，尝试借助自我民族志的方法作为补充。自我民族志研究者则是以局内人和局外人的双重身份，通过描述自我的亲身体验来表现自我主体性，表达自我意识。自我民族志作者既是研究者又是被研究对象，两者合二为一。② 近年来，国外已出现诸多以"学者粉"的双重身份展开的迷自我民族志的研究③，一定程度上缓解了将迷"他者化"④ 的偏颇认识。"……于其中将迷/身兼迷身份的学者所抱持的品位、价值观、情感依附、投入，均放在文化分析的显微镜下，加以观察、记录、分析。……必须不断质疑自己的自我解释。"⑤

本书借助于"百度贴吧"这一国内最大的互联网粉丝平台，对网络迷群的文化样态和文化实践进行分析。百度贴吧是一个与搜索引擎紧密结合，基于用户兴趣分类而创建的在线交流平台，自 2003 年成立至 2015 年 7 月已有 820 万 7905 个兴趣吧。其特点是，网民只需键入兴趣关键词，即可快速在百度贴吧中找到同道中人，其宣传标语是"为兴趣而生，贴吧更懂你"。

不同的网络迷群尽管聚焦的客体不同，但其文化实践和心理基础皆有相似之处。本书以"偶像崇拜"这一典型的迷行为作为参照点，选取"百度周润发吧"（以下简称"百度发吧"）为研究个案，希望以此管窥网络迷群行为的集体行动逻辑。周润发是广为人知的华人著名影星，其在不同时期塑造的标志性银幕形象承载了几代人的"集体记忆"，体现了比较强烈的时代印记和文化脉络；同时，"发吧"粉丝的年龄跨度比较大，

---

① ［美］Matt Hills：《探究迷文化》，朱华瑄译，韦伯文化国际出版有限公司 2009 年版，第 118 页。

② 蒋逸民：《自我民族志：质性研究方法的新探索》，《浙江社会科学》2011 年第 4 期。

③ a. Jekins, H. , *Textual Poachers*：*Television Fans and Participatory Cultures*, London：Routledge, 1992.

b. ［美］Matt Hills：《探究迷文化》，朱华瑄译，韦伯文化国际出版有限公司 2009 年版。

④ 同上书，第 1—42 页。

⑤ 同上书，第 130 页。

便于进行代际之间的文化比较；再者，笔者本人是一个资深"发迷"，亦有多年参与"发吧"的经验，是一个"兼具学者身份的迷"，便于展开自我民族志研究。

三　集体狂热：从"孤独感"转向"社群感"

在社交媒体普及以前，迷对偶像的着迷通常是一种分散的个体行为，体现为"迷—偶像"的单向行动模式。借助于电视、报刊等传统大众媒体，迷在观看影像、收集海报的过程中与偶像建立起一种单一的情感依附关系，此种无处抒发、向内投射的情感将迷们置于一个"孤独的欣赏者"的角色。同时，传统媒体信息霸权的特性，拉大了媒介与受众之间的距离，客观上营造了偶像的神秘感，强化了迷与偶像之间的情感关系。由此我们看到，在传统媒体"把关"偶像信息的时代，迷的媒介形象通常是负面的——迷极容易在搜寻、期待的过程中因烦恼、焦躁、幻想和惊喜而型塑自身"怪异、神经质"的形象。

> 我的青葱岁月正是在一个无人分享的"孤独的迷"中度过的。没有随手可得的图片，没有即时的信息，更没有可以分享情绪的"同道中人"。只有花花绿绿的偶像贴纸，低分辨率的明星海报，等好几期也未必有偶像消息的电影杂志。作为一个"孤独的迷"，对于偶像的欣赏就像是一场独自的旅行，似乎是我与"他"之间的私人事务，与别人无关。当然也有惊喜的时刻，就是在某个杂志上看到同样是"发迷"写的文章，就感到获得了莫大的心理支持。不只是孤独，还有被动，被动地等待媒体告诉我关于偶像的一切信息。回想过往我的追星行动，应该用"痴迷"而不是"疯狂"或者"狂热"来形容，因为后者大概只适合于今天的网络时代和媒体时代。而我的那个青葱岁月恰恰是没有互联网的，在消息相对封闭的年代，发哥真是一个遥不可及的"偶像"……

然而，传统媒介中偶像的"神话"和"着魅"在新媒介的作用下开始走向"祛魅"。触手可及的媒介信息使偶像频繁"出现"在粉丝面前，各种关于明星私生活的消息、"八卦"铺天盖地，有些明星甚至通过微博爆料自己的日常行踪，而拥趸则踊跃追评。由此以来，互联网将分散的迷汇聚成一个我们称作"网络迷群"的亚文化群体，迷的文化实践及文化样态也随之发生了改变。在明星信息爆炸的新媒介环境中，偶像不再似天上的星星，而更像是"落入凡间的精灵"。迷对偶像孤独的仰望和深深的迷恋转而投射为对网络迷群的"参与式狂热"。网络迷群的出现，使追星成为一种抱团式的群体行为。从总体上看，近年来流行的"粉丝"称谓似乎暗含了与以往"孤独的迷"的不同身份定位和学术意义——"粉丝"更倾向于表达迷的聚合与团体形态。

　　社群意义上的"粉丝"比"孤独的迷"更加狂热。这一现象可以寻求两种理论解释：群体情绪和社会认同。二者虽存在理论分歧，但在分析网络迷群的狂热行为上却可以寻求合谋。网络迷群提供了一个情绪发酵的场域，当迷个体的情绪热度在迷群中汇聚，其热情就会比独自一人时高涨许多倍，这种反应更多是一种生理性的情绪反应。与此同时，迷亦不是完全非理性，其对偶像的评判、信息的辨别又关乎一定的能动性。网络迷群"社群感"的形成建立在身份认知、情感回应和社会比较的社会心理基础之上。

　　身份认知——"发迷看过来"。泰费尔指出，成员对群体的认知主要是指对某一群体"成员资格"的认识。[1] 换句话说，当个体意识到自己的某个"成员资格"或者说"群体身份"，就意味着个体对群体特征和自我归属的认知达到某种程度上的一致性。稍微了解一点周润发的影迷都知道，无论多大年纪的影迷，都会尊称其为"发哥"，而"发迷"则是粉丝自我标签化的代称。借由"发迷"的称呼，粉丝完成了在"发吧"内的身份标识过程。原本相对孤独的迷经由"发迷"角色的渲染和强化，形成了对"发迷"身份的强烈认同；再加上长时间过度消费偶像文本，迷与偶像之间的关系得以持续建构并固化。

　　　　作者曾试探性地在发吧内发帖："我们何不自称'发丝'？"并自
　　　　认为'发丝'既亲切又能体现偶像的名字特征，此帖一出必引发强

---

① Tajfel, H., *Human Groups and Social Categories: Studies in Social Psychology*, Cambridge, England: Cambridge University Press. 1981.

烈共鸣和赞同。然而事出己料，这个"很贴切"的称呼还是遭遇了多数"发迷"反对的声音：

（花开紫相宜）"我从来不认为那些乱七八糟的名字很好听，只有什么什么迷是最大气的，我是发迷我自豪。"

（fzvsfzx）"这种称呼一般都是偶像明星的粉丝吧？太掉'发哥'的档次了。行不更名坐不改姓，发迷就是发迷，发迷简单，低调，也贴切。"

（霎那间便成永恒）"发迷大气，发丝包含深情，不过从身份归属感上来讲已经习惯发迷的身份了。"

显然，"发哥"在影坛的"重量级地位"潜在地标定了发迷的身份边界。"我是发迷"表达了粉丝区异于当下流行的偶像明星粉丝的自我认同感和群体认同感。

情感回应——"我的爱，你懂的"。泰费尔将"情感认同"定义为个体感受到拥有群体成员资格的情感意义。[①] 借助网络平台，迷对偶像的单向情感得以在新媒介这一开放、多元的空间中进行表达、获得自我释放并获得积极回应。迷因对偶像共同的爱而相互认可、相互慰藉。因此，迷群成员的情感互动无形中积聚了正能量，降低了因孤独压抑而误入迷途的可能性，同时也强化了成员的群体依附力。

"风一样离去"：只是后来就很少看周润发了，因为我不想让他知道那么久之后他仍然能够轻易主宰我的心绪，深深记住他给我的每一次感动。欲笑还颦，最断人肠，你扬唇一笑转身离去，而我早已泣不成声。自己不敢去触碰也不再记起。

"陌小猫"："每天一封短情书"的帖子记录了她对"发哥"的情感：（2012.1.12）每天最幸福的就是夜晚。温习着你的或是喜剧、或是悲剧。然后看着你温柔的抬眸、缠绕在手指的烟。突然觉得，你怎地就这样闯入我的生活了。（2012.1.23）总是有各种各样的理由，

---

① Tajfel, H., *Human Groups and Social Categories*: *Studies in Social Psychology*, *Cambridge*, England: Cambridge University Press. 1981.

允许自己堕落在那个人的世界里。（2012.1.25）明明笑看红尘旧梦，却只因一人，甘愿万劫不复。明明笑谈云淡风轻，却只因一人，甘愿执念至死。

社会比较——"我是发迷我自豪"。将"群体特异性"（inter‑group distinctiveness）最大化，尤其是将积极维度上的群际差异最大化，是个体在进行群际比较时容易出现的认知偏好。这种认知偏好使成员得以对内群体产生积极的社会认同，并由此提升自尊感。① 偶像作为粉丝在"好—恶"维度上的情感投射对象，必然具有粉丝所珍视的"积极特异性"，而这一"积极特异性"通过粉丝间的共识、渲染和强化得以不断扩大和稳固，最终形成"我是××迷我自豪"的强大心理基础。这一内群体认知偏好往往可以提升成员的自尊感，强化成员身份意识，并推动"迷"对自己的身份进行合理化辩护。

> （吃饭睡觉打豆得）"和所有伟大的影星一样，周润发印证了一个时代，一个香港电影的黄金时代！……当我们再一次回首寻望的时候，发哥已被刻为一个时代的坐标！周润发是集香港影坛辉煌于一身的集大成者！其一生的成就与辉煌则足以笑傲整个江湖！凡是80年代末90年代初的电影观众，是没有人不知道小马哥这一经典电影角色的！再挑剔的人，也无法否认周润发在香港乃至整个华语影坛的至尊地位！一九九五年，发哥远走好莱坞，也直接宣布香港电影黄金时代的终结！"
> 本人是一个二十几年的资深"发迷"，作为一个"学者粉"，我曾不断反思和追问自己的追星行动：为什么我是如此忠实的迷？为什么二十几年来从未有另外一个偶像作为替代？我想，关键因素在于，"发哥"在华人影坛的地位乃至世界影坛的知名度使我可以自豪地做一个"发迷"而丝毫不必担心被人嘲弄。

---

① ［澳］迈克尔·A.豪格、［英］多米尼克·阿布拉姆斯：《社会认同过程》，高明华译，中国人民大学出版社 2011 年版，第 29—30 页。

四　反哺媒介："媒介偶像"变为"迷之偶像"

新媒介为迷的介入提供了便利条件，从根本上扭转了迷作为被动受众的局面，实现了信息在迷与媒体之间的互传与互融。迷于网络空间上除了进行媒介信息的转发、引介和"告知"[①] 等基本文化实践，还进行和共享着即时性、原创性或拼贴式的文化实践活动，而这成为反哺媒介的重要资源。

即时通信。偶像的粉丝见面会、新作发布会、综艺节目甚至是日常行踪，总能被粉丝利用各种途径进行跟踪，并及时将最新的谈话、图片、行程上传至网络。粉丝的跟踪消息、即时通信比起媒体的"事后报道"更受粉丝追捧，也常成为"刺激"官方报道的新闻线索。

> （情发飘飘）转发了一张别人在微博上发布的某日在香港巧遇"发哥"的照片，据此推测"发哥看来真的离开广州了"，"这戏（新戏《华丽上班族》）太神秘，搞不懂发哥到底才拍了几天，他的戏份就杀青了。"
>
> （假如明天来临）回复："我刚才已问过（通过私人关系探听内部消息），发哥确实已杀青，但戏份应该还可以吧。（新戏）连开机拜大神的仪式都没有，我还等着月底正式开机呢。但那谁说发哥档期紧，就先拍完了，但给我的印象也是只拍了几天。"
>
> （迈寻）回复："我也以为月底正式开机呢，原来是月底整部戏就杀青了。@剑侠2010，快去打探下业内消息啊，这部戏到底怎么回事？"
>
> （剑侠2010）回复（迈寻）："发哥的戏份集中拍摄，这部戏投资不高，发哥每天在剧组里很浪费资源的，集合拍摄完毕不是更好嘛，呵呵。接下来调整一下，进入《澳门风云2》的拍摄。"

---

① Baym, N. K., "*Talking About Soaps: Communicative Practices in a Computer - Mediated Fan Culture.*" In Harris, C. and Alexander A. (Eds), Theorizing Fandom: Fans, Subculture and Identity. Cresskill: Hampton, 1998, pp. 111 - 129.

原创。迷利用自己的特长制作偶像的肖像画、蜡像、刻版画、动漫形象、公仔、印有偶像照片的 T 恤、撰写文字等，一方面展现了个人才华；另一方面也丰富了偶像形象衍生品。

（白云归处是故乡）在偶像六十岁生日之际，作系列诗词送去祝福，现摘抄一首据周润发主演电影《秋天的童话》创作的词《望海潮·秋天的童话》：

秋晨清冷，初阳浅淡，绽开一缕金辉。

轻缓海风，晶莹玉露，零星野菊沿堤。

无尽草萋萋。一生路漫漫，缘分迷离。

相识相知，奈何多少未相随？

流年洗去尘灰，却沧桑充满，伤痛难挥。

四海纵横，男儿义气，柔情隐约须眉。

难舍影依依。独忆风瑟瑟，向晚斜晖。

转眼灯映彼岸，风采又轮回。

（宇木林）在原创文字"八味杂感话你知：周润发代表角色浅谈"中总结了周润发的八个经典角色（择其要者摘）：

仪式感—小马哥《英雄本色》：风衣、墨镜、火柴梗，迷人坏笑加双枪。在这里，一切都上升到了仪式的境界，让人为之膜拜，最后的死亡也是超越肉体的精神的升华！

宿命感—高秋《龙虎风云》：即兴之舞让整个街道为之明亮起来，但那不是高秋所愿。他的一生一直都是为他人而"舞"，他很希望为自己舞上一段，但其一生总是被命运之绳牵引着，悲凉之至！美好的愿望只在遥远星空。流星划下，不是愿望降临，而是死亡的到来。

乐天感—钟天正《监狱风云》：虽可"退一步海阔天空，忍一时风平浪静"，但是"是可忍，孰不可忍"！该出手时便出手，为朋友两肋插刀，在所不辞。黑暗的地方再现道义，只为那友谊之光常在，原来监狱生活一样可以"甜蜜蜜"。

童话感—船头舵《秋天的童话》：童话不再只属于儿童。一个低层打工仔船头舵，一个有着美好前途的十三妹，本该属于两个世界的人，却有了童话般的结局，不仅因为秋天是收获的季节吧！

浪子感—阿郎《阿郎的故事》：你的样子，风中摇曳，身体可以倒下，尊严不可以。阿郎，一个浪子，一个社会边缘人物，努力想跟上社会的节奏，努力地维护自己的那份自尊的人。他为了延长曾经短暂的快乐，最终却赔上了自己的性命……

孤独感—小庄《喋血双雄》：杀手，双枪对持，心有灵犀，直到携手为友，只为两个字——"道义"。在"名利放中间，道义摆两旁"的社会，小庄注定孤独，为一个人抛弃不是孤独，为社会抛弃才是孤独。现代文明带来了个体的享受，也带来了人与人之间的不信任。

王者感—高进《赌神》："如果平手就算我输"，多大的口气，只有高进敢如此豪语并担当得起，王者霸气不是装腔作势摆出来的，而是由内而外散发出来的。有得就有失，不仅是王者，人人皆如此！

浪漫感—阿祖《纵横四海》：文章本天成，妙手偶得之，吴宇森的无心插柳，带来了一部经典。"盗亦有道"，做贼都这么潇洒。最爱轮椅之舞！发哥的随意鬼马，红姑的顾盼生姿，成就一段经典，堪称"轮椅芭蕾"！

拼贴。迷对网友发布的信息或媒介资源进行剪切、重组、整合，制作出具有专辑性质的图文集、纪念邮票、音频或视频软件在群内共享。例如，"吧刊"就一类典型的具有拼贴性质的群内电子刊物。它是由发迷针对特定的主题，加入一些原创文字，拼贴、整合制作而成的，至今已发布七期，分别是：英雄刊之创刊号；周润发的 TVB 时代；周润发吧庆生特刊；赌神；情迷小庄；共庆发吧 9 周年；生日特刊。

每年发哥生日之时，发迷都会以自己特殊的方式，为偶像送去生日祝福。2014 年值发哥生日之际，吧内的发迷自发为偶像录一段生日祝福语，然后由一人负责合成。

（霎那间便成永恒）一年一度，又即将到来，对于我们来说，5.18 这个日期深深刻入我们脑海了，也许比记自己的生日还要清楚，不为别的，因为您是我们心底最深处永远最尊敬的偶像，今年吧内的发迷每人为发哥录了一段音频，并剪接在一起，送给心爱的发哥，表达我们的一份小小的心意，小小的祝福：愿发哥您生日快乐！身体健康！

无论是充当一线记者，还是原创或者拼贴，网络迷群都是一个个人才华展演的"秀场"。在这个可供迷诠释、推测和自由发挥情感的空间内，迷经由"历时—共时"的互动，对一个跨越社会历史的偶像进行持续不断地"再拼贴、再修订"①，这种"重述"或者说融合受众的原初元素而不断增长的一套重述②使偶像的形象得以不断地再生产。换句话说，网络迷群的参与式行动使迷对偶像的感知变得极具张力，他们通过搜集、重组、创作、共享、自由抒发和互相讨论，赋予了偶像符号以新的意义。"媒介偶像"于是变成"迷之偶像"。"媒介偶像"是神话的，着魅的，而"迷之偶像"是朋友式的，祛魅的；媒介对明星的刻画是粗线条、框架式和碎片化的，而迷对偶像的刻画则是描摹、情感式和时空延展性的。如此，对媒介信息的信奉、等待与追随转变为粉丝之间信息的互传、期盼和热议，网络迷群的第一手资料反而使媒体成为文本的"挪用者"和"盗猎者"。

五　空间重构：迷文化资本的区异和互融

借助于布迪厄的"文化资本"理论，诸多理论家提出了"通俗文化资本"和"次文化资本"的概念。费斯克指出"次文化资本"是主流文化中低成就的某种补偿。③进一步聚焦于迷文化，费斯克和希尔斯又分别提出了"迷文化资本"和"迷社会资本"的概念。前者指"迷对于其迷之对象所拥有的知识总量"④；后者则指"迷所拥有的社会网络，此社会网络乃由其迷友所构成，也包括是否有权利可以接近与其迷之对象的相关媒体专业人士与人事部门"⑤。而在这两个概念基础上，希尔斯又进一步

---

①　[美] Matt Hills：《探究迷文化》，朱华瑄译，韦伯文化国际出版有限公司 2009 年版，第259 页。

②　同上。

③　Fiske, J., "The cultural economy of fandom", *In The Adoring Audience: Fan Culture and Popular Media*, edited by Lisa. A. Lewis. London: Routledge, 1992.

④　同上。

⑤　[美] Matt Hills：《探究迷文化》，朱华瑄译，韦伯文化国际出版有限公司 2009 年版，第104 页。

提出了"迷象征资本"① 的概念,指由迷文化资本和迷社会资本积累而得的声誉和名望。

在迷群内部,由于迷个体在年龄、资历、知识量、私藏珍品、职业类别、社交网络等方面的不同,形成了迷文化资本、迷社会资本乃至迷象征资本的差异。迷文化资本的区异一方面折射着现实世界中的权力游戏规则,同时也重构了网络世界中的权力空间。正如索而恩顿所言,尽管次文化资本与阶级划分之间有一定的关联,但二者并非总是以一对一的方式相互连接。②

群内等级是迷文化资本的直接体现。当然也不排除许多拥有较多文化资本的迷在群内"隐而不现",但一般而言,拥有较高等级意味着其迷文化资本的等级越高。群内等级通常以两类形式呈现:一类是作为"群内领导者"的迷,即所谓的"吧主",他们负责制定规则、发帖、删帖等日常的吧务管理,并因此成为群内的意见领袖,其等级和威望自不必言;另一类则是普通成员,其等级通过登录、发帖、积累经验值而获得。这也意味着,拥有越多的迷文化资本,受其他成员关注和回帖的可能性越大,就越能积累更高的等级、名望和声誉。"发吧"一共 18 个等级,且命名全部取自发哥的影视作品。如下图:

会员头衔 & 经验值对照表

级别	头衔	所需经验值	级别	头衔	所需经验值
1	等待黎明	1	10	阿郎别走	2000
2	义盖云天	5	11	赌神高进	3000
3	小马本色	15	12	吉星拱照	6000
4	龙虎阿秋	30	13	纵横四海	10000
5	秋天童话	50	14	辣手神探	18000
6	正哥出狱	100	15	侠盗高飞	30000
7	英雄好汉	200	16	和平饭店	60000
8	八星报喜	500	17	卧虎藏龙	100000
9	喋血小庄	1000	18	发哥威武	300000

为了获得更高等级,成为"大神级"、"骨灰级"(群内对较高等级粉丝的称呼)粉丝,每天"刷"百度、"签到"已经成为粉丝的习惯。

(Mark、哥)"为发哥,盖百万楼"("百万楼"指发迷自己顶帖、其他发迷响应号召回帖达到一百万次)(注:此帖 2012 年 3 月

① [美] Matt Hills:《探究迷文化》,朱华瑄译,韦伯文化国际出版有限公司 2009 年版,第104 页。

② Thornton, S., *Club Cultures*: *Music, Media and Subcultural Capital*, Cambridge: Polity Press, 1995.

13 日发出，至今"已盖 67635 层楼"，且主要是发帖人自己坚持）。

（小马哥别走）"喜欢发哥的就来接数字，看看能不能接到 99999"。

（zuf1234）"从今天开始这帖就是我每天的签到帖"。

如果说群内等级只是体现了迷文化资本量上的差异，那么迷文化资本的品位则是制造歧异甚至更深层次的文化碰撞的重要因素。迷文化资本的品位通常与主流文化惯习相关联，换言之，不同的迷个体因其社会人口特征、流行文化趣味和审美情趣的不同而在迷文化的创作、赏析、鉴别上存在差异。因此，虽然同一迷群的成员追随的是同一个偶像，但对偶像不同时期的形象、作品、专业表现力等的喜好和评价却不甚相同。

我从 20 世纪 90 年代成为发哥的铁杆粉丝，至今已 20 年有余。在构思这篇论文的时候，潜意识中的一个问题显露出来：我非常关心那些在最近几年才开始关注和喜欢发哥的"90 后"小粉丝与我这个骨灰级粉丝在解读作品和对偶像的感受力方面有何不同？来看看不同年龄段发迷的感受吧。

（河水拌饭酒茅台）（发吧）没有十年前的网易发哥论坛文采，也没有前些年发吧的那么情真。越来越多的 70 后走了，越来越多的 90 后发迷来了，他们更喜欢热闹哪怕是争吵……80 后是这个吧里的中坚，特别是楼主你，70 后老迷向你致敬！

（huanzining77）想写的很多，但是全是文字，怕大家不想看，所以没传，其实很想吧主说说 70 后的发迷和发哥的事情，作为 80 后，更多的只能从媒体知道，但是媒体不能尽信。

（小玄子 2002）70 后渐渐远去了，80 后的我们都在变得持重，可是 90 正朝气蓬勃。为发哥争取人气的重任无疑要依靠他们。年轻就免不了偏激，如果我们还可以自称为前辈的话。我们应该去影响他们的价值观，告诉他们用什么样的方法才是爱发哥对的方式。

从发迷年龄跨度上来看，总体而言，"70 后"发帖量不大，帖子中更多的是把对发哥的爱和评论融入到自己已经沉淀的青春记忆中去，文字中传达出一种忧郁封闭式的单恋情绪;"80后"擅长影评或总结式的长篇大论,偏重理性,乐衷于号召、制作、挖消息;"90后"则更多的是一种玩家心态:帖子简短、曝照、聊天、抒发个人的日常情绪,容易激动,直接表达对发哥某个形象或某部作品的喜好或不满。这种差异延展了迷群文化实践的空间,增加了迷的多元文化体验,具有文化传递和文化反哺的社会学意义。

迷文化资本等级和品位的区异一方面折射出现实世界中的权力游戏规则,即等级的高低和资本的多少与权力之间存在一定的相符机制。在"发吧"中,"新人"往往态度谦和,"不敢"大声讲话,多以"回帖"的形式迎合其他成员;而资历"老"的迷,则表现出主动展示其迷文化资本、倡导议题、发起评论、提出批评意见等行动。

> (一个孤独的大叔)"我作为一名新人,在吧里不敢大声说话,也不敢得罪人,只能默默地顶完帖转身走人,深藏……功与名"。
> (画桥123)"大家好,我是比较老的新人。关注发哥是从上海滩开始,虽然之前看过他赌神2和纵横四海等四部电影,觉得没什么感觉吧,不是我的菜。但是通过上海滩,发现原来发哥这么美,深深地吸引了我。就说这么多,就算自我介绍了,以后还请各位关照,以后每天来签到,给你们回帖,谢谢。"

另一方面,由于迷在现实世界中的社会地位未必和其迷文化资本完全呼应,因而迷文化资本的区异也可能颠覆或挑战迷在现实世界中的生活背景,从而重构网络世界中的权力关系,迷亦可借此找到另一个全新定位的自我。

再者,迷文化资本的区异还强化了不同迷群之间的文化区隔。前述提及的"群体积极特异性"心理往往使迷群的文化实践出现"自利归因"的偏差,即以想象的"他者化"建构我群的主体性,因而极易造成"我群文化优于他群文化"的文化错觉。

> 当发迷在网上看到发哥的负面评价时,他们在力挺偶像的同时,往往表现出明显的自利倾向。

（huanzining77）我一直都留意着几个贴吧，票房，中影，影帝等等，各种贴吧都有各种排名，有些贴吧把发哥黑得很厉害，其实很多次都想反驳，但是最后都选择了沉默，因为不想给发哥招黑，更因为读懂了发哥的精神。……很多发迷看见其他人黑发哥就反击，甚至攻击对方偶像，这么做真的不理智。……难道票房和各种排名高或者奖项高就经久不衰了吗？票房，奖项，排名等只能决定他这一生的辉煌，但绝对不能让一个人经久不衰。决定发哥经久不衰不是发哥的各种奖项，不是票房，当然更不是我们这些发迷，真正能决定发哥经久不衰的是经典。

（小玄子2002）我是很向往发哥建吧初期的叱咤风云气势，谁敢说一句黑，我驳得你哑口无言。发哥就是威武霸气，不服事实说话！粉丝就是应该有亮剑精神！但我也不支持送死，咱们自己没有枪弹，那就保存实力。可是组织需要我的时候我就视死如归。遇到什么人做什么样的回应，不和无厘头讲道理，越讲自己素质越差。在保卫偶像的战役中，只有战略正确没有永远的战术对错。所以如果他们做错了说错了话，或者不小心给发哥招黑了，请先原谅他们。我党也曾出现过左倾和右倾嘛，没必要清洗自己人。当然我指的是真正爱发哥的"自己人"！

（金鱼泡泡1）那些和别的迷争辩的估计初衷也是好的，可能是爱发哥爱的太急切了。不过其实也没必要和别人去争，要明白，发哥根本就不需要证明什么，别的迷承不承认，发哥的魅力和影响力就在那里，有目共睹。大爱发哥。

（小玄子2002）回复（金鱼泡泡1）：认同。敌不犯我我不犯人，敌若犯我我一招致命。高手是让武林畏惧的，做发哥的粉丝要有素质。不轻易参加谩骂。但是我要辩驳就要力压群雄，我们的发哥值得我们敬仰也有排山倒海的例证让人信服。如果发迷在娱乐界做到谁与争锋，那发哥只会更火！

同时，以偶像为纽带，迷群还会有选择性地与那些志趣相投、品位相近的"友情贴吧"展开"群外交"。比如发吧的成员有时也是"张国荣吧"、"钟楚红吧"、"赵雅芝吧"的成员，这些明星要么是周润发的好友，要么是经典银幕搭档。逢发哥生日，新作品上映之际，"吧务外交帖"还会转发外群的祝福。以下是外务吧送来的生日祝福：

　　张国荣吧：

　　（唯荣永恒）发哥生日快乐！

　　（爱情爱情2008）祝荣哥心爱的发哥生日快乐！

　　（裟、离）发哥生日快乐！替哥哥送给发哥！

　　（阿郎别走）荣迷，我爱你们。只要来一句简单的问候就可以了，我们永远都是一伙的。

　　（发迷叶子）谢谢你们的祝福！

　　（邱无殇）哥哥！荣迷发迷一家亲！

　　郭富城吧：

　　（城吧外交如意）祝我们最有魅力的最帅的影坛赌神生日快乐！两吧友谊长存！

　　（霎那间便成永恒）多谢城城迷，城迷要经常来发吧玩。

　　（菲晨sa）城迷太有爱，友谊长久！

　　（和蔼的浪漫鱼）一个是影坛之神，一个是舞台之神。发哥生日快乐，在影坛发哥是我的最爱，在舞台城城是我的最爱。

　　偶像由此成为一个颇具表现力的概念，它不仅将个体连接至"我群"，也将个体从"他群"中脱离出来，使青少年的身份认同在迷文化中获得重新认知。

　　可以看到，首先，凭借着对迷文化资本占有量、文化品位及我群/他群的主体重置，网络迷群中的成员在网络空间中可以重新分配其文化权力，从而建构起一个全新的网络社会空间结构。同时，尽管迷在迷文化资本上存在差异，但因为不同迷群对迷恋对象的选择，根本上取决于迷群的文化阶层和文化品位，因而同一迷群内的迷个体在迷文化资本上存在着相当的互融性。在个体主义和群体主义的价值碰撞中，迷文化资本不仅实现了迷在知识总量、社会网络及群内声望的"展演"，重塑了个性与自我认同，同时也参与和回应了迷群的文化实践和社会关怀：网络迷群中的空间重构很大程度上弥补了现实社会中文化资本和阶层结构的刚性不足，增加了社会成员的心理弹性；其次，迷将原本属于个人的思想观念、私人照片、私藏珍品乃至类似暗恋的个人情感释放于公共空间，个体便同时具有了个人和公共的双重身份。个人身份和公共身份的兼备，私人领域和公共领域的互融，架构起个人通往社会的桥梁，这显然具有培育现代公民参与意识的社会学意义；最后，与"他群"的区异与互融，使迷文化资本成为迷群甚至是更大范围的青年群体认同或区隔的重要依据，因而成为当代青年亚文化的重要分析维度。

"网络迷群"的文化实践推动着"迷"从"孤独的欣赏者"向"狂热的参加者"转变。在"网络迷群"这一狂热空间内，社群导向的追星行动将个体的文化实践推向具有社会学意义的集体文化实践。他们在集体狂热中摆脱孤独，寻求认同；以各种才华的展演型塑偶像，反哺媒介；在迷文化资本的相互碰撞中建构着全新的社会空间定位。网络迷群的文化实践为我们解读"迷行为"提供了新的视角，具有重要的文化价值。然而，网络迷群毕竟是娱乐消费市场的产物，大众媒介的"明星制造"、商业化运作仍不断将迷卷入一个又一个"神话"中，而日新月异的媒介技术则悄无声息地将迷捆绑其中。迷对偶像不断再生产的神话形象以及由此而沉淀的"集体记忆"，经媒体的渲染和商业化诱导，仍不免最终落入消费主义的俗套。同时，网络媒介的虚拟化又使网络迷群的文化实践成为一种乌托邦式的"集体幻象"，那些不断再生产的文本、影像、符号的过程也是迷们持续进行集体自我催眠的过程，迷群的文化实践因而表现出过度消费、虚幻、相对短暂的生命力等负面特征，而这恰恰是一个"学者粉"应有的理性思考。

第三章　心理魔镜：照出怎样的"自我"？

威廉斯在谈到传播时这样说："人们的心灵是由他们的整个经验所塑造的，没有这种经验的确认，即使是最巧妙的资料传送，也不能被传播。传播不仅仅是传送，而且还是接受与反应。"①

自我认同发展的影响因素错综复杂，而对当代的青少年而言，流行文化的影响无疑是最为突出的一维。在前面的论述中，我将分析的落脚点主要放在媒介流行文化和群体流行文化之上，研究流行文化如何分别以"媒介信息社会化"的影响路径和"群体亚文化"的影响路径来影响青少年的自我认同发展。当然，需要指出的是，个体不是被动的机器，任何外部环境对个体的影响最终都要取决于个体本身。流行文化对个体的影响同样如此。无论是媒介流行文化对自我认同的"型塑"，还是群体流行文化对自我认同的"他人导向"，最终都要受制于个体的价值目标和反思能力。流行文化对青少年自我认同的影响也因此而呈现出不同程度的个体差异。

因此接下来的这一部分，我将关注的视角从作为外部情境的流行文化转向作为个体内在机制的心理过程，以此探讨作为流行文化信息接收者的青少年受众在流行文化影响下的信息加工过程和心理变化过程。

第一节　流行文化影响下的自我认同认知过程

认知，是指人们认识活动的过程，即个体对感觉信号接收、检测、转

---

① ［英］雷蒙德·威廉斯：《文化与社会》，吴松江、张文定译，北京大学出版社1991年版，第391—392页。

换、简约、合成、编码、储存、提取、重建、概念形成、判断和问题解决
的信息加工处理过程。自我认同，其实就是个体对自我的认知与认同，那
么，在流行文化的影响下，个体的自我认同的认知过程又是怎样的呢？

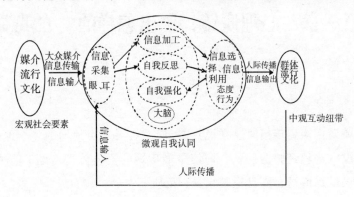

图 3—1　流行文化影响下的自我认同认知过程模型

　　以上图示反映的是流行文化对个体的自我认同产生影响时，个体的
认知过程。从客观的外在世界到主观的精神世界，离不开两个要素，一
是信息本身，没有信息就无所谓外在刺激的存在；二是认知信息系统，
从人体器官上说就是人的大脑，而从认知上说，就是人的思维过程。一
个具有健全的大脑和正常的思维过程的个体，其自我认同在受到流行文
化信息的影响时会形成上述的认知过程和心理过程。这一过程可以简单
概括为：作为宏观社会要素的媒介流行文化通过大众传媒的信息传输手
段，将流行文化讯息传递到个体的认知系统，这时，个体通过感觉器官
对信息进行采集；然后通过大脑认知系统对信息进行加工、对自我进行
反思；以此，个体完成了对媒介流行文化讯息的选择和利用，并通过自
己的态度和行为将认知的结果表达出来。这时，可以说，媒介流行文化
对自我认同的影响过程已经完成了，个体形成了初步的自我认同；而态
度和行为的表达又在实际上对自我认同构成一定的“自我强化”作用；
同时，表达于外的态度和行为又会通过人际传播对与个体互动的其他个
体产生影响，多个个体信息表达的汇聚，就形成了所谓的群体流行文
化；而作为互动纽带的群体流行文化又会作为一种新的信息源继续通过
人际传播的途径对个体的信息采集产生影响。以下，我们将详细分析每
一个信息传输过程和认知、心理过程。

一　信息输入：自我认同的信息采集

精神世界的任何认知都不可能凭空产生。信息采集是我们认知世界的第一步，也是认识自我的必要前提。也就是说，必须先有客观的信息存在，然后这一客观信息通过一定的传输手段直接作用于我们的感觉器官，从而引起心理学意义上所谓的"感觉"。感觉就是客观事物的各种特征和属性通过刺激人的不同的感觉器官引起兴奋，经神经传导反映到大脑皮层的神经中枢，从而产生的反应，而感觉的综合就形成了人对这一事物的认识及评价。感觉是最基本、最简单的心理现象，是产生其他一切心理现象的基础。

自我认同的流行文化信息源有两个：一是媒介流行文化；二是群体流行文化。前者的信息传输手段是大众传媒；后者的信息传输手段是人际传播。

媒介流行文化作为一种客观的宏观社会要素，通过大众传媒等传播手段将图片、文字、声像、广告、网络信息等流行文化讯息直接传达给青少年受众，而个体则主要通过视觉和听觉系统对这些信息进行采集。班杜拉的观察学习理论指出，儿童仅仅通过观察学习就可以习得某种行为，而并不需要事事亲身经历。无论是"类型化"、"序列化"还是"消费认同"，媒介流行文化作用于自我认同的第一步就在于，它为青少年受众提供了"行为的模型"，树立了"观察学习的榜样"。媒介流行文化讯息对个体感觉器官的刺激仅仅只是说明个体接收到了信息，如果要对信息进行更深一步的了解，还要在大脑认知系统中进行更复杂的认知加工和处理过程。

与媒介流行文化同样构成信息源的还有群体流行文化。无数个个体的态度和行为表达通过人际互动和人际传播汇聚成具有群体特征的流行文化。群体流行文化在信息输入上有两个作用：一是群体流行文化成为与媒介流行文化有相同作用的自我认同信息源；二是群体流行文化对个体自我认同的强化作用。当个体在人际交往中对流行文化的态度和行为表达受到他人赞同和肯定时即获得正向强化而延续固有的自我认同；相反，如果态度和行为表达受到他人的反对或否定即构成负向强化从而调整或抛弃固有的自我认同。正如沙赫特指出的，认同是根据个体的价值目标和协商的人际关系来形成和不断调整而达至一个合理形态的。①

二　信息加工：自我认同的知觉过程

只利用感觉器官进行信息采集是完全不够的，要获得对事物的全面了解，必须进行更复杂的认知过程，这就是心理学上所讲的"知觉"。知觉是人对外界事物的整体反映，是人将感觉获得的信息进行选择、组合，从而形成完整映像的过程。而个体对自我的知觉就构成自我知觉，自我知觉是指一个人通过对自己行为的观察而对自己心理状态的认识。人们不仅在知觉他人时要通过其外部特征来认识其内部的心理状态，同样也要以此来认识自己的行为动机、思想意图等。知觉信息的过程也就是认知加工的过程，这一过程相当复杂，包括思维、语言、注意、记忆等意识过程在内的认知过程。

通过信息加工过程，媒介流行文化先前所传达的感觉刺激会引起个体的思索、诠释、加工、选择、整合等思维处理过程，最终通过态度和行为表达个体对信息的选择和利用。而自我反思就是个体对涉及自身的有关内容的信息加工和处理过程。在此过程中，个体经历着对自身固有认知的应对、冲突、反思、调整等心理变化过程，最终也通过态度和行为来表达自我认同。经过信息加工和自我反思，可以说个体在媒介流行文化的影响下已经完成了这一阶段的自我认知。

而当对自我的某种认知在一段时间内较为稳定，便会形成与自我认同相一致的态度和行为。而态度和行为一旦形成，便会成为自我知觉的参照系。贝姆（Bem，1967）的自我知觉理论指出，个体内在的线索是微弱的，模糊的，不清楚的，因此个体就要站在外界观察者的位置上，根据他们对自己的外显行为和该行为发生的环境进行观察并对自己的态度、感情和其他内在状态进行推断。大众媒体所传播的流行文化讯息在个体头脑中可能是清晰的，也可能是不清晰的，而态度和行为的形成或表达却成为个体对自我进行确认的重要标准。前面所谈到的媒介流行文化之所以能够通过"类型化"、"序列化"及"消费认同"提高自我认同的确定性，其中

---

① Schachter, E. P. , *Context and identity formation: a theoretical analysis and a case study*, Journal of Adolescent Research, 2005（10）.

的心理原因正在于此。

而当个体的态度和行为经过了公开表达之后，又会反过来对已经形成的自我认同产生"自我强化"作用。所谓自我强化是指，个人依据强化原理安排自己的活动或生活，每达到一个目标即给予自己一点物质的或精神的报酬，直到最终目标完成。社会心理学的研究表明，个体公开的态度表达对后续的行为具有强化作用。但一经公开表达，即会对自我认同构成某种程度的自我强化，促使个体自我认同产生进一步的调整。当个体在既有认知系统中获得的自我认同与表达于外的态度和行为相一致，个体就会产生由"认知相符"带来的"认知和谐"感。当然，如果态度和行为表达与内在的自我认同并不一致，那么由此带来的认知不协调则会构成负向的自我强化，促使个体或者对自我重新反思，或者改变态度和行为。

三 信息输出：自我认同的人际表达

流行文化作为青少年人际交往的重要纽带，将个体先前通过大众媒体获取的流行文化讯息带到人际交往的场域中来。青少年通过语言、发型、服饰、爱好、行为方式等将自己对流行文化的诠释表达于外。这种表达同时也间接地表达出自我认同的确定性、重要性、强度和方向。正如斯图尔特所说的那样，人与人之间最重要的传播，大都是关于"自我属性"的传播，也就是表明自己的态度，传播自己的观点，表现自己的行为。① 比如，"我喜欢周杰伦"、"我喜欢偶像剧"或满口网络流行语，可能意味着个体在自我认同的某个向度上与某种流行文化相吻合。这样，流行文化对个体产生的直接影响，通过个体在群体中的态度表达和行为表达而间接地影响他人。无数个这样的个体汇聚起来就会产生具有青少年群体特征的群体流行文化，而这种群体流行文化又将成为继续影响个体自我认同的信息源。

威廉斯在《文化与社会》中，这样论述文化的人际传播：传播是个人独特经验转变成共同经验的过程……我们对自己经验的描述，组成了人际关系的网络，所有的传播系统又是社会组织的一部分。我们对经验的描

---

① Stewart, J. , *Bridges not Walls.* A Book about Interpersonal Communication (7th Edition) . Boston: McGraw - Hill College, 1999.

述中，必然有选择和解释，从而蕴含了我们的态度、需求、利益和兴趣，他人的描述亦然……这样说来，我们看事情的方式即是生活的方式，而传播的过程也就是共享的过程：共同意义的分享，然后分享共同的活动、共同的目的，更有新意义的提出、接受与比较，导致了张力、成长和变迁。①

当然，在以上所呈现的带有普遍性的认知模型背后，还有极具个性特质的认知特征在起作用，譬如个体不同的认知风格、认知策略和元认知等。不同的认知特质也决定着个体在同样的流行文化影响下会呈现不同的自我认同的状态。认知风格（cognitive style）也称认知方式，是指长期以来（多自幼年始）在知觉、记忆、问题解决过程中养成和表现出来的习惯化的态度和表达方式。认知风格是认知过程中的个体差异，具有跨时间的稳定性和跨情境的一致性。认知风格不同，意味着个体在选择流行文化信息、反思自我的角度、产生心理落差的强度上都会存在不同。如场独立型的人通常比场依存型的人更不受流行文化的干扰；沉思型的个体比冲动型的个体更全面、更严谨地分析自我与他人的关系以及自我在环境中的位置等等。认知策略是学习者加工信息的一些方法和技术，包括个体如何对信息进行有效的加工与整理，以及对信息进行分门别类的系统储存。比如面对同样一则媒体宣传广告，个体因注意的焦点、记忆的特点以及对信息进行表征化的能力不同，对自我引发的影响是完全不同的。而元认知，则更是直接影响自我认同的认知形式，是认知的更高级形式。元认知（Metacognition）又称反省认知、监控认知、超认知等，是指人对自己的认知过程的认知。个体可以通过元认知来了解、检验、评估和调整自己的认知活动。也就是说，如果个体在接受流行文化影响的同时，能够反思自己的认知特点，就能清楚地了解或辨认自己容易在哪些方面受到干扰，在哪些方面比较坚定。这样，个体在无所不在的流行文化冲击下，就会保持清醒的头脑，在"个性"和"共性"的共生上找到理性的平衡点。因此，加强对青少年元认知的培养，是推动他们在流行文化中保持良好的自我认同状态之努力方向。

---

① ［英］雷蒙德·威廉斯：《文化与社会》，吴松江、张文定译，北京大学出版社1991年版。

第二节　流行文化的心理学解读

"我在流行文化中，流行文化在我心中"的格局告诉我们，当代人衣食住行中的一点一滴都浸润在流行文化中。无论是 20 世纪 70 年代的"黑灰蓝"，80 年代的"卷头发、喇叭裤"，90 年代的街头卡拉 OK，还是 21 世纪的万紫千红、不拘一格，流行文化都将人的心理和行为深深卷入其中。因此，流行文化不仅是一种文化现象、社会现象，本质上更是一种心理现象，对流行文化的研究本质上就是对人的心理的研究。

人的心理过程极具复杂性，除却认知能力，个体接受外界影响时还受到情感投入、个性特征以及各种社会心理的综合影响。因此，了解人的心理和行为是如何卷入流行文化的，有助于了解当代流行文化是如何通过与认知之外的其他心理现象相结合，并最终影响到自我认同的。

一　"商业性和复制性"：欲望的唤醒与满足

在第七章中，我们已经了解了媒介流行文化是如何以广告和大型百货商场的商业手段刺激了人们的消费欲望。流行文化的商业性是与生俱来的，流行文化甚至就是消费文化的同义语。流行文化的商业化，是商人通过商业手段、程序和策略而将流行文化变成流行商品的过程。而对人的欲望的唤醒，却是流行文化得以长盛不衰的内在动力。

欲望，简单地说，就是人想要达到某种目的的要求。欲望贯穿着从物质到精神所有层面的心理需求，诸如衣、食、住、行、性、尊重、认可、快乐、自信、幸福、自由等等。因此，欲望所包含的内容既是本能意义上的，也是社会意义上的，但欲望从其产生本身来说却是本能的，弗洛伊德称之为"力比多（libido）"。欲望是行为的动力，某种程度上也是社会发展的动力。但同时，欲望又是无止境的，它一旦被调动起来，将引发人无限的追逐动力，刺激人想达到某种目的的高心理期望值，所谓"欲壑难填"，正是这个道理。欲望一旦被调动起来，人对外部世界的认知、对自我的期望和要求就会连带地发生变化。

然而，流行文化的"魅力"却绝不仅限于唤起欲望，它更加令人着迷之处即在于，不管是哪个阶层的人们都可以或多或少地从各种流行文化中"分得一杯羹"，这也因此使他们在享用流行文化时不同程度地获得满足。而这些或多或少的满足感则会吸引他们继续消费流行文化商品。而满足普通大众尤其是中下阶层大众消费欲的，则是与商业性与生俱来的流行文化的复制性特征。

追求利润和提高效率使流行文化产品注定要被批量生产。由于技术对艺术和文化的介入，使文化产品的批量生产成为可能。奈斯比特就曾指出，工业社会的文化是从流水线上制造出来的。商业利润的推动和科技手段的介入客观上使文化从少数精英阶层的垄断中解放出来，使更多的大众阶层能够通过大量复制的文化产品参与到艺术市场消费中来，丰富了大众的文化生活，也使艺术能够在更广泛的范围内传播和延续。正如本雅明所言："技术复制能把原作的摹本带到原作本身无法达到的境界。首先，不管它是以照片的形式出现，还是以留声机唱片的出现，它都使原作随时能为人所欣赏。"[①] 但艺术的复制品，难免缺少原创艺术的"灵魂"和历史感。本雅明说："即使在最完美的艺术复制品中也会缺少一种成分：艺术品的即时即地性，即它在问世地点的独一无二性。"[②] "原作的即时即地性组成了它的原真性。"[③] 原真性承载着即时即地的历史，而复制品却使原作失去了灵魂（本雅明称之为"光韵"），它用众多的复制物取代了独一无二的存在。人们在不断通过占有一个对象的酷似物、摹本或复制品来近距离地占有某物，而完全失去了远距离欣赏、观瞻的艺术气韵。

艺术品的复制与批量生产的确使原作的"灵魂"与"气韵"消失殆尽，但却将可望而不可即的"短缺资源"变成普通人也可以享用的"大众资源"。英国王室威廉王子与凯特王妃完婚之时，凯特王妃身着的名贵婚纱在 5 小时之后就被英国一家制衣企业成功复制，并且在此后被批量生产，王妃婚纱的预估价格在 400000 美金，而复制一款这样的婚纱只需要1700 美元。即使是最普通的女孩，也会因为穿上这样的婚纱而享受一种"幻想式体验"。也正因此，被流行文化所唤醒的欲望才不至于是"绝望的等待"，这就是流行文化为什么能够使千千万万的人们为之迷倒的心理

---

① ［法］瓦尔特·本雅明：《机械复制时代的艺术作品》，王才勇译，中国城市出版社 2001年版，第 9 页。

② 同上书，第 7—8 页。

③ 同上书，第 9 页。

武器。

　　文化与金钱与欲望的结合、大量廉价文化消费品的批量制造，使流行文化在 19 世纪和 20 世纪遭受了无数的批判。然而在 21 世纪的今天，这种批判的呼声越来越微弱，人们一方面忧心于流行文化的消费霸权，一方面却又大肆鼓吹"文化产业化"。过去人人喊打的"文化工业"摇身一变，转而成为各国争相追逐的"文化产业"，同样是"culture industry"，流行文化在当代的商业味道更浓，受到积极追捧的程度更高。发展创意文化产业、制造卖点、策略营销传播，其目的仍是吸引消费。商业利润的追逐和欲望心理的结合，使得流行文化长盛不衰。

二　"奢侈"：趋乐避苦的快乐原则

　　中世纪清教徒的禁欲思想在"上帝死了"之后转向了另一个极端，那就是享乐主义。炫耀消费、炫耀闲暇成为 17、18 世纪中上阶层争相追逐的生活方式，并逐渐也被普通大众效仿和接受。"奢侈"的生活方式，随着资本主义的萌芽逐渐产生了。

　　桑巴特将"奢侈"定义为"任何超出必要开支的花费"[①]，对"必要开支"，桑巴特从"奢侈"的量的方面和质的方面来解释：数量方面的奢侈与挥霍同义，比如，让一百个仆人去干一个人就能完成的工作，或者同时擦亮 3 根火柴点 1 支雪茄这样一类的行为；质量方面的奢侈就是使用优质物品。在大多数情况下，这两种类型是结合在一起的[②]。

　　流行文化是制造奢侈和满足奢侈的最好的代理人，奢侈就像是流行文化的影子。正像贝尔所言："资本主义满足的不是需求而是欲求。"[③] 流行文化满足的同样不是"消费"，而是"浪费"——衣服不再只是用来蔽体、御寒，而是讲究款式、质地、品牌、搭配；食物不仅用来填饱肚子，而是讲究特色、追求精致；房子够住是不够的，要够大；车子能代步是不够的，还要够炫……流行文化以"商品—符号"的形式赋予了物品超出

---

　　① ［德］维尔纳·桑巴特：《奢侈与资本主义》，王燕平、侯小河译，上海人民出版社 2000 年版，第 79 页。

　　② 同上书，第 80 页。

　　③ ［美］丹尼尔·贝尔：《资本主义文化矛盾》，赵一凡等译，三联出版社 1989 年版，第 68 页。

使用价值的意义，按照桑巴特的说法，"不必要"即构成了"奢侈"。

那么，"奢侈"的心理本源是什么？除了追求"声望"的炫耀欲望，是否还有其他的原因？在桑巴特看来，奢侈与追求感官的快乐有关——"所有的个人奢侈都是从纯粹的感官快乐中生发的"[1]。这近乎一种性的冲动，"不容置疑，推动任何类型奢侈发展的根本原因，几乎都可在有意识地或无意识地起作用的性冲动中找到。由于这种原因，凡是在财富开始增长而且国民的性要求能自由表达的地方，我们都发现奢侈现象很突出，如果奢侈现象不突出，那么在这个地方性受到压抑，财富被贮藏起来而不是被消耗掉"[2]。

这种崇尚奢侈与追求快乐感的享乐主义思想在 18、19 世纪的哲学思想中曾一度非常盛行。享乐主义主张人有趋乐避苦的本能倾向，而这种哲学观点深深地影响着弗洛伊德。弗洛伊德把"避苦"和"趋乐"概括为"快乐原则"，在弗洛伊德的心理学概念体系中，"快乐"和"不快乐"是非常重要的概念。他认为，人在以往没有得到满足的愿望或者没有得到平息的激动，将推动着个体去释放由此而产生的未满足感（不快）的愿望，从而消解紧张，得到快乐。

哲学家和心理学家早已发现，人类行为在很大程度上都是趋乐避苦所致。现代心理学把行为的动机分为两类：缺乏性动机（deficiency motivation）和丰富性动机（abundancy motivation）。缺乏性动机又称生存和安全动机，如果长期得不到满足会危害到生命，个体会体验到痛苦和不安，并通过满足来消除痛苦和不安；丰富性动机又称满足和兴趣动机，与生存、安全或痛苦、危险无关，而是激发人们的探索、理解、创造、成就、爱情和自我实现等活动的动力。缺乏性动机的作用是避免痛苦，丰富性动机的作用是追求快乐。

流行文化既满足了人的缺乏性动机，又满足了人的丰富性动机。无论是底层的生理需要、安全需要，还是较高层次的情感和归属需要、尊重需要以及自我实现的需要，流行文化皆以欲望满足、快乐至上的特质迎合了

---

① ［德］维尔纳·桑巴特：《奢侈与资本主义》，王燕平、侯小河译，上海人民出版社 2000 年版，第 81 页。

② 同上。

人在各种需要层次上的趋乐避苦原则。流行文化一旦与人的各种需要结合起来，便有了无限可能的发展动力，任你褒贬，流行文化也只能这样。

三　"集体狂欢"：理性背后的非理性

马克斯·韦伯以"理性行动"理论揭示了现代社会的理性特征。从此我们看到了现代社会与传统社会之完全不同的两幅画面。传统社会以农业为根基，依靠人际纽带来维系；现代社会则精于算计，追求效率，人心不古。然而，在有些社会科学家眼中，现代主义的表面理性是毫无意义的，其背后潜藏着的是更大的非理性："对马克思来说，交换过程之下便是市场的无政府状态；对弗洛伊德来说，在自我严格的束缚之下便是受直觉驱使的无限的无意识；而对帕雷托来说，在逻辑形式之下只有非理性情感情绪的残余物。"①

以此来审视韦伯的"理性"说，我们可以发现，生活在现代社会中的人们，非理性不是消失了，而是被表面的理性所掩埋。人们越来越受制于各种条条框框，遭受身心的双重压力，那个充满欲望的、放纵的"我"被现代社会的各种规则所规训，而成为深埋在火山之下的种子。弗洛伊德的自我理论早已经告诉我们，人的"自我"包括放纵的"本我"（id）、符合社会规范的、升华的"超我"（superego）以及协调本我和超我之间关系的"自我"（ego）。自我是压抑的，这种压抑要么通过适当的转移（如从事艺术、体育等）而得以升华，要么无法排解而导致精神分裂。而福柯则从权力的角度阐明，人的身体快感是受到权力规训的，也就是说，任何感性的欲求都要受制于社会的规范和制度，个体的身体已成为权力和意识形态生产和再生产的场所。可见，理性的背后，更多的是被压制和潜藏起来的非理性。而这种非理性，一旦碰到合适的诱因，便会冲出裹在"本我"之外的自我的灵魂外壳。

"非理性"，最直接地体现为人的情绪和情感。情绪、情感向来是心理学中不能不提到的心理过程，这二者在人的认知过程中具有相当重要的角色，情绪和情感的投入和变化通常会左右我们对外部世界的认知。而流

---

① ［美］丹尼尔·贝尔：《资本主义文化矛盾》，赵一凡等译，生活·读书·新知三联出版社1989年版，第93页。

行文化所制造的影像、音符，无疑将我们的情感和情绪卷入一个无限可能的释放空间中去——流行文化就是人们集体释放自我的狂欢盛宴：透支消费的短暂快感、酒吧迪厅的"尽情摇摆"、演唱会的激情、足球赛场上的狂热……或是另一种躲避式的、抵抗式的快感——网络恶搞、人肉搜索、匿名发言……流行文化提供的多样化的内容，多元化的形式就是一个释放的"阀门"，让人们可以暂时"关闭左脑，开启右脑"，忘却一切需要动用理性思维的烦恼，享受感性的愉悦。罗兰·巴特曾说，流行的主导原则，不是冷静状态中的人的精神形态，而是陷入疯狂中的人所固有的情感、心态和反意识的表演，"狂喜"是处于流行文化中身体和情绪失控之后人们的状态。而这种状态，恰恰是人们对理性的规避，是人们对那个被意识形态建构起来的"理性自我"的规避。

四　"声望经济"："出人头地"的炫耀心理

　　费瑟斯通在《消费主义与后现代社会》中提出了消费文化中的"声望经济"（prestige economies）概念，它意味着拥有短缺商品，花相当多的时间进行投资、恰当地获取、有效地运用金钱和知识。①

　　流行文化正是制造短缺商品的"声望经济"。一方面，流行文化通过商业策略制造出"奢侈商品"、"高端商品"，使拥有这些短缺商品的少数人得以炫耀其拥有的财富和地位；另一方面，又利用这种短缺吸引更多的普通大众争相追逐。这种"炫耀"以及"追逐"，满足的正是拥有"声望经济"的"出人头地"心理。桑巴特认为，在奢侈形成之后，我们发现其他一些动机将进一步推动它的发展。雄心、喜欢展示、炫耀以及权力欲都可能是重要的动机；② 而凡勃伦则指出，富人对奢侈和财富的看重均出自"出人头地"的冲动；③ 而西美尔对时尚心理现象的论述更是说明了"出人头地"的炫耀心理在时尚发展中的推动力：总有一些上等人为了显

---

　　① ［英］迈克·费瑟斯通：《消费文化与后现代主义》，刘精明译，译林出版社2000年版，第39页。

　　② ［德］维尔纳·桑巴特：《奢侈与资本主义》，王燕平、侯小河译，上海人民出版社2000年版，第82页。

　　③ ［美］凡勃伦：《有闲阶级论：关于制度的经济研究》，蔡受百译，商务印书馆1964年版。

示自己的社会地位而在着装、配饰、饮食、用具等日常生活的方方面面引发新的时尚和潮流，而在一个等级限制并不很严格的社会中，必然会引发某一些人的追逐和模仿。而当大部分人都在模仿某种流行时，先前引发时尚的阶层早已经将旧的时尚抛弃掉，转而投入到新的时尚中去。

在现代性和流行文化推动下的大众，总是处于"时尚竞赛"（in - and - out）的循环之中。所谓"in"即走在时尚的前列，而所谓"out"，则是喜爱俗趣、效仿他人的落伍者和"土包子"。罗查斯曾经以 502 个流行变化者为对象，比较其受流行文化影响而呈现出的特点，据此将受影响者分为五类，即革新者、前期采用者、前期追随者、后期追随者、迟钝者。可见，流行文化既实现了社会阶层的区隔，又能让大众在模仿的过程中获得心理满足感。

"声望经济"引发的时尚心理机制决定了流行文化永远是某种永久性的"重新开始"。任何新出现的流行现象都会经历从产生、推广，再到高峰、衰退的过程，而大众心理也会相应地出现从观望、接受、再到狂热和抛弃的变化过程。因此，"推陈出新"注定是流行文化的商业运作逻辑，因此，也就有了奥迪 A6、A8 乃至将来的 10、12……也就有了 IPhone 电子产品的不断升级和更新换代。正如桑巴特所言，由于将所有的快乐推向极端，富人因此而失去了享受快乐的能力。"感官不再感到满足，它们已经迟钝……这就造成了时尚、衣着、风俗、举止、言语在没有恰当原因的情况下持续不断变化。富人很快就对新的快乐感到麻木。他们房中的陈设像舞台设备一样可以随意改变；穿着成了真正的任务；吃饭则是为了炫耀。"① 时下流行的微信朋友圈就是一个炫耀财富、炫耀生活品质及表现个性的电子"秀场"。

"出人头地"的愿望常常不只是表现为炫耀财富，有时也是为了突出自己的个性。因此，流行文化有时也会通过许多难以捉摸的"另类"面目出现，以此获得他人关注的"声望"。所以我们经常会看到，流行的东西并不总是美好的、令人喜欢的，有时丑的、令人讨厌的和过季的东西反而会受人追捧。这就是为什么早期流行的服装款式和面料、经典的老歌、

---

① ［德］维尔纳·桑巴特：《奢侈与资本主义》，王燕平、侯小河译，上海人民出版社 2000 年版，第 83 页。

人们的装扮会在多年以后重新回潮的原因了。新的流行文化在很短的时间内就会变成旧的，而旧的流行文化则在经过一段时间的沉寂之后，融入新的流行元素，又重新回到人们的视野。著名时装历史学家詹姆斯·拉弗通过问卷调查归纳出同一种时装在时尚的不同阶段人们的不同评价：十年前——下流的；五年前——无耻的；一年前——大胆的；当前——时髦的；一年后——过时的；十年后——丑陋的；二十年后——可笑的；三十年后——有趣的；五十年后——古怪的；七十年后——迷人的；一百年后——浪漫的；一百五十年后——美丽的。记得曾有一位时装设计师这样说过，如果你发现你有一件衣服已经不入时了，请千万别扔掉，放在那里，多年以后再拿出来穿它仍然是流行的。求新、求变、"对社会模仿的样板的纯然否定"，正是人们在流行文化的"声望经济"特性诱使下的某种反映。

在上面的心理学解读中，如果说前三个特征倾向于反映了个体作为一个生物性的人的内在心理需要，那么后一个特征则是个体作为一个社会性的人的心理需求。可以看到，流行文化既迎合了个体内在的心理、情感和个性需求，又迎合了个体在适应社会环境、融入群体过程中的社会层面的心理需求。流行文化已经超越了其本身首先是一种"文化"现象的事实，而是成为具有显著社会学特征和心理学特征的"社会事实"。流行文化的生产、推销、普及、变更始终与个体及社会大众的心理紧密勾连，它架通了文化与自我、自我与他者、自我与社会之间的关系，成为人们表达自我、融洽人际关系、彰显社会地位的有力工具。也因此，研究流行文化必须要在研究心理学、社会心理学的基础上寻找新的路径。

从以上论述中，可以看到，个体的认知及其他心理过程是自我认同受流行文化影响的源动力。同样是面对流行文化的冲击，不同的个体由于在认知风格、思维方式上的不同，对信息的接受和加工过程也有非常大的差异。同样，面对流行文化的诱惑，个体在欲望满足的需求度、追求快乐的动力度、情绪和情感的卷入度以及自我实现愿望的强烈度，都制约着个体对流行文化信息的接收。因此，流行文化影响下的自我认同究竟处于何种状态，最根本的还是取决于个体的心理过程。只不过这种"根本性"在当今流行文化的巨大冲击下，显得愈来愈脆弱。在媒介流行文化多元化、即时性特征和群体流行文化"他人导向"特征的不断影响下，青少年个体的自我认同也在不断探索中反复进行。当二者在个体内部的力量之战导致了自我认知的不一致甚至矛盾、冲突时，个体的自我认同危机也就产生了。当代社会的青少年，显然尚不具有抵抗自我认同风险的能力。

　　接下来的这一部分，我们就要谈谈在青少年面临流行文化冲击和自我认同危机的"社会事实"下，作为成人的我们，又能为他们做些什么？

第五篇

管理自我认同：社会和个体的共同课题

"人的认同的形成并不完全是一个自然而然的过程。它需要选择、维护、创造和管理。"① 人从开始有了朦胧的自我意识，到学会向内思考和自我反思，直至形成较为成熟稳定的自我认同，是一个漫长而艰辛的过程。期间要面临社会的重大变革、面对各种各样变化的外部情境，更要面对探索自我的困扰。因此，自我认同是需要管理和维护的，而认同的选择、维护和创造，需要外部环境的支持，也需要个体具有自我觉知的主动性和能动性。由外及内，通过外部支持来提升青少年内在的自我觉知，是维护青少年的自我认同、促进其健康发展的有效方法。

通过前几章的分析，我们已经明确了媒介流行文化和群体流行文化对青少年自我认同危机的影响状况。管理自我认同，其本质就是尽可能消除认同危机，使自我获得内在的认知一致感。针对媒介流行文化"引发"自我认同危机这一结论，除了要呼吁大众传媒自身的"净化"，在当前更为重要的，是通过媒介素养教育提高青少年对媒介流行文化的辨识力，以增强他们解读符号、选择信息的能力；而针对群体流行文化"消解"自我认同危机这一结论，则应利用青少年群体文化的"抵抗"式特征和青少年普遍具有"他人导向性格"的特点，将群体流行文化引向一个积极的、进步的方向，为自我认同的发展提供一个良好的群体环境支持。

---

① Fornös, J., Cultural theory and late modernity, London: Sage, 1995.

第一章　维护自我认同：国外媒介
素养教育及启示

  商业利润的追逐和文化环境的净化构成了当代社会文化发展的矛盾。一方面是开放的、多元的媒介流行文化冲击；另一方面则是文化保护主义者、青少年保护主义者的坚决呼吁。当媒介社会学家希望大众传媒作为非商业的公共服务工具的理想主义立场失败以后，他们转而投身于从受众主体的角度对媒介流行文化进行识读和鉴别，以增强受众的媒体免疫力。

  凯尔纳在谈到媒介文化的应对时曾说："批判性的媒体解读能力的获得乃是个人与国民在学习如何应付具有诱惑力的文化环境时的一种重要的资源。学会如何解读、批判和抵制社会—文化方面的操纵，可以帮助人们在涉及主流的媒体和文化形式时获得力量。它可以提升个人在面对媒体文化时的独立性，同时赋予人们以更多的权力管理自身的文化环境。"① 在媒介流行文化良莠不齐、鱼龙混杂的文化环境中，个体增强媒介素养、为自我认同营造一个良好的外部环境十分重要。

  为了抵制媒介流行文化对青少年的不良影响，早在 20 世纪 30 年代，一些欧洲学者就提出了"媒介素养"（media literacy）的概念，以增强青少年面对媒介各种信息时的选择能力、理解能力、质疑能力和评估能力。而进入 20 世纪中后期，即使是最崇尚文化自由主义和鼓励媒介市场自由竞争的美国也意识到了培养青少年文化鉴别力的重要性。媒介素养这一理念迅速得到了欧美各国的普遍响应和广泛传播。至 20 世纪末，这一概念又通过欧美各国相继传入亚非拉地区的国家，包括南非、巴西、中国的两

---

① ［美］道格拉斯·凯尔纳：《媒体文化》，丁宁译，商务印书馆 2004 年版，中文版序言第 2 页。

岸三地。

在倡导提高青少年媒介素养的过程中，西方国家形成和发展了适合于本国的媒介素养培养方案，以尽量减少媒介流行文化对青少年的不良影响。

第一节　国外的媒介素养教育

国外的媒介素养教育形成了"校内教育、社会支持、制度保障"三方支持的系统。以下是具体的形式。

一　开设媒介素养教育课程

从 20 世纪七八十年代开始，欧美国家的教育学家和社会学家开始致力于研究电视媒体对儿童和青少年的不良影响，并由此开展了一系列的媒介素养教育运动。首当其冲的，便是将媒介素养教育的内容融入到不同学科、不同类别的学校课程体系之中。目前英国、澳大利亚、加拿大、法国、德国、挪威、芬兰、瑞典、日本等国已经将其列入全国或部分地区中小学的教学大纲。

学校的媒介素养教育课程一般有两种形式：融入课程式和独立课程式。融入课程式是指将媒介素养教育融入到现有的不同学科之中，在学科教学中渗透媒体素养思想。这种方式一般比较适用于较低年级的学生；独立课程式是指在教学大纲中规定开设专门的媒体素养课程，由专职教师主讲，一般适用于高年级学生。

早在 20 世纪 80 年代末，英国的英格兰和威尔士就已开设融入课程式媒体素养教育，将媒体教育课纳入国定课程（National Curriculum），包括小学（5—11 岁）和中学（11—16 岁），① 主要形式是将媒体素养内容尝试着融入到其他一些学科如艺术、英文中，而并非一门独立的课程；日本书部科学省 2001 年在中小学开设"综合教育课"，其中就包括媒体素养教育的内容；加拿大则在 1999 到 2002 年，在艾伯塔省媒介认知协会的支持下，开发了与媒介素养相结合的新型英语语言文学课程，并逐步在该省

① Mediated，http：//mediaed. org. uk/media – literacy/media – literacy – in – the – uk

从幼儿园推广到 12 年级。此外，像历史课、健康课、法律课、社会科学和人类学等学科中也部分融入媒介素养内容。20 世纪 90 年代美国的《目标 2000：美国教育法案》中鼓励艺术学科的课程内容标准包含小学和中学各年级的媒介素养教育内容。目前美国已有多个州把媒介素养教育内容编入英语语言、艺术、社会科学、历史、公民学、生态学、健康课程中。融入课程式一般是在有关学科中设立几个与媒介有关的主题进行讨论，或者在学科教学中专门拿出一段学时，进行独立单元式的教学。

在独立课程式方面，自 20 世纪 80 年代以来，加拿大、美国、英国、法国、德国、澳大利亚、日本等国家都陆续以必修课的形式将媒体素养教育写入该国的小学、中学教学大纲中，而大学则主要是在新闻传播类院系开设专门的媒体素养教育课程。教学内容皆围绕媒体语言、文本流派、媒体技术、作品分析、阅听人等方面展开。

二 培养专职的媒介素养教师

媒介素养课教师的数量和质量是学校顺利开展媒介素养教育课的保障。进入 21 世纪，西方各国在积极完善媒介素养课程内容和形式的同时，也大力发展媒介素养教师的教育和培训。

英国许多学院，例如伦敦大学和南安普敦大学等，都设有媒介素养教育的教师培训项目，专门对从事媒介教育教学和研究的中、小、大学老师进行专职培训。在英国教育体系中，新闻学和传播学等传媒类学科，并不仅仅是一种操作性极强的功利性课程，教学的目的也不仅仅限于学习新闻和影视写作、编辑、摄影、剪辑和录音等制作层面的技术和能力，更重要的则是媒介素养教育；[①] 法国则在 20 世纪 90 年代中后期就在高校中广泛开设了电影、电视记者、媒介文化的校本课程，在巴黎、莱尔、斯特拉斯堡等地的高等学院，专门为师范生开设了媒介研究课程。[②] 这也为日后部分新闻传播类学生从事媒介素养教育工作打下了坚实的基础；澳大利亚的全国性教师组织"澳大利亚媒体教师协会（Australian Teachers of

---

① 党芳莉：《20 世纪英国媒介素养教育的理论发展和实践》，《海南师范学院学报（社会科学版）》2006 年第 3 期。

② 王帆：《论全球媒介素养教育的发展进程》，《教育评论》2010 年第 1 期。

Media)"，每隔 18 个月由各州的成员组织轮流主持一次全国性的会议，讨论有关媒介素养教育的问题，并进行经验交流；美国东部地区和北卡罗来纳州都有媒介素养教育的教师培训项目。有些州规定，要获得媒介教育的教学职位，应当具有学士以上的学位，再加一项授课认证（大约 30 个学分的证书），教师可以从提供教育学位的正式机构得到有关的认证培训。①在新墨西哥州和纽约的社会组织则每年举行一次为期一周的媒介素养教师培训工作坊。此外，像媒介素养速成课程中心（the Center for Media Literacy's Crash Course）、天普大学（the Temple University）的媒介素养教育实验室等都有专门的工作坊以提供媒介素养教师的培训。

三　媒介素养运动的社会支持

发达国家的媒介素养教育，除了以正规的学校教育为载体，还依赖于社会各界的大力支持。一是家庭辅助教育；二是社会组织和协会的实际推动。其中，各种教育组织、社区组织、成教机构和宗教团体的推动是其主要特征。

英国政府和许多团体赞助的 Media Smart 项目就是这样一个社会媒体素养帮助项目，家长可以通过项目提供的各种媒体教育资源帮助孩子正确地观看电视节目和广告；新西兰已经有越来越多的地区辅助设立大量的关于媒体教育的第三方课程，并且在一些协会和组织的推动下开发统一的媒体教育标准；日本的媒体素养教育最初就是由民间团体所推动，发展至今，日本形成了由媒体专业人士和学校教育联合开展媒体素养教育的模式；加拿大媒介素养运动的最初发起也是在媒介素养教育协会（Canadian Association for Media Education，CAME）的发动下由众多社会团体自下而上共同推动的，并且在培训媒介教育的教师和联合学校开设媒介素养教育课程方面做出了很大贡献。此后，像 AML（安大略省"媒体素养协会"）和 JCP（加拿大耶稣会士交流机构）等社会组织一直致力于推动整个加拿大的青少年媒体素养教育。此外，美国 CML（美国媒介素养中心）、MEF（美国媒体教育基金会），澳大利亚的 ATOM（澳大利亚媒体教师协会）

---

① 宋小卫：《学会解读大众传播（上）——国外媒介素养教育概述》，《当代传播》2000年第 2 期。

等知名社会团体都一直致力于青少年的媒体素养教育。

四　制度和法律保障

为了保障媒介素养教育的顺利实施，一些国家已形成专门的制度和法律对媒介素养教育进行法定监督。如英国的"英国通讯管理局"（OF-com），就享有制定媒体素养章程，以保障每一个公民的媒介素养权利的法定责任。美国的加利福尼亚州、北卡罗来纳州、佛罗里达州和新墨西哥州都已经制定了较为完备的媒介素养教育立法，以保障媒介素养运动的顺利开展。

第二节　发展适合中国青少年的媒介素养教育

"媒介素养教育"在我国的教育体制中还是一个崭新的名词。目前的情况是，研究者很多，教育者很少；倡议很多，落实很少。媒介素养教育在我国可以说仍然是一个空白。面对媒介信息的"狂轰滥炸"，我们的青少年却丝毫没有"解读"、"抵御"、"选择"的能力，这的确是一件令人堪忧的事情。因此，在借鉴国外媒介素养教育的基础上，尽快建立起一套适合中国青少年的媒介素养教育体系，是当务之急。

一　将媒介素养教育融入教育体制

我国从小学至大学的整套教育体系中，并没有媒介素养教育的位置，致使系统的媒介素养教育难以展开。对于青少年而言，媒介素养的学校教育是一个中心环节。因此，建议将媒介素养教育融入现行的教育体制中，可以采用以下形式：将媒介素养教育的内容融入相关课程中，如道德课、社会课等等，辟出专章专节讲授，并且将该部分内容作为考试的必考内容；主题班会式或讲座式，在每周的固定班会上，采用主题讨论的形式，开展媒介素养问题的讨论，或者请社会知名的媒体专家做专题讲座；开设专门的媒介素养教育课，系统地进行媒介素养教育，将考核成绩计在综合成绩之内。当然，在目前的状况下，开设专门的媒介素养教育课不太现实，而融入课程式和主题班会或讲座的形式则比较适合现行的教育体制。

二　媒介素养的师资培养

我国的师资培养教育中并没有媒介素养教育这一项内容，即使是大学中的新闻传播专业，其培养计划中也缺少该项内容。因此有以下建议：对已经在职的师资进行短期培训，提高教师自身的媒介素养；鼓励教师在教育教学活动中引入媒介素养教育；组织课题研究小组和专家，设计和推广媒介素养教育示范课程、校本课程；此外，教育主管部门也可以将媒介素养作为教师资格考核的内容。

三　媒介素养的家长培训

家长是青少年接触媒介的直接监管者。提高家长的媒介素养对青少年具有直接的教育效果。学校可以通过"家长学校"对家长的媒介素养教育进行辅导；另外，以 NGO 的形式开展自发的家长媒介素养教育，通过讲座、讨论交流等形式提高家长自身的媒介素养也是一种有效的方法。

媒介流行文化就像一个潘多拉魔盒，我们每一个人永远都不知道下一个从魔盒中跳出来的会是什么。青少年对流行文化极为敏感且又缺乏成熟的判断能力，而媒介素养，却能够成为他们"识读"、"鉴别"千变万化的流行文化的有力武器。系统地开展媒介素养教育，是抵御媒介流行文化对青少年自我认同不良影响，减少认同危机的有效之举。

第二章 发展自我认同：在积极的社会参与中发展自我

作为青少年人际交往的重要纽带和心理发展的外部支持，群体流行文化具有消解认同危机的作用，但同时又具有其抵抗主流文化的特点。青少年的"抱团"式抵抗，尽管为青少年自我认同的发展提供了获取心理支持的外部环境，但有时也可能将一些积极的、健康的主流文化价值拒之于外。青少年缺乏足够的判断力和独立思考的能力，每时每刻又面对着流行文化的各种诱惑，形成"他人导向"的自我认同实属正常。因此，作为成年人的我们，一味指责青少年是毫无意义的，而是应当将群体流行文化引导至既可减轻青少年的认同危机，又能在一定程度上融入主流文化、补充主流文化之不足的积极面上来。弗洛姆指出，工作和爱是克服自我认同异化的有效途径。换句话说，只有当自我和社会真实而和谐地达到高度统一，自我才不会扭曲和异化。真实，要求个人和社会达到由里及外的一致，不是盲从，不是失掉个性，而是在看到社会的美好、生命的美丽并包容社会不足的前提下，个性化和社会化的有机统一；和谐，则是个人愿意按照他人和社会认可的标准去发展自我，实现人的价值并以此而感到骄傲和幸福。

文化的传播既能影响社会，又能发展自我。当群体流行文化中的"负能量"被"正能量"所代替，并通过这种正能量将群体流行文化和媒介流行文化有机地统一起来之时，青少年的自我认同才是积极和健康的。青少年通过社会参与，既可以减少与主流文化的对抗，也可以与同辈相互之间营造积极向上的文化和人际氛围。青少年尽管处于社会的边缘地位，缺少独立的话语权，但他们是创新的一代、推动社会走向进步的一代。发挥青少年群体亚文化对主流文化的导进功能，其实也就是为青少年的自我认同发展营造了一个健康积极的外部环境。

第一节 网络平台中青年社会参与的新特征

一 社会参与与积极社会参与

社会参与，是当今青年和青少年中较为流行的一种亚文化。合理地利用社会参与中的积极元素，将自我认同的发展引向积极的方向，在当下不失为一种好的策略。

关于"社会参与"的定义，国内外学者并无统一定论。这主要缘于学者们在对社会参与定义的角度和对其概念维度与内容的理解上尚未达成共识。在作者看来，在界定社会参与的概念时，应着重从以下两方面着手：首先，从社会参与领域上来看，社会参与应当是一个"大概念"，可以包含社会成员对政治、经济、文化、社会等一切社会领域的行为投入。多数学者们在这一观点上基本上大同小异；其次，社会参与的主体动机较为复杂，总体上可分为主动—被动、无偿—有偿两大类别（由于主体动机较为复杂，其中的小类在此不详细划分）。其中，主动参与是指社会成员由于关注点、兴趣、价值观等方面的需求而产生的主动寻找社会参与机会并自愿产生行为投入的社会参与方式，而被动参与则是在外部力量推动之下的非自愿性社会参与；无偿是指社会参与主要不是以盈利为目的，而是主要以奉献、服务为目的，有偿则是以获取利益为主要目的。综观以往研究发现，学者们并没有依社会参与主体动机的不同而对之进行区别研究，而是统而论之。事实上，长期以来，中国社会公民个体的社会参与行为是与单位、组织高度相关的"动员参与"而非主动性、自愿性参与。因而，被动、消极、有偿的社会参与和主动、自愿、无偿的社会参与行为之间具有"质"的不同，不能混为一谈。

把握住社会参与概念的两个重要范畴，本书将社会参与定义为个体以个人或组织的形式对政治、经济、文化、社会等一切社会事务的行为投入，包括主动、自愿、无偿的社会参与和被动、消极、有偿的社会参与两大类。而在这里，我们显然希望倡导一种主动、自愿和无偿的社会参与。

在中国人的传统文化中，除了为争取利益而群聚起来的"造反式社会参与"，便是"单位让我做，我不得不做"的"动员式社会参与"，这其中掺杂了太多的或者逆反、抗争，或者被动、淡漠的情绪，其中映射出所谓"公我"与"私我"之间的对抗关系以及"公民社会"的缺失。以上社会参与，显然不是我们所倡导的积极社会参与。

然而，与上述传统文化中的社会参与形式不同的，就是近年来在青年和青少年中逐渐流行着一种以互联网为平台的社会参与形式。与传统的社会参与相比，这种新的社会参与形式突破了"学校组织参与"的局限，体现出"自组织参与"的特点。参与的领域不断扩大，其中尤为突出表现在慈善捐助、环境保护、体育运动、文化遗产保护、社区服务等公共社会服务领域方面；同时在参与动机上也更多地表现出主动、自愿、无偿参与的特点。

二　当代青少年社会参与的特征

出于兴趣，作者曾经陆续关注过南京义工联、南京寻访抗日老兵志愿者社团、MG 病友之家等民间自治社团，也曾经持续地参加其中的活动或者关注其网络论坛。在亲身参与和对成员进行访谈的基础上，归纳出当代青少年社会参与的几个特征①：

（一）网络为先导

互联网已经变成了青少年的"手边资料库"，社会参与一旦变成一种主动、自愿的社会行为，网络就成为最先提供信息的平台。互联网所具有的跨时空性、广泛性、交互性和低成本性使青年人社会参与的愿望得以方便、快捷地实现，各种论坛、聊天室、博客、新闻组等网络社区拓展了青少年人际交往的广度和深度，丰富了社会资本网络，满足了青年人广交朋友、融入社会、服务社会和奉献社会、获得社会认可的心理需求。据作者随机了解所知，参加南京义工联各种义工活动的青年人中，有八成左右成员最先从网络上寻找到相关信息，然后通过相关负责人报名参加各种活动。而 MG 病友之家的成员几乎无一例外地通过网络相互结识，相互鼓励。至今，MG 病友之家已经通过网络建立了有 500 名来自全国各地病友的 QQ 群，在联合当地红十字会、著名专家举办各种咨询活动和义诊活动中，青年病友始终是主力。网络已经成为青年社团发布消息、招募志愿服

---

① 刘芳：《网络时代的青年社会参与和公共精神培育》，《北京青年政治学院学报》2011 年第 10 期。

务人员、组织活动的主要平台。

（二）自愿为前提

起源于西方的"公民社会"概念，本是与"国家"相对，并部分独立于国家的民间力量。但在我国，这一概念从未真正存在过。中国始终是一个"国家"与"社会"高度重叠、民间力量和非政府组织受政府主导的社会结构。这使得中国人形成了依赖单位、依靠政府的思想意识。中国社会的"集体主义"其本质是"家族主义"、"熟人社会"，这就使得长期以来中国公民的社会参与要么是单位、组织动员下的被动参与，要么带有家族主义的狭隘性。对"熟人"的热情和对"生人"的冷漠使公民在超出"私域"范畴之外的更大范围的公共领域的社会参与表现出难以跨越的障碍性，公民的责任感、义务感缺乏，"各人自扫门前雪，莫管他人瓦上霜"的传统观念仍牵绊着国人的思想意识。与西方世界的公民社会相比，中国公民还普遍缺乏公民意识和公共精神。近年来，随着国家重大事件和一些网络事件的频繁发生，中国公民民主参与政治决策的诉求、社会话语多元表达的诉求正在急速扩张，公共领域的活动空间正在逐渐扩大。而青年人也在此影响下出现了"以认同与担当为特征的全方位主体参与"①，主动、积极、自愿参与社会事务的意识和行为有所增加，而这与以往的"动员参与"、"被动参与"表现出质的不同。

（三）社团为主体

互联网的普及改变了传统的初级群体（如家庭、邻里）的形式。关系亲密的初级群体成员不再只是日日朝夕相处、直接地、面对面地互动，而是以网络为平台产生了新的"趣缘"、"事缘"群体。以网络社团为主体的社会参与活动主要表现出以下特征：（1）虚拟和现实相结合。具有相似心理需求和话语体系的青年网友在虚拟社区中形成网络联盟或网络俱乐部，而网上的讨论、交流、建议、声张通常会转化为网下现实世界中的真实活动；（2）意见领袖、社团领袖具有较大影响力。社团领袖通常是由本社团早期发起者担任，随着社团的壮大，会逐渐发展出若干骨干成员，社团领袖主要靠个人魅力带动成员，在社会参与的活动安排、成员的

① 张华：《1949—2009：中国青年社会参与的特征和历史经验》，《中国青年研究》2009 年第 10 期。

价值引导方面起到绝对的影响作用；（3）高开放度，高自由度。成员不固定，对外积极招募成员，本着自愿的原则，不强迫成员一定参加活动；（4）共享群体意识和规范。自由、平等、多样化、AA 消费、热爱生活、崇尚绿色低碳、特立独行又不怪异另类、热心公益等等"圈"内规范成为公认的行为法则。随着社团成员的增加、规范的成熟和经验的积累，再加上社团要求进一步获得政府和社会认可、提升公共形象的需要，青年团体开始逐步走出自娱自乐的小圈子，不仅限于吃喝玩乐等浅层次的社会交往，而是更多地积极介入公共领域，热心公益、参与各领域的志愿、义工等社会服务事业。引导青年和青少年关注社会、参与社会公益事业几乎无一例外地成为具有较强组织力、较大影响力的青年社团社会参与的主要途径。

（四）信任为机制

社会心理学的研究表明，相似性产生信任，而价值观的相似更使信任快速产生。以网络为先导的社会参与提供了以"事由"为纽带的交往平台，兴趣点集中，中心话题明确，这使得在性别、年龄、阶层等各方面存有差异性的个体能够因价值观的相似而产生相互信任，这是一种"在民族国家和城市范围内——陌生人的城市生活领域——相遇的人们的共识，它不再植根于集体组织，也不会将陌生人看成是必然危险的，更不再对传统界定的成员资格与参与观念保持敌意"[1]。"在一个高度发达的市民社会体系中，信任与合作是一种能力，是公民间达成的一种互动与共识，它保证了个人参与互利的交往和集体行动的安全感。"[2] 没有信任作为个人心理安全的保障，以自治社团为主体的社会参与就不可能顺利达成。同时，由于网络语言和真实世界紧密相连，社会参与最终在现实世界中完成，这使得网络虚拟平台的信任屏障最终被现实世界中的社会参与所打破。

（五）分享为目的

青年社会参与往往是与爱心、奉献等情感高度相关的。尽管在现实世界中的社会参与行为往往是感性和理性相互交融，但是，网络论坛或 QQ

---

[1] ［美］亚当·B. 赛里格曼：《信任与公民社会》，陈家刚编译，《马克思主义与现实》2002 年第 5 期。

[2] ［美］罗伯特·帕特南：《使民主运转起来》，王列，赖海榕译，江西人民出版社 2001年，第 100 页。

群中的交流却往往是感性多于理性，以分享为目的。南京义工联网络论坛和 QQ 群中就有不少成员在每次活动之后都会通过博客、日志、论坛发言等各种形式记下自己的心情和心得，以此表达出在现实世界中无法表达的心理感受。同时，分享在某种程度上也是对活动的反馈与反思，讨论和热议可以提供更多的信息，产生更进一步的价值观影响，而分享和共鸣、认可和喜悦则成为社团成员的情感支持和心理动力。

第二节　在积极的社会参与中发展自我认同

对主流文化价值的"抵抗"可能表现为消极的、落寞的、倒退的，但有时也可能是积极的、文明的、进步的，这取决于青少年文化是否向善、向美、向真，是否对主流文化中腐朽、落后的元素起到一定的修正作用。

青年人的积极社会参与表达出个体向善、向美、向真的本性，也显示了当代青年人勇于担当的社会责任感，更是青年人对主流文化价值中公民缺乏公共精神的某种"积极抵抗"。而这种"抵抗"一旦成为青年人相互追赶的"时尚"，将成为推动整个社会文明进步的巨大精神力量，也为个体自我认同的发展提供了非常积极的外部环境。作者曾参与过一些社团的义工活动或志愿者活动，通过直接观察发现，亲社会行为的产生与群体氛围有相当大的相关性。当青年人处于一个助人、利他或积极有益的"社会场域"中时，其内心深处最纯真和善良的部分就会被焕发出来，而情绪是会相互感染的，因而此时，"他人导向性格"正是我们所希望的和需要的。正像勒庞所言，"群体可以杀人放火，无恶不作，但是也能表现出极崇高的献身、牺牲和不计名利的举动，即孤立的个人根本做不到的极崇高的行为。"① 弗洛伊德也说："在暗示的影响下，群体也能在塑造克制、无私和对理想的奉献方面取得高度成就。尽管就独处的个体来说，个人利益几乎是唯一的驱动力，但就群体而言，这种个人利益几乎微不足道。"②

---

① ［法］古斯塔夫·勒庞：《乌合之众——大众心理研究》，冯克利译，中央编译出版社 2000 年版，第 42 页。

② 转引自车文博：《弗洛伊德文集》（第 6 卷），长春出版社 2004 年版，第 57 页。

可见，任何事物都有两面性，如果能将青少年的"抵抗"式亚文化和"他人导向性格"转化为一种积极向善的流行文化，那么群体流行文化将对青少年自我认同的发展发挥更加积极、正面的显著影响。那么，对青少年的这种自主选择、自我发展式的社会参与应如何加以规范和推进？并给以有效的教育指导？又如何借此契机推动中国青少年的公民精神和社会参与意识？我们先来看看发达国家的有效经验吧，希望借此推进我国青少年社会参与的教育指导实践。

一 发达国家的经验

（一）树立青少年的社会参与意识

1. 利用青年组织开展爱国主义教育

白俄罗斯自 2002 年起，就在官方引导下，利用国内最大的青年社会组织——白俄罗斯共和国青年联盟（以下简称"白青盟"）对青年进行公民意识爱国主义教育，并在一系列内容丰富的活动中逐步形成了"国家引导与社会参与的爱国主义教育"模式，收到了教育主体和教育客体互动共赢的良好效果。"白青盟"依据《白俄罗斯青年共和国纲领》，以国家的节日（纪念日）为契机，单独或同国家机关、社会团体合作，每年开展五次全国性的爱国主义教育活动。通过诸如"我们是白俄罗斯公民"、"白俄罗斯繁荣"、"为了白俄罗斯"等系列主题活动，明确公民的权利和义务，树立国家在青年心目中的崇高地位，增强青年自觉服务社会、参与社会活动的意识。而国家则在此过程中起到支持、引导和调控的作用。[①]

2. 通过课程设置培育国家认同感

新加坡自建国以来，于 20 世纪六七十年代先后在中小学道德课程中开设"公民教育"、"生活教育"、"好公民"、"生活与成长"课。1991年，新加坡发布《共同价值观白皮书》，将"国家至上，社会为先"的共同价值观，纳入中小学德育课程。1998 年又发布《理想的教育成果》，把理想的 21 世纪中期的教育成果描述为：小学毕业生"热爱新加坡"；中

---

① 方若石、李世辉：《国家引导与社会参与：白俄罗斯的爱国主义教育》，《学术交流》2013 年第 4 期。

学毕业生"熟知、信任新加坡"；初级学院毕业生"了解领导新加坡应具备的素质"。通过不断改进道德教育课程内容，培育儿童和青少年的爱国情操和国家认同感。同时，新加坡还推行双语教学，即在民族语学校，学生要以民族语作为第一语言，以英语作为第二语言；在英语学校，学生则以英语作为第一语言，以各自的母语作为第二语言。目的在于，树立以英语为基础的国家认同，从而培育起"我是新加坡人"，而后才是"华人"、"马来人"、"印度族人"的公民意识。①

（二）推广青少年社会参与专项计划

1. 新加坡"社区服务计划"

新加坡为了提升儿童和青少年的国家认同感和社会参与意识，自20世纪90年代之前就开始在全国推行"社区服务计划"（Community Interact Plan），并在1990年进一步完善并制度化。新加坡国家社会发展部与教育部、政务部联合制订计划指出，中学阶段的学生每年至少要完成6小时的公益劳动，初级学院的学生每年至少要完成40个小时的社区服务工作。参与社区服务的学生能获得额外的课外活动分或徽章，作为升学考试不可或缺的一个参考因素。如果"社区服务"没有达到课外活动的评级要求，学校有权将该生拒之门外，而在毕业求职时也会受到影响。②

2. 美国阿拉斯加辅导倡议项目（AMI）

早在克林顿当政时期，美国政府就推行了旨在鼓励和推动青年人参与社区事业的美国国家社区服务项目（AmeriCorp）。③ 而各州亦开发了诸多社区服务项目。其中，阿拉斯加辅导倡议（AMI）④ 是一个典型的由学校、社区、青少年司法部门联合推行的青少年社区参与项目。该项目鉴于"公民参与是领导力发展的一个重要构件"这一结论，旨在通过提高大学生的公民参与行为来开发他们的领导潜能。AMI项目是阿拉斯加安克雷奇大学、青少年审判司以及大哥哥和大姐姐项目（BBBS）三者之间的合

---

① 蔡水清：《新加坡培育青少年国家认同感的教育措施》，《教育史研究》2009年第2期。

② 同上。

③ 臧雷振：《美国、日本、新加坡社区参与模式的比较分析及启示与借鉴》，《社团管理研究》2011年第4期。

④ Rosay, A. B.：《阿拉斯加的辅导倡议：通过公民参与促进领导力的成长》，《中国青年研究》2008年第5期。

作项目。该合作是为了招募、筛选、培养专门针对问题青少年的辅导人员。被该计划录取的大学生，需在三个学期内修满 2 个学分。这些大学生先经过一个学期的培训，然后在接下来的两个学期内，每星期需要对失足青年做四到五个小时的辅导。整个过程受到大学教授、大哥哥和大姐姐项目、青少年司法部门三方的积极监督。通过辅导失足青年，大学生得以有正式的机会进行社会参与，在此过程中，大学生由于充当了资源并提供了宝贵的服务，因而获得了积极的价值观、社会能力、责任意识和身份意识，为其领导能力的发展打好了基础。

（三）加强青少年社会参与的保障与监管

1. 依法保障公民教育和社会参与的实施

自 20 世纪 90 年代始，美国联邦政府就颁布了一些旨在加强公民教育的指导性文件。其中《2000 年目标：美国教育法》就具体规定了公民教育和社会参与的目标："到 2000 年，所有 4、8、12 年级的毕业生应该能够掌握具有挑战性的内容，包括……公民学和政府……以便他们为承担公民责任、进一步学习和有效工作做好准备……""所有学生都将参与到那些能促进和提高……公民素质、社区服务及个人责任感的活动中。"①

2. 设立社会参与管理机构

法国在 20 世纪 70 年代以来的教育改革过程中非常强调社会团体及公众参与教育事业的管理，制定了一系列有关法律来保障公民教育和社会参与的正常进行，并由全国性社会参与管理机构统一指导。对青少年而言，则主要是鼓励他们对教学活动进行参与。1988 年前由国民教育高级委员会和普通教育和技术教育委员会统一管理。1989 年法国颁布教育指导法案成立教育高级委员会，统一领导社会参与工作，取代前两个机构。

二　启示与借鉴

1. 借公民教育培育参与意识

在我国学校教育体系中，公民教育一直是缺位的，因而公民意识并未在学校教育期间得到有效的培养。青少年在自组织社会参与中表现出强烈

---

① Kennedy, K. J., *Citizenship Education and the Modern State.*, The Falmer Press, 1997, p. 139.

的参与意识和责任意识，其本质是一种公民性的体现。学校恰好可以借此契机，通过开设公民教育课对此进行强化。公民教育可根据不同年级设计不同的内容和形式：可设置专门课程，如新加坡的"好公民"、"生活与成长"课；也可采用学科渗透的方式，如通过历史、语文等学科渗透爱国主义教育；亦可采用专题讨论、角色扮演的方式进行价值澄清；同时，将公民教育课和社会参与实践相结合，比如通过社区服务、志愿服务、学徒法和田野研究法等强化参与意识，并将公民教育和社会参与实践纳入学业评价体系。

2. 以项目为依托开发潜能

自组织社会参与，是青少年趣缘式群体行为在社会公共领域中的彰显。教育有关部门如能开发适合青少年心理和行为特点的社会参与项目，则具有将"自组织"社会参与的松散状态规范化、导向化的积极功能。项目策划以青少年的兴趣为基点，以开发潜能和提高参与能力为目标，使之在项目辅导中得以"增权"，从而有能力提供更强的服务资源。"AMI"的开展提示我们，拥有更多服务资源的青少年，将具有更大的领导潜质和更强的社会参与意识和责任意识。

3. 多方协同辅导和监管

社会参与强调公共管理部门和公民之间的互动。而有效的互动往往依赖于公民的社会参与技能。青少年在特定领域中的社会参与，需要服务部门的培训辅导，而学校教师则应担负起监督、监管的职责。多方协同辅导和监管不仅使服务对象受益，更使青少年"增权"，从而形成"青少年贡献社会，社会反哺青少年"的双向互动模式。

对青少年的社会参与给予教育指导，并不意味着要重复传统式学校组织参与的模式，而是对青少年自组织社会参与起到一定的辅助推动作用。青少年有社会参与的热情，但由于心智尚未足够成熟，社会参与容易流于形式甚至偏离正轨。而相关部门的教育指导不仅能够增强青少年奉献社会的兴趣和能力，具有积极的行为导向功能，更重要的是激发了青少年的公共精神和责任意识，这对于中国公民社会的发育具有长远的积极意义。

因此，无论是学校、家庭，还是社会团体，甚至是大众传媒自身，都应致力于将青少年与媒体的庸俗互动转化为积极互动，将真善美的价值信仰变成青少年群体所拥护的价值信仰。如此，对主流文化的"抵抗"将会产生积极的社会效应，而"他人导向"也将变成群体向善。当青少年人人都以积极的社会参与为时尚，以消极厌世、怕担当社会责任为耻，那么，在这样文明的群体氛围中发展起来的自我认同，将是带给人真正的"心理安宁之感"的终极幸福。我们期待着当代中国的青少年能从"话语失声"的边缘状态走向推动中华文化进步和社会进步的"精神自觉"状态。

专题　"南京义工联"的自组织社会参与

近年来，青年"自组织"社会参与渐成景观。"南京义工联"是一个典型的公益类青年自组织。自 2004 年成立至今，在南京市区内共设立 8 个义工站，涉及特殊青少年、老人陪护、困难地区帮扶、教育及环保等服务领域。各义工站每周都有固定活动，义工从南京义工联网站上临时招募，每次活动人数一般不超过 20 人，其中新老成员皆有。义工联除了有固定的团体领袖，每次具体活动还由老成员轮流担任负责人，对活动全盘统筹。

出于对社会参与的责任和兴趣以及研究的需要，作者曾以义工身份在"南京义工联"进行过为期一年的参与活动。令作者最为关心的一个核心问题是，青年自组织社会参与，尤其是公益类自组织社会参与，是如何将原本松散的个体"凝聚起来"并积极参与社会事务的？通过参与式观察和半结构式访谈，作者认为"社会认同"是青年自组织社会参与的重要内在动因。"社会认同"在自组织的"在线—在场—在线"的行动空间内，通过个体的认知、情感和社会比较的心理过程不断建构和强化。而"社会参与"，则既是自组织"社会认同"的符号表征，又进一步再生产了自组织的符号边界。

在社会认同理论看来，"社会认同"是个体做出与群体一致性行为的内在动因。而作为一种社会心理现象的"社会认同"的形成，如泰费尔所言，是通过个体的"认知、情感和社会比较"的心理过程来实现的。作为具体的研究场景的两个义工站"江宁区百家湖老年公寓"和"建邺区安如村方舟启智中心"，将为我们展现义工是如何通过认知、情感和社会比较过程认可自己"南京义工联"的"义工身份"，并实现对自组织的

"社会认同"的。

一　"认知、情感、社会比较"：作为内在动因的"社会认同"

（一）义工身份："群体理念与自我价值的契合"

正如前文提到的，成员对群体的认知主要是指对某一群体"成员资格"的认识。希金斯认为这种一致性建立在个体认知系统中的"特异领域知识"与群体特征之间的"可接近性"和"可利用性"基础之上。[①]

由于"义工"所具有的志愿、无偿、公益、奉献的特性，很显然，在当代中国社会，"义工"身份构成了对"金钱和利益至上"观念的挑战。而很多在南京义工联长年做义工的"老"成员认为，正是"群体理念与自我价值"的契合使他们愿意在浮躁功利的社会大环境中做一名"义工"，并且能够一直坚持做下来。"义工联"，最突出的理念就是"爱心服务"。当个体"特异领域知识"中的"爱心理念"与群体理念"相遇"而发生"契合"，这种可接近性自然而然激发了成员对组织的好感和认同感："我本来就是我们学校的'博爱使者'，经常参加一些志愿活动，这次正好看到活动招募，就来参加了"（义工 XW）；"我向来看重'择善而行'，做义工是件有爱心的事情，每一次都有不同的收获，觉得很值得，很有意义"（义工 MJ）。至于知识库和"工具箱"的"可利用性"，对青年义工来说都不是问题，只要愿意用爱心付出，义工行为都可以顺利完成。

（二）助人即自助："感动中收获快乐"

"情感认同"意味着个体感受到拥有群体成员资格的情感意义。比起其他类型的青年自组织，公益类自组织所具有的情感意义往往更为突出，也更能激发成员强烈的情感体验和心理归属感。

首先，义工在助人行为中获得的是类似基督教徒的"洗礼"和情感升华。与"世态炎凉"、"人情淡漠"的外部环境形成鲜明对照，义工对服务对象的"真诚付出"、"爱心传递"触摸了青年人内心深处最柔软的

---

① Higgins, E. T., *Knowledge Activation: Accessibility, Applicability and Salience*. In Higgins, E. T. and Kruglanski, A. E. (Eds.), Social Psychology: Handbook of Basic Principles, New York: Guilford Press, 1996.

所在，唤醒了他们埋藏于心底的"真、善、美"的情感。而作为自组织灵魂人物的"领袖"的"事迹"和示范作用则往往对成员形成强烈的"情感震惊"效应。许多义工都在活动中大受感化，不仅与服务对象建立了深厚的感情，也收获了亲情："下雨天我们赶来的时候，那些孩子们（指智障学员）看到我们被淋湿了，都跑过来用他们身上的衣服替我们擦雨水，这一刻我觉得我们为他们的付出是值得的"（义工ANN）；"一个高中生参加了一次老年公寓的活动后，他感动得哭了，给他父母打电话，说今后一定要好好孝敬他们"（义工XJ）。由于在助人中体验的感动与快乐别无他寻，因而使成员对组织的情感依附力也更强，这往往是许多"老"成员长年坚持不懈做义工的重要原因："参加义工联的活动让我体验到的是另一种幸福，比起我参与的其他社团，义工联的活动是最令我有满足感的"（义工HR）；"我已经做了三年义工了，三年前，正是因为做义工，让我抛开了那时候遭遇的巨大挫折感，在这里我体验的是一种简单和纯粹，每次来做义工，我都能找回自己"（义工MF）；"我们付出了时间和精力，但收获的却是一生的快乐"（义工SGC）。

其次，在助人的同时，青年义工还收获了友情。BBS的义工经验分享、QQ群的网聊和网聚，义工行为中的亲切互动，都是在时尚、自由、平等、温暖的氛围中展开。从成员之间真诚的笑容和信任的神情中，个体感受到的是被群体悦纳和认可的归属感和幸福感："义工活动为我们提供了一个交友的平台，共同的信念，准确地说，是人性当中一些共性的东西被激发，使大家能够在一起工作"（负责人FL）；"一开始，参加活动的人很少，只有几个人，觉得很孤单，现在人越来越多。在义工联里活动的人都很真诚，我们相处得很愉快"（义工WTLY）。

（三）爱心团队："拒绝功利的一方净土"

自组织的成立，乃源于成员共同偏好某种兴趣或共同认可某种价值观念。因此由某种偏好或价值观念而形成的"积极特异性"往往容易被成员识别并以此为荣。公益类自组织成员在进行群际比较时，对自组织特有的"爱心"、"奉献"等高尚品质的强调已经成为成员们的集体共识。而且，由于"爱心"、"奉献"等"积极特异性"在当今的功利社会中尤其难能可贵，成员也因此而形成强烈的"我群"自豪感。在南京义工联的访谈中，当被问到"你认为我们的组织是一个怎样的组织？"时，几乎所有被访谈的义工都骄傲地认为他们的组织是一个"爱心团队"；是"拒绝功利的一方净土"；"我们团队的活动是在做一件对社会和那些弱势人群有意义的事情"（义工 JM）；"在社会普遍浮躁的今天，义工联的行为就像是夏季里的一场及时雨，对人心是一种滋润"（义工 QB）。而"我群"自豪感带来的是作为南京义工联义工的自尊感，很多义工坦言，"做义工使我们更清楚地体会到自己存在的社会意义"。因而，相比于其他类型的自组织，公益类青年自组织在进行群际比较之后往往产生更强的认同感和凝聚力。

二 "在线—在场—在线"：社会参与的行动空间

21 世纪青年自组织社会参与依托于"线上世界"和"线下世界"的互融，建构起"在线—在场—在线"的特有行动空间。在这一行动空间内，"社会认同"不断被建构和强化，而"社会参与"（"在场"），则既是自组织"社会认同"的符号表征，又进一步再生产了自组织的符号边界。

（一）作为"意义"生产的"在线"

南京义工联的"在线"空间主要包括三部分：网站、新浪微群、QQ群。这里仅以其主要在线空间"南京义工——与爱同行"网站为例进行剖析。该网站依托于著名的西祠胡同（南京站）网站而设置。在主页的八个版块中，最重要的版块就是"首页"、"讨论区"、"裤子"（论坛中的时尚语，"裤"即"酷"）、"相册"。

作为"意义"生产的"在线"空间，"首页"及"讨论区"的"活动招募"部分是其重要版块，它通过自组织的 LOGO、主打标语、进入的资格与规范来界定符号边界，塑造成员的"身份意识"。

首页中除了"与爱同行"的主打标语，更以"择善听而闻，择善语而言，择善人而交，择善行而为"这一自组织的文化和理念作为首页的开场语。并在介绍组织时称呼网友为"善良可爱的用户"。"爱"和"善"作为义工联的符号意义与社会认同的标识，界定了自组织的符号边界，区隔了群际差异。同时，首页上也列出了新人答疑 QQ 群以及八个义工站各自的 QQ 群号码，新人必须在参加过义工活动后方可加入群组织。这一规范标定了"义工身份"的"准入资格"，也强调通过一次实际的义工参与活动来树立义工的"身份意识"。

"讨论区"的活动招募部分主要通过标定规范来明确自组织边界。以 2012 年 5 月 26 日的"美林老年公寓"的一次招募帖为例，内容分为六个小版块："美林老年寓所简介"、"我们需要做的事情"、"我们应注意的事情"、"和老人沟通的要点"、"美林风貌"、"入群公告"。此招募帖不仅标定了"美林老年公寓的爱心服务"这一义工站的符号边界，也讲明了做老年义工应遵守的规范。值得一提的是，招募帖中提到以义工胸卡上"彩色佩带"的颜色差异来代表参加美林老年公寓活动的多少，比如黄带为 1—3 次；绿带为 4—9 次；蓝带为 10—15 次；红带为 16 次以上。这种略带趣味性的"等级标识"，无疑既塑造了"义工身份意识"，也激励和巩固了这一身份意识。

（二）作为社会表征的"在场"

从"在线"到"在场"，是自组织成员将其虚拟世界中的"身份认同"在现实世界的"行动场域"中进行实践和转化的过程，也是自组织成员在习得规范后通过实实在在的"社会参与"表征组织文化和风格的过程。义工的行动场域包括：大型公益活动的广场、场馆，惯常的服务机构甚至是服务对象的家中。"入景"和"入情"是义工的两种惯常的表征手法。所谓"入景"，即成员以"义工身份"将自己置身于义工行为的场域之中。希金斯指出，群体行为情境中的某种特别显著的刺激，会促进个体按群体规范来行动。[①] 一旦义工的行动场域作为某种显著刺激进入个体的认知，个体的"义工身份意识"便会从其多元身份中凸显出来，并展现出义工的"情景特异行为"。"入情"则是成员被行动场域中的温情画面所感染而深受感动，从而从情感上进入"义工"角色。"入景"和"入情"的义工通常以下面的行为特质来表征其义工身份和自组织的符号边界：用较平时更温柔和细腻的语言接近与熟悉服务对象，变得比平常更有耐心，真诚、专注、积极聆听。由此我们看到，"在场"不仅表征了义工身份和自组织的符号边界，同时也强化了义工的"身份意识"。

---

① Higgins, E. T., *KnowledgeActivation*: *Accessibility*, *Applicability and Salience.* In Higgins, E. T. and Kruglanski, A. E. (Eds.), SocialPsychology: Handbook ofBasicPrinciples, NewYork: Guilford Press, 1996.

（三）作为符号边界再生产的"在线"

由"在场"重归"在线"，是生成和积累"集体记忆"的过程。集体记忆通过提供对于"意义"的标准阐释模式而有效地消解了个体在日常生活层面的"独特经验"，从而进一步表征和再生产自组织的符号边界。自组织社会参与的一个重要特征是"在场"的"碎片化"。义工参加完一次为时一两个小时的义工活动后，又各自回到自己原来的生活中去。这种不连续感易使义工的"身份意识"和"在场"的热情随之淡化。而"讨论区"版块中的活动总结、"裤子"、"相册"中的分享，都是重拾记忆的过程：活动总结由每次活动的负责人撰写，记录此次活动的流程、具体的服务内容、特别引起关注的人和事以及财务明细；而"裤子"版块则完全是义工个人情感和义工经验的分享；"相册"更是记录了义工活动中的精彩瞬间。不论是网站，还是"微群"、"QQ群"，发帖、跟帖、热议、分享、回味，都在不断生成和积累着自组织的"集体记忆"。在这一过程中，"爱"和"善"的符号意义被重新表征和再生产，成员已经形成的社会认同感在作为符号边界再生产的"在线"空间中得到延续和强化。

在互联网的推动下，21世纪的青年自组织构筑起了"在线—在场—在线"的独特行动空间。这一行动空间既展示了自组织社会参与的行动轨迹，也蕴含了"社会认同"构建和强化的过程。

在自组织的这一行动空间内，我们看到了青年自组织是如何沿着"在线—在场—在线"的行动轨迹来开展社会参与的，而作为一种群体心理现象的"社会认同"又是如何被不断地建构和强化的。因此，青年自组织社会参与，既是"社会认同"推动的结果，又是一个不断建构和强化认同的过程。

结　语

"启蒙的根本目标就是要使人们摆脱恐惧，树立自主。但是，被彻底启蒙的世界却笼罩在一片因胜利而招致的灾难之中。"① 科技的发展和经济的进步在提高人的才智的同时，也使人的精神世界日益荒芜。从这个意义上说，人变得愈来愈愚蠢。辩证法的内在哲学逻辑促使本书立基于"无所不在的流行文化"这一当代文化命题，对青少年的自我认同进行现实关照与反思。

人的心灵、自我完全是社会的产物。这一理论命题告诉我们，人从出生后的生物个体，转变为具有"心灵"的有机体，形成具有自我意识的人格这一主体发展过程，都不能脱离人类社会的存在。而在经验领域，"狼孩"、"猪孩"的非正常个案也有力地从反面证明了个体脱离社会之后可能发生的"畸变"。

今天，在某种程度上，流行文化就像笼罩在我们周围的空气，我们看不见、摸不着，却无时无刻不在接受它的浸濡。流行文化重塑了人们的自我身份和日常生活，成为人们认知世界、了解自我、建立道德判断、审美判断，进行情感体验和价值评价的主要资源和寻求意义的重要途径。流行文化获得的这种文化普适性，构成人们自我认同的新语境。

商业、媒体、大众心理，是流行文化不断得以膨胀的三张王牌。其中，巨大的商业利润是流行文化发展的原始动力，高科技媒体是流行文化得以迅速推广的工具和保障，大众心理则是流行文化赖以生存的土壤。商业、媒体和大众心理三者之间的相互勾连，使流行文化成为一种既具有社

---

① ［德］马克斯·霍克海默、西奥多·阿道尔诺：《启蒙辩证法：哲学断片》，渠敬东、曹卫东译，上海世纪出版集团 2006 年版，第 1 页。

会学意义又具有心理学意义的社会文化现象。流行文化以其独有的"符号学"特征，制造了五彩斑斓的幻象，以隐形的力量麻醉着大众的神经。而自我认同，作为个体自我认知的最为内在的部分，却在时时受到流行文化的侵扰，而这种侵扰，不仅来自于大众媒体，也来自青少年的同辈群体。

　　传统认为，"家庭—学校—同辈群体—大众传媒"是儿童社会化的"四大影响源"，但如今这个结构次序已改变为"大众传媒—同辈群体—学校—家庭"的程式。① 大众传媒给儿童提供的生活方式和交往方式往往更老道、更具吸引力，这意味着儿童在大众传媒的影响下能够被迅速地社会化，而由大众传媒制造的"互动意义"和新型的交往方式也使同辈间的人际影响成为儿童社会化的主源，这因此而瓦解了父母支配孩子的权威以及学校教育的权威。综观全书可以看到，本书从总体研究思路到具体的研究设计和流行文化问卷编制，再到结论部分的分析，都将大众传媒和同辈群体置于青少年自我认同发展的重要位置。而作为流行文化重要的生产源和传播源，以大众传媒和同辈群体为载体生成的媒介流行文化和群体流行文化自然而然也成为影响青少年自我认同发展的重要外部情境。因此，"媒介流行文化作为一种宏观的社会要素，群体流行文化作为人际交往的重要纽带对青少年自我认同的影响"就顺理成章地成为统领全书的研究思路。且本书所确立的"当代流行文化对青少年自我认同的影响"这一核心的研究主题，也自然而然地沿着以上两个分问题展开。

　　本书在理论框架的支持下，提出了"流行文化对青少年的自我认同产生影响"这一研究假设，在此基础上，本书利用自编流行文化调查问卷和台湾师范大学心理学所编制的"QII—III"和"QIF—III"自我认同量表，通过对山东三个城市在校青少年的抽样调查，建构了"流行文化对青少年的自我认同产生影响"的结构方程模型。

　　数据统计的结果显示：当代青少年普遍具有较高的自我认同确定性，并且对内在价值体系的心理需求程度也普遍较高；同时，当代青少年也普遍处于中度的自我认同危机状态。媒介流行文化对社会领域的自我认同确定性和各领域的自我认同重要性都有显著正向影响，对自我认同危机也产

---

① 陈金菊：《家长如何帮助儿童提高媒介素养》，《教育导刊》（幼儿教育）2008 年第 6 期。

生显著的正向影响，而对个人认同确定性和形象认同确定性并没有显著影响；群体流行文化对所有领域的自我认同确定性和重要性都呈现显著的负向影响，对自我认同危机也产生显著的负向影响。在社会人口变量上，男女青少年在"媒介流行文化对自我认同确定性和重要性的影响"上并无显著差异，在"媒介流行文化对认同危机的影响"上也无显著差异；而在"群体流行文化对自我认同确定性和重要性的影响"及"群体流行文化对认同危机的影响"上，男青少年受到影响的程度都显著高于女青少年。从年龄段上看，随着年龄的增长，媒介流行文化和群体流行文化对青少年的自我认同确定性、重要性及认同危机的影响程度逐渐降低。研究假设中部分被接受，部分被拒绝。

　　对数据的进一步分析基础上，有以下讨论：媒介流行文化以社会化的机制增强了青少年自我认同的确定性，同时又以"赋意"的手段提高了青少年对自我的心理期望值，以它所建构的"事实"引发了自我认同危机，因而媒介流行文化影响下的自我认同呈现出虚假的、非现实的特质；群体流行文化使青少年在"他者"的压力下降低自我认同的确定性，又以"群体抵抗"的形式颠覆了主流价值体系下型塑起来的价值规范，减少了自我认同危机的发生，群体流行文化影响下的自我认同呈现出他人导向的特质。本书的以上研究结论不仅是对前文理论框架的回应，同时又通过实证资料使流行文化对自我认同的影响进一步具体化。

　　个人永远是社会的一分子，自我认同因时代的不同而呈现出不同的特征。在下表中，我们将当代社会青少年自我认同的特征与传统社会和早期现代社会做一对比，看看在不同的社会背景下，个体的自我认同有何差别。

表　　　　　　　　三种社会背景下青少年的自我认同特征比较

社会类型	自我认同来源	自我认同特征
前现代社会	权威（家庭、种/民族、等级）	权威导向的自我认同
现代社会	无固定来源	焦虑的自我认同
后现代社会	流行文化、大众媒体	虚假的自我认同

　　在前现代社会，规范、制度等传统权威清楚地告知人们应该做一个怎样的人，而个人也对权威深信不疑，个体不会充满欲望地想象和觊觎与自

己身份等级不相符合的东西。权威的内化使得个体在既定的框架内去实现自己的目标和价值，自我认同也在一个稳定的外部环境中按部就班地发展着，因而前现代社会是权威导向的自我认同，不会产生社会整体性的认同危机；至现代社会，传统的权威观念被打破，人们在摆脱宗教、等级权威而成为一个自由的个体的同时，他们所追求的人生目标也随之消失了。个体被抛入了前所未有的自由海洋之中而无所适从，自我认同的焦虑和危机成为现代人的通病。而正当人们心无所向、迷茫万分之时，流行文化的适时出现成了人们的"救命稻草"，只要"跟着媒体走"、"跟着他人走"，就不会有太大的闪失；而至后现代，流行文化对人的控制越发疯狂，追求时尚、超越时尚成为当代人一生为之奋斗的目标。流行文化所制造的表面和谐，似乎掩藏着更深层次的自我认同危机，因此当代人的自我认同是在流行文化影响下的虚假认同。

流行文化对当代青少年自我认同的影响是后现代语境下的一个特殊问题。这一问题关乎青少年的心理健康、自我实现和幸福感，更关乎文化的进步和社会的文明。因此本书的论题既是一个个人问题，同时也是一个重大的社会问题——提高内在的认知素养，在积极的社会参与中寻求真正的"心理社会安宁之感"，这是我们所希望看到的"自我"和"社会"的和谐之美。

参考文献

英文文献

Adams, G. R. , Bennion, L. , and Huh, K. , *Objective measure of ego i-dentity status: A reference manual* (2*nd ed.*). Logan, Utah: Utah State University, 1989.

Adams G. R. and Fitch, S. A. *Ego stage and identity status development: Across - lag analysis.* Journal of Adolescence, 1981, 4 (2).

Adams, G. R. and Marshall, S. K. *A developmental social psychology of i-dentity: understanding the person - in - context.* Journal of Adolescence, 1996 (19).

Adams, G. R. , Shea, J. , and Fitch, S. A. *Toward the development of an objective assessment of ego - identity status.* Journal of Youth and Adolescence, 1979, 8 (10), .

Akers, J. F. Jones, R. M. , and Coyl, D. D. *Adolescent friendship pairs: similarities in identity status development, behaviors, attitudes, and intentions.* Journal of Adolescent Research, 1998 (13) .

Allport, G. W. *Becoming: Basic considerations for a psychology of personality.* New Haven: Yale University Press, 1955.

Arnett, J. J. *The psychology of globalization.* American Psychologists, 2002, 57 (10) .

Arnold, M. *Culture and anarchy: An essay in political and social criticism.* Cambridge, Cambridge University Press. 1883.

Bacon - Smith, C. *Enterprising Women: Television Fandom and the Popular Myth.* Philadelphia: University of Pennsylvania Press. 1992.

Baumeister, R. F.

——*Identity*: *cultural change and the struggle for self*. New York: Oxford University Press. 1986.

——*How the self became a problem*: *a psychological review*. Journal of Personality and Social Psychology, 1987（52）.

——*Identity crisis*. In Lerner, R. M. , Peterson, A. C. , and Brooks – Gunn, J. , Encyclopedia of adolescence, New York: Garland. 1991.

Baumeister, R. F. *The Handbook of Social Psychology*: *The Self*. McGraw – Hill. 1998.

Baumeister, R. F. and Muraven, M. *Identity as adaptation to social*, *cultural*, *and historical context*, Journal of Adolescence, 1996（19）.

Baym, N. K. , *Talking About Soaps*: *Communicative Practices in a Computer – Mediated Fan Culture*. In Harris, C. and Alexander A. （Eds）, Theorizing Fandom: Fans, Subculture and Identity. Cresskill: Hampton, 1998, p. 111 – 129.

Bem, D. J. *Self – perception*: *An alternative interpretation of cognitive dissonance phenomena*. Psychological Review, 1967（74）.

Benet – Martinez, V. , Leu, J. , Lee, F. , and Morris, M. W. *Negotiating biculturalism*: *Cultural frame switching in biculturals with oppositional versus compatible cultural identities*. Journal of Cross – Cultural Psychology, 2002（33）.

Berzonsky, M. D.

——*Self – construction over the life span*: *A process perspective on identity formation*. In Niemeyer, G. J. and Niemeyer, R. A. （Eds. ）, Advances in personal construct psychology. Greenwich, CT: JAL. 1990. p. 155 – 186.

——*Identity Style Inventory（ISI3）*, *Revised Version*. Unpublished measure, State University of New York. 1992.

Berzonsky, M. D. and Adams, G. R. *Reevaluating the identity status paradigm*: *Still useful after 35 years*. Developmental Review. 1999（19）.

Berzonsky, M. D. , Soenens, B. , Smits, I. , Luyckx, K. , and Goossens, L. *Revised Identity Style Inventory（ISI – 4）*. Unpublished test, Department of Psychology, State University of New York at Cortland, Cortland, NY. 2007.

Bosma, H. A. and Kunnen, E. S. *Determinants and mechanisms in ego identity development: a review and synthesis.* Development Review, 2001 (21).

Bourdieu, P. *Distinction: A social critique of the judgement of taste.* Cambridge. MA: Harward University Press. 1984.

Bourne, E. *The state of research on ego identity: A review and appraisal.* Journal of Youth and Adolescence, 1978 (1).

Breckler, S. J. and Greenwald, A. G. *Motivational facets of the self.* In: Sorrention, R. M. and Higgins, E. T. (Eds.), Handbook of motivation and cognition: Foundations of social behavior. New York: Guiford Press, 1986.

Breger, L. *From instinct to identity: the development of personality.* Englewood Cliffs, NJ: Prentice – Hall. 1974.

Burns, R. *Self – concept development and education.* Henry Ling Ltd. 1982.

Cheek, J. M. *Identity orientations and self – interpretation.* In Buss, D. M. and Canter, N. (Eds.), Personality Psychology: Recent trends and emerging directions New York: Springer – Verlag, 1989, p. 275 – 285.

Cheek, J. M. and Briggs, S. R. *Self – consciousness and aspects of identity.* Journal of Research in Personality, 1982 (16).

Cheek, J. M., and Hogan, R. *Self – concepts, self – presentations, and moral judgment.* In J. Sule andA. G. Greenwald (Eds.), Psychological Perspectives on the Self, Hillsdale, NJ: Erlbaum. 1983.

Coan, R. W. *Artist, sage or saint: A survey of views on what is variously called mental health, normality, naturity, self – actualization and human fulfillment.* New York: Columbia University Press. 1977.

Côté, J. E. *Identity: A multidimensional analysis.* In Adams, G. R., Montemayor, R. and Gullotta, T. P. (Eds), Psychosocial development during adolescence. Advances in adolescent development: An annual book series. Thousand Oaks, CA, US: Sage Publications, Inc. 1996 (8).

Côté, J. E. *Arrested Adulthood: the changing nature of maturity and iden-*

tity. New York：New York University Press. 2000.

Côté, J. E. and Levine, C. G.

——*A critical examination of the ego identity status paradigm.* Developmental Review, 1988, 8（2）.

——*Identity formation, agency, and culture：a social psychological synthesis.* Mahwah, NJ：Lawrence Erlbaum. 2002.

Côté, J. E. and Schwartz, S. *Comparing psychological and sociological approaches to identity：Identity status, identity capital, and the individualization process.* Journal of Adolescence, 2002, 25（6）.

Cushman, P. *Why the self is empty.* American Psychologist, 1990（45）.

Davis, J. E. *Identity and social change.* New Jersey：Transactions Publishers. 2000.

Dellas, M. and Jernigan, L. P. *Development of an objective instrument to measure identity status in terms of occupation crisis and commitment.* Educational and Psychological Measurement, 1981（41）.

Dolby, N. *Popular culture and democratic practice.* Harvard Educational Review, Fall, 2003, 73（3）.

Durkheim, E. *The division of labor in society.* New York：Free Press. 1964.

Elias, N. *The society of individuals, trans. Jephcott,* E. Oxford：Blackwell. 1991.

Erikson, E. H.

——*Young man luther：A study in psychoanalysis and history.* New York：W. W. Norton and Company, Inc. 1958.

——*Childhood and society.* New York：W. W. Norton and Company, Inc, 1963.

——*Identity, youth, and crisis.* New York：Norton. 1968.

——*Life history and the historical moment.* New York：Norton. 1975.

——*Identity and the life cycle：A reissue.* W. W. Norton and Company, Inc. 1980.

Erikson, E. H. , Erikson, J. M. , and Kivnick, H. Q. *Vital involvement in old age - the experience of old age in our time.* New York: W. W. Norton and Company. 1997.

Ferguson, H.

——*Deception and despair: ironic self - identity in modern society.* Davis, J. E., editor, Identity and social change, New Jersey: Transactions Publishers. 2000.

——*Self - identity and everyday life.* New York: Routledge. 2009.

Fiske, J. *The cultural economy of fandom*, In The Adoring Audience: Fan Culture and Popular Media, edited by Lisa. A. Lewis. London: Routledge. 1992.

Fornös, J. *Cultural theory and late modernity.* London: Sage. 1995.

Fung, A.

——*Women's magazines: construction of identities and cultural consumption in Hong Kong.* Consumption, Markets and Culture, 2002, 5 (4).

——*The impacts and nationale of pop idol - worship among Hong Kong teenagers.* Social Research Project Competion, Organized by Department of Sociology, The Chinese University of Hong Kong. 2002 - 2003

——*Faye and the fandom of a Chinese diva.* Popular Communication, 2009, 7 (2).

——*Fandom, youth and consumption in China.* European Journal of Cultural Studies 2009, 12 (3).

Fung, A. and Curtin, M. *The anomalies of being Faye (Wong): gender politics in Chinese popular music.* International Journal of Cultural Studies, 2002, 5 (3).

Furlong, A. and Cartmel, F. *Young people and social change: individualization and risk in late modernity.* Buckingham, UK: Open University Press. 1997.

Gergen, K. J. *The saturated self: dilemmas of identity in contemporary life.* New York: Basic Books. 1991.

Giddens, A. *Sociology* (Eds. 3). Cambridge: Polity Press. 1997.

Goenjian, A., Stilwell, B. M., Steinberg, A. M., Fairbanks, L. A.,

Galvin, M. R. , Karayan, I. , and Pynoos, R. S. *Moral development and psychopathological interference in conscience functioning among adolescents after trauma*. Journal of American Academy of Child and Adolescent Psychiatry, 1999 (38) .

Greenwald, A. G. and Pratkanis, A. R. The self. In: Wyer, R. S. and Srull, T. K. (Eds.), *Handbook of social cognition*. Hillsdale. NJ: Erlbaum, 1984, pp. 129 - 178.

Grotvant, H. D. *Toward a process model of identity formation*. Journal of Adolescent Rearch, 1987, 2 (3) .

Habermas, J. *The Theory of communicative action*. Vol. II: Lifeworld and System: A Critique of Functionalist Reason. Boston: Beacon Press. 1987.

Hall, S. *Cultural studies: two paradigms*. Media Culture and Society, 1980 (2) .

Hall, S. and Jefferson, T. *Resistance through rituals: youth subculture in post war Britain*. London and New York: Routledge. 1976.

Hall, S. and Whannel, P. *The popular arts. Boston: Beacon Press*. New York: Pantheon books, 1964.

Hariington, C. Lee and Bielby, D. D. , *Soap Fans: Pursuing Pleasure and Making Meaning in Everyday Life*. Phialdelphia: Temple University Press, 1995.

Harris, J. R. *Where is the child's environment? A group socialization theory of development*. Psychology Review, 1995 (102) .

Harter, S.

——*Competence as a dimensionof self - evaluation: Toward a comprehensive model of Self - worth*. In R. L. leahy (Ed), The Development of the self. New York: Academic press. 1985. P. 55 - 121.

——Manual: Self - perception profile for adolescents. Denver, Co: university of
Denver. 1986.

——*Processes underlying adolescent selfconcept formation*. In Montemayor, R. , Adams, G. R. and Gullotta T. P. (Eds.), From childhood to adolescence: A transitional period? Newbury Park, CA: Sage. 1990.

——Causes, correlates and the functional role of global self – worth: A life – span perspective, In Kolligian, J. and Sternberg, R. (Eds.), *Perceptions of competence and incompetence across the life span*. New Haven, CT: Yale University Press, 1990.

Hebidige, D. Hidding in the light: On images and things. London, Routledge. 1988.

Higgins, E. T. *Knowledge Activation: Accessibility, Applicability and Salience*. In Higgins, E. T. and Kruglanski, A. E. (eds.) Social Psychology: Handbook of Basic Principles. New York: Guilford Press. 1996.

Hogan, R. and Cheek, J. M. Identity, authenticity, and maturity. In Sarbin, T. R. and Scheibe, K. E. (Eds.), Studies in social identity. New York: Praeger. 1983, pp. 339 – 357.

Hong, Y. – y. , Roisman, G. I. , and Chen, J. *A model of cultural attachment: A new approach for studying bicultural experience*. In Bornstein, M. H. and Cote, L. (Eds), Acculturation and Parent Child Relationships: Measurement and Development. Hillsdale, NJ: Lawrence Erlbaum Associate, Inc. 2006, pp. 135 – 170.

Hui, C. H. and Triandis, H. C. *Individualism – collectivism: A study of cross – cultural researchers*. Journal of Cross – cultural Psychology, 1986 (17) .

James, F.

——Postmodernism, or the Cultural Logic of Late Capitalism, In Durkham, M. G. and Kellner, D. (Eds.), *Media and cultural studies: keyworks*. Malden, MA: Blackwell. 1984, pp. 482 – 519.

——*Postmodernism and the Consumer Society*. Foster, H. editor, Postmodern Culture, London: Pluto Press. 1984.

James, W. , *The Principles of Psychology*. NY: Henry Holt and Co. , 1890.

Jekins, H. *Textual Poachers: Television Fans and Participatory Cultures*. London: Routledge. 1992.

Hriington, C. Lee and Bielby, D. D. *Soap Fans: Pursuing Pleasure and*

Making Meaning in Everyday Life. Phialdelphia: Temple University Press. 1995.

Jeson, J. *Fandom as pathology: the consequences of characterization*. In The Adoring Audience: Fan Culture and Popular Media, edited by Lisa. A. Lewis. London: Routledge. 1992.

Jodl, K. M., Michael, A., and Malanchuk, O. *The family as a context for adolescent identity development*. Paper presented at the meeting of the Society for Research in Adolescence, San Diego, CA. 1998, Feb.

Jordyn M. and Byrd, M. *The relationship between the living arrangements of university students and their identity development*. Adolescence, Summer, 2003, 38 (150).

Kellner, D. *Media culture*. London and New York: Routledge. 1995.

Kroger, J. *Identity in adolescence: balance between self and other*. (Ed3), London: Routledge. 2004.

Kruglanski, A. W., and Webster, D. M. *Motivated closing of the mind: "Seizing" and "Freezing"*. Psychology Review, 1996 (103).

L Kroeber, A. and Kluck – hohn, C. *Culture: A critical review of concepts and definitions*. New York. 1952.

Lannegrand – Willems, L. and Bosma, H. A. *Identity development – in – context: The school as an important context for identity development*. Identity: An International Journal of Theory and Research, 2006, 6 (1).

Leavis, F. R. *Mass civilization and minority culture*. London: Cambridge University Press. 1930.

Lee, S., Sobal, J., and Frongillo, E. A. *Comparison of models of acculturation: The case of Korean Americans*. Journal of Cross – Cultural Psychology, 2003 (34).

Linton, R. *The Study of Man*. New York: D. Appleton Century. 1936.

Loevinger, J. *Paradigms of personality*. New York: W. H. Freeman. 1987.

Lord, S. E. and Eccles, J. S. *James revisited: The relationship of domain self – concepts and values to Black and White adolescents'self – esteem*. Paper presented at the meeting of the Society for Research on Adolescence, San Diego. 1994, Feb.

Luyckx, K., Goossens, L., Soenens, B., and Beyers, W. *Unpacking commitment and exploration: preliminary vlidation of an integrative model of adolescent identity formation.* Journal of Adolescence, 2006, 29 (3).

Luyckx K., Schwartz S. J., Berzonsky M. D., Soenens B., Vansteenkiste M., Smits I., and Goossens L. *Capturing ruminative exploration: etending the four-dimensional model of identity formation in late adolescence.* Journal of Research in Personality, 2008 (42).

Lynd, R. S. and Lynd, H. *Middletown.* New York: Harcourt, Brace and Company. 1929.

Lyotard, J. F. *The postmodern condition: a report on knowledge.* Manchester University Press. 1984.

Macdonal, D. *A theory of mass culture.* In Rosenberg, B. and White, D. W. (Eds), *Mass culture: The popular arts in America.* Macmillan, New York: Free Press. 1957, pp. 59 – 73.

Marcuse, H. *One dimensional man.* London: Routledge. 1964.

Marcia, J. E.

——Marica, J. E, *Determination and Construct Validation of Ego Identity Status.* Unpublished doctoral dissertation, Ohio State University, 1964.

——*Development and validation of ego identity status.* Journal of Personality and Social Psychology, 1966, 3 (5).

——Identity in adolescence. In Adelson, J. (Eds.), Handbook of Adolescent Psychology. New York: Wiley, 1980, pp. 159 – 187.

——*Identity diffusion differentiated.* In Psychological Development: Perspectives across the Life Span, Luszcz, M. A. and Nettelbeck, T. (Eds). North – Holland: Elsevier Science Publishers B. V. 1989.

Masuda, T. and Nisbett, R. E. Attending holistically versus analytically: *Comparing the context sensitivity of Japanese and Americans.* Journal of Personality and Social Psychology, 2001 (81).

McAdams, D. P. The case for unity in the (post) modern self: A modest proposal. In R. Ashmore and L. Jussim (Eds.). *Self and identity: Fundamental issues.* New York: Oxford University Press. 1997.

Mead, M. *Coming of age in Samoa.* NY: William Morrow and Company. 1928.

Mead, M. *Sex and temperament in three primitive societies.* NY: William Morrow and Company. 1935.

Mediated, http: // mediaed. org. uk / media – literacy.

Meeus, W. *Studies on identity development in adolescence: An overview of research and some new data.* Journal of Youth and Adolescence, 1996, 25 (5)

Meilman, P. W. *Cross – sectional age changes in ego identity status during adolescence.* Developmental Psychology, 1979, 15 (2) .

Newman, P. R. and Newman, B. M. *Early adolescence and its conflict: Group identity versus alienation.* Adolescence, 1976 (11) .

Ochse, R. and Plug, C. *Cross – cultural investigation of the validity of Erikson's theory of personality development.* Journal of Personality and Social Psychology, 1986, 50 (6) .

Padilla, A. M. and Perez, W. *Acculturation, social identity, and social cognition: A new perspective.* Hispanic Journal of Behavioral Sciences, 2003 (25) .

Paulhus, D. *Two component models of socially desirable responding.* Journal of Personality and Social Psychology, 1984 (46) .

Phinney, J. and Goossens, L. *Identity development in context.* Journal of Adolescence, 1996, 19 (5) .

Pynoos, R. S, Steinberg, A. M. , and Piacentini, J. C. *A developmental psychopathology model of childhood traumatic stress and intersection with anxiety disorders.* Biological Psychiatry, 1999 (46) .

Rogers, C.
——*Client – centered therapy: Its current practice, implications and theory.* Boston: Houghton Mifflin. 1951.
——Rogers, C. , *A Theory of Therapy, Personality, and Interpersonal Relationships, as Developed in the Client – centered Framework.* In: Koch, S. (Eds), Psychology: A Study of a Science, 1959.

Rosenberg, M. *Conceiving the Self. NY*: Basic. 1979.

Ross, S. *Working class Hollywood*: *Silent Film and the Shaping of Class in America*. Princeton: Princeton University Press. 1998 .

Ryder, A. G. , Alden, L. E. and Paulhus, D. L. *Is acculturation unidimensional or bidimensional?* A head – to – head comparison in the prediction of personality, self – identity, and adjustment. Journal of Personality and Social Psychology, 2000 (79) .

Schachter, E. P.

——*Identity constraints*: *The perceived structural requirements of a "good" identity*. Human Development, 2002, 45 (6) .

——*Identity configurations*: *A new perspective on identity formation in contemporary society*. Journal of Personality, 2004, 72 (1) .

——*Context and identity formation*: *a theoretical analysis and a case study*. Journal of Adolescent Research, 2005 (10) .

Schwartz, S. J. *The evolution of Eriksonian and Neo – Eriksonian identity theory and research*: *A review and integration*. Identity, 2001 (1) .

Shavelson, R. J. , Habner, J. J. & Stanton, G. C. *Validation of construct interpretations*. Review of Educational Research, 1976, (46) .

Shramm, W. , Lyle, J. , and Parker, W. B. *Television in the Lives of Our Children*. CA: Stanford University Press. 1961.

Sorokin, P. A. *Social and cultural dynamics*. New York: Bedminster Press. 1962.

Stewart, J. Bridges not Walls. *A Book about Interpersonal Communication (7th Edition)* . Boston: McGraw – Hill College. 1999.

Strinati, D. *An introduction to theories of popular culture*. London: Routledge. 1995.

Suh, E. M. *Self, the hyphen between culture and subjective well – being*. In Diener, E. and Suh, E. M. (Eds.) . Culture and subjective well – being. Cambridge, MA: The MIT Press, 2000, pp. 63 – 86.

Tajfel, H.

——*Differentiation between social groups*: *studies in the social psychology of inter – group relations.* London：Academic Press. 1978.

——*Human Groups and Social Categories：Studies in Social Psychology.* Cambridge，England：Cambridge University Press. 1981

Thornton, S. *Club Cultures：Music, Media and Subcultural Capital.* Cambridge：Polity Press. 1995.

Trafimow, D., Triandis, H. C., and Goto, S. G. *Some tests of the distinction between the private self and the collective self.* Journal of Personality and Social Psychology, 1991, (60) .

Trafimow, D., Triandis, H. C., and Goto, S. G., *Some tests of the distinction between the private self and the collective self.* Journal of Personality and Social Psychology, 1991 (60) .

Triandis, H. C., McCusker, C., and Hui, C. H., *Multimethod probes of individualism and collectivism.* Journal of Personality and Social Psychology, 1990 (59) .

Van Hoof, A. *The identity status filed reviewed：an update of unresolved and neglected issues with a view on some alternative approaches.* Developmental Review, 1999, (19) .

Waterman, A. S.

——*Identity in adolesence：processes and contents.* London：Jossey – Bass Social Inc. 1985.

——*Issues of identity formation revisited：United States and the Netherlands.* Developmental Review, 1999, (19) .

Young, R. Music, popular culture, identities. New York：Rodopi. 2002.

中文文献

［英］爱德华·泰勒：《原始文化》，浙江人民出版社 1988 年版。

［美］埃里克·H. 埃里克森：《青少年：同一性与危机》，孙名之译，浙江教育出版社 1998 年版。

［美］埃里希·弗罗姆：《逃避自由》，刘林海译，国际文化出版公司 2007 年版。

［法］埃米尔·涂尔干：《社会分工论》，渠东译，生活·读书·新知

三联书店 2000 年版。

　　［英］安东尼·吉登斯：《现代性与自我认同》，赵旭东、方文译，生活·读书·新知三联书店 1998 年版。

　　安秋玲：《青少年非正式群体交往与自我同一性发展研究》，博士学位论文，华东师范大学 2006 年。

　　［苏］巴赫金：《巴赫金全集》，钱中文译，河北教育出版社 1998 年版。

　　卜卫：《大众传媒与儿童性别角色社会化》，《青年研究》1997 年第 2 期。

　　［美］查尔斯·霍顿·库利：《人类本性与社会秩序》，包凡一、王湲译，华夏出版社 2015 年版。

　　［英］查尔斯·泰勒：

　　——《自我的根源：现代认同的形成》，韩震等译，译林出版社 2001 年版。

　　——《现代认同：在自我中寻找人的本性》，陶庆译，《求是学刊》2005 年第 5 期。

　　车文博：

　　——《弗洛伊德文集》（第 6 卷），长春出版社 2004 年版。

　　——《当代西方心理学新词典》，吉林人民出版社 2001 年版。

　　——《人本主义心理学》，浙江教育出版社 2003 年版。

　　陈金菊：《家长如何帮助儿童提高媒介素养》，《教育导刊》（幼儿教育）2008 年第 6 期。

　　陈坤虎、雷庚玲、吴英璋：《不同阶段青少年之自我认同内容及危机探索之发展差异》，《中华心理学刊》，2005 年第 3 期。

　　陈霖：《迷族：被神召唤的尘粒》，苏州大学出版社 2012 年版。

　　陈香：《青少年自我同一性的发展——同一性地位及其相关因素的研究》，硕士学位论文，河北大学，2001 年。

　　陈卓然：《大众传播媒介对中学生自我同一性影响的研究》，硕士学位论文，南京师范大学，2004 年。

　　［美］大卫·里斯曼：《孤独的人群》，王崑、朱虹译，南京大学出版社 2002 年版。

［美］戴安娜·克兰：《文化生产：媒体与都市艺术》，赵国新译，译林出版社 2001 年版。

戴锦华：《大众文化的隐形政治学》，《天涯》1999 年第 2 期。

［美］戴维·波普诺：《社会学》（第十版），李强等译，中国人民大学出版社 1999 年版。

［美］丹尼尔·贝尔：《资本主义文化矛盾》，赵一凡等译，生活·读书·新知三联出版社 1989 年版。

党芳莉：《20 世纪英国媒介素养教育的理论发展和实践》，《海南师范学院学报（社会科学版）》2006 年第 3 期。

［美］道格拉斯·凯尔纳：

——《媒体奇观：当代美国社会文化透视》，史安斌译，清华大学出版社 2003 年版。

——《媒体文化》，丁宁译，商务印书馆 2004 年版。

——《批判理论与文化研究：未能达成的结合》，陶东风主编：《文化研究精粹读本》，中国人民大学出版社 2006 年版。

邓惟佳：《迷与迷群：媒介使用中的身份认同建构》，中国传媒大学出版社 2010 年版。

［美］凡勃伦：《有闲阶级论：关于制度的经济研究》，蔡受百译，商务印书馆 1964 年版。

费孝通：《乡土中国 生育制度》，北京大学出版社 1998 年版。

风笑天：《他们信息世界的另一半——中学生与大众传媒的描述性报告》，《青年研究》1995 年第 6 期。

风笑天，孙龙：《虚拟社会化与青年的角色认同危机——对 21 世纪青年工作和青年研究的挑战》，《青年研究》1999 年第 12 期。

［奥］弗洛伊德：《精神分析引论》，高觉敷译，商务印书馆 2009 年版。

高丙中：《精英文化、大众文化、民间文化中国文化的群体差异及其变迁》，《社会科学战线》1996 年第 2 期。

高宣扬：《流行文化社会学》，中国人民大学出版社 2006 年版。

［法］古斯塔夫·勒庞：《乌合之众——大众心理研究》，冯克利译，中央编译出版社 2000 年版。

郭金山：《同一性的自我追求——大学生自我同一性研究》，博士学位论文，吉林大学，2002 年。

郭金山、车文博：《自我同一性与相关概念的辨析》，《心理科学》2004 年第 5 期。

桂守才、王道阳、姚本先：《大学生自我认同感的差异》，《心理科学》，2007 年第 4 期。

［英］赫伯特·斯宾塞：《群学肄言》，严复译，商务印书馆 1931 年版。

黄芳铭：《结构方程模式理论与应用》，中国税务出版社 2005 年版。

黄希庭：《人格心理学》，浙江教育出版社 2010 年版。

［德］马克斯·霍克海默、西奥多·阿道尔诺：《启蒙辩证法：哲学断片》，渠敬东、曹卫东译，上海世纪出版集团 2006 年版。

［英］吉姆·麦克盖根：《文化民粹主义》，南京大学出版社 2001 年版。

［法］加布里埃尔·塔尔德：《模仿律》，［美］埃尔希·克鲁斯·帕森斯英译，何道宽中译，中国人民大学出版社 2008 年版。

蒋逸民：《自我民族志：质性研究方法的新探索》，《浙江社会科学》2011 年第 4 期。

金盛华：

——《自我概念及其发展》，《北京师范大学学报》（社会科学版）1996 年第 1 期。

——《自我概念发展的社会比较机制》，《心理学探新》1997 年第 3 期。

［美］克莱德·克鲁克洪：《文化与个人》，浙江人民出版社 1986 年版。

［英］雷蒙德·威廉斯：《文化与社会》，吴松江、张文定译，北京大学出版社 1991 年版。

《关键词：文化与社会的词汇》，刘建基译，生活·读书·新知三联书店 2005 年版。

雷庚玲：《Erikson 之心理社会发展理论与 921 震灾后儿童心理复健之应用》，《中华心理卫生学刊》1999 年第 12 期。

刘永芳：《青少年自我同一性的发展及其与依恋的关系》，硕士学位论文，山东师范大学，2005 年版。

雷雳、陈猛：《互联网使用与青少年自我认同的生态关系》，《心理科学进展》2005 年第 2 期。

李海彤、杜亚松、江文庆等：《上海市中学生网络过度使用与家庭功能关系的研究》，《中国临床心理学杂志》2006 年第 6 期。

李海涛：《博客文化中的自我认同与价值审视》，《内蒙古农业大学学报（社会科学版）》2009 年第 6 期。

李寒梅、潘洁：《大众文化对青少年自我认同的影响》，《山东教育学院学报》2005 年第 6 期。

李汉松：《西方心理学史》，北京师范大学出版社 1988 年版。

陆晔：《出售听众——美国商业音乐电台对流行文化的控制》，《新闻与传播研究》2000 年第 1 期。

刘芳：《网络时代的青年社会参与和公共精神培育》，《北京青年政治学院学报》2011 年第 10 期。

［法］路易斯·阿尔都塞：《保卫马克思》，商务印书馆 1984 年版。

陆玉林、常晶晶：《我国青年文化的现状与发展趋势简析》，《中国青年政治学院学报》2003 年第 4 期。

［美］罗伯特·帕特南：《使民主运转起来》，王列，赖海榕译，江西人民出版社 2001 年版。

罗钢、王中忱：《消费文化读本》，中国社会科学出版社 2003 年版。

［法］罗兰·巴特：《流行体系：符号学与服饰符码》，敖军译，上海人民出版社 2000 年版。

［美］Matt Hills：《探究迷文化》，朱华瑄译，韦伯文化国际出版有限公司 2009 年版。

［德］马克斯·霍克海默、西奥多·阿道尔诺：《启蒙辩证法》，渠敬东，曹卫东译，上海世纪出版集团 2006 年版。

马中红，邱天娇：《COSPLAY：戏剧化的青春》，苏州大学出版社 2012 年版。

［英］迈克·费瑟斯通：《消费文化与后现代主义》，刘精明译，译林出版社 2000 年版。

孟鸣岐：《大众文化与自我认同》，江西教育出版社 2005 年版。

［美］尼尔·波兹曼：《童年的消逝》，吴燕莛译，广西师范大学出版社 2004 年版。

［德］尼克拉斯·卢曼：《大众媒体的实在》，胡育祥、陈逸淳译，左岸文化 2006 年版。

潘绮敏、张卫、朱祖德：《论全球化与当代青少年同一性的发展》，《华南师范大学学报（社会科学版）》2004 年第 2 期。

潘知常、林玮：《大众传媒与大众文化》，上海人民出版社 2002 年版。

［德］齐奥尔格·西美尔：《时尚的哲学》，费勇、吴婧译，文化艺术出版社 2001 年版。

［美］乔治·H. 米德：《心灵、自我与社会》，赵月瑟译，上海译文出版社 1992 年版。

［美］乔治·瑞泽尔：《后现代社会理论》，谢立中等译，华夏出版社 2003 年版。

［法］让·波德里亚：《消费社会》，刘成富、全志钢译，南京大学出版社 2000 年版。

荣泰生：《AMOS 与研究方法》，重庆大学出版社 2009 年版。

［法］萨特：《存在与虚无》，陈宣良等译，三联书店 1997 年版。

宋小卫：《学会解读大众传播（上）——国外媒介素养教育概述》，《当代传播》2000 年第 2 期。

唐美玲、尉建文：《我国“青少年与媒体”研究述评》，《青年研究》2002 年第 7 期。

陶东风：《粉丝文化读本》，北京大学出版社 2009 年版。

［法］托克维尔：《论美国的民主》，董果良译，商务印书馆 1988 年版。

［法］瓦尔特·本雅明：《机械复制时代的艺术作品》，王才勇译，中国城市出版社 2001 年版。

万美容、叶雷：《21 初青少年流行文化的流变》，《中国青年研究》2009 年第 4 期。

［美］沃尔特·李普曼：《公共舆论》，阎克文，江红译，上海世纪出版集团 2011 年版。

吴玉军：《现代社会与自我认同焦虑》，《天津社会科学》2005 年第 6 期。

王宁：《消费与认同——对消费社会学的一个分析框架的探索》，《社会学研究》2001 年第 1 期。

王树青：《青少年自我同一性的发展及其与父母教养方式的关系》，硕士学位论文，山东师范大学，2004 年。

王树青、张文新、纪林芹、张玲玲等：《青少年自我同一性状态问卷的修订》，《中国临床心理学杂志》2006 年第 3 期。

王帆：《论全球媒介素养教育的发展进程》，《教育评论》2010 年第 1 期。

王益明、金瑜：《两种自我（ego 和 self）的概念关系探析》，《心理科学》2001 年第 3 期。

魏明德：《全球化与中国——一位法国学者谈当代文化交流》，商务印书馆 2002 年版。

［德］维尔纳·桑巴特：《奢侈与资本主义》，王燕平、侯小河译，上海人民出版社 2000 年版。

韦轴：《流行文化形成和传播机理解析》，《广西大学学报》2008 年第 4 期。

温华：《论视觉冲击力与广告心理》，《江汉大学学报》2000 年第 4 期。

夏少琼：《大众传媒与自我认同：对电视情感类谈话节目的心理学剖析》，《唯实》2008 年第 3 期。

《现代汉语词典》（第 5 版），商务印书馆 2005 年版。

［美］亚当·B. 赛里格曼：《信任与公民社会》，陈家刚编译，《马克思主义与现实》2002 年第 5 期。

杨国枢、陆洛：《中国人的自我：心理学的分析》，重庆大学出版社 2009 年版。

杨宜音：《自我与他人四种关于自我边界的社会心理学研究述要》，《心理学动态》1999 年第 3 期。

易前良、王凌菲：《御宅：二次元世界的迷狂》，苏州大学出版社 2012 年版。

袁祖社：《"人是谁?"抑或"我们是谁?"——全球化与主体自我认同的逻辑》，《马克思主义与现实》2010 年第 2 期。

［美］约翰·费斯克：《理解大众文化》，王晓珏、宋伟杰译，中央编译出版社 2001 年版。

［英］约翰·汤林森：《文化帝国主义》，冯建三译，上海人民出版社 1999 年版。

［美］约翰·R. 霍尔、玛丽·乔·尼兹：《文化：社会学的视野》，周晓虹、徐彬译，商务印书馆 2002 年版。

邹跃进：《通俗文化与艺术》，湖南美术出版社 2002 年版。

张春兴：《教育心理学》，浙江教育出版社 1998 年版。

张华：《1949—2009：中国青年社会参与的特征和历史经验》，《中国青年研究》2009 年第 10 期。

张慧喆：《围绕身体意识的绽放与束缚——当代流行艺术的回归与困境》，《艺术百家》2013 年第 8 期。

张日昇：《同一性及青年期同一性地位的研究——同一性地位的构成及其自我测定》，《心理科学》2000 年第 4 期。

张士军：《论青年文化》，《青年研究》1996 年第 4 期。

张文超：《论消费文化对青少年自我认同的影响——对"圣诞节为何能在中国悄然兴起"的另一种思考》，《山东省青年管理干部学院学报》2008 年第 5 期。

张文新：《青少年发展心理学》，山东人民出版社 2008 年版。

章志光、金盛华：《社会心理学》（第二版），人民教育出版社 2008 年版。

赵志裕、康莹仪：《文化社会心理学》，刘爽译，中国人民大学出版社 2011 年版。

郑兴东：《受众心理与传媒引导》，新华出版社 2004 年版。

中国大百科全书编写组：《中国大百科全书·社会学卷》，中国大百科全书出版社 1991 年。

周红梅、郭永玉、柯善玉：《大学生自我同一性过程问卷编制》，《中国临床心理学杂志》2008 年第 1 期。

周晓虹：《文化反哺：变迁社会中的亲子传承》，《社会学研究》2000

年第 3 期。

朱智贤主编：《中国儿童青少年心理发展与教育》，中国卓越出版公司 1990 年版。

电子文献

陶东风：《中国当代大众文化研究的三种范式——一个历史兼形态学的考察》，中国文学网，http：//www. literature. org. cn/Article. aspx？ID =70987

腾讯科技：《全球网民数量突破 30 亿 约占总人口 42%》，2014 年 12 月 3 日，http：//tech. qq. com/a/20141203/014183. htm

中国互联网络信息中心：《第 36 次中国互联网络发展状况统计报告》，2015 年 7 月 23 日，http：//www. cnnic. net. cn/hlwfzyj/hlwxzbg/hlwtjbg/201507/P020150723549500667087. pdf

腾讯科技：《2015 年互联网女皇报告 15 大要点》，2015 年 5 月 28 日，http：//tech. qq. com/a/20150528/001774. htm

中国互联网络信息中心：《第 35 次中国互联网络发展状况统计报告》，2015 年 1 月，http：//www. cnnic. cn/hlwfzyj/hlwxzbg/201502/P0201 50203551802054676. pdf

阿里云资讯网：《广东有大约 45 万青少年需要接受戒除网瘾的治疗》，2015 年 2 月 17 日，http：//www. aliyun. com/zixun/content/2 _ 6 _ 1131883. html？ spm =5176. 100033. 400001. 6. GPgz20

中国青少年研究中心：《中国青少年流行文化的现状、成因与对策》，中国青少年研究网，http：//www. cycs. org/InsInfo. asp？ InsID = 1andID = 12865，2009 - 12 - 16

"北京大学青年流行文化"课题组：《北京大学青年流行文化调查报告》，南方医科大学网，2006 年 9 月 8 日，http：//web2. fimmu. com/tuanwei/Article_ Show. asp？ ID =375

《九成的大学生迷恋上网》，2005 年 9 月 1 日，人民网：http：//theory. people. com. cn/GB/40557/51611/52603/3661159. html

《行货 iPhone 4S 今日上市 现场：警察出动宣布首卖取消》，http：// mobile. 163. com/photoview/2ERI0011/15782. htmlJHJp

=7NL2D4OS2ERI0011

《中国人民在全球各地排队买 iPhone6 的盛况 大妈、黄牛、麻将走起》，http：//www. evolife. cn/html/2014/79480. html

姚芳沁：《民主化产业下的奢侈品还能带来惊喜吗?》，腾讯时尚网《入流》，http：//fashion. qq. com/original/ruliu/r306. html? ADUIN = 53404963andADSESSION = 1437355142andADTAG = CLIENT. QQ. 5389 _ . 0andADPUBNO = 26441

《虚拟世界太可怕 危害青少年的"网毒"谁来管?》，2014 年 2 月 11 日，131. com 网，http：//news. 131. com/news/yejie/14/0211/1173931 _ 1. html

《咔哒采访 Cosplay 年轻团长》，2014 年 9 月 25 日，cosplay8，http：//www. cosplay8. com/news/cosnews/2014/0925/57151. html

《你所不知道的 cosplay》，2014 年 11 月 20 日，新华网，http：//www. gs. xinhuanet. com/shishang/2014 - 11/20/c_ 1113338926. htm

《韩白之争》，百度百科，http：//baike. baidu. com/link? url = lCqeo8akqNso7loTZZ3h3rMvo_ jLe9HlToDFijW9yeup4s7Y6e7kkrRSQlsxr7e8k Sfj6JCtlwEmC2g4SYFr18pfUnRCjazYfjgRoRSeUgOUffdtEjOHiOM2n9pKhsSC

《2006 韩寒 VS 白烨陆川高晓松等笔战全记录》，2009 年 3 月 20 日，百度贴吧韩寒吧，http：//tieba. baidu. com/p/554020359

《叛逆与迷茫——美国六十年代青年文化考察》，2010 年 11 月 5 日，360DOC 个人图书馆，http：//www. 360doc. com/content/10/1105/20/ 2104470_ 66940854. shtml

《嬉皮士文化》，百度百科，http：//baike. baidu. com/link? url = cDzl1MPAvzEUYdDjkencqJLnd9swuiZvDUnsyfDe8ppd6EyCZECvLz 3hYk95a462D

4SwIZT_ AhYSwqhZA5jhwq

《"女汉子"缘何走红?》，2014 年 5 月 16 日，360DOC 个人图书馆，http：//www. 360doc. com/content/14/0516/10/7406795_ 378153483. shtml

《我是女汉子》，2015 年 7 月 21 日，百度"女汉子吧"，http：//tieba. baidu. com/p/3909213553

后 记

在书稿即将画上句号的时候，突然发现，想用寥寥数语表达自己的感受是那么地不易。这才体会到，原来理性是格式化的，易表达的，而感性却似随风的浮云，善变、无形。

那就跟着感觉走吧。

人生倏忽兮如白驹之过隙。从懵懂的孩童到如今人过三十，屈指一算，已然有二十二载春秋是在学校生活中度过的。惊诧之余难免感慨：学如浩海而人生苦短。即使已经走到了学制的金字塔尖，却仍只是沧海一粟。世界与人生，有太多的无奈不是学问能力之所及。与悠悠历史和茫茫宇宙相比，人只是流星一颗，有的划过长空的时间长一些，有的短一些；有的亮一些，有的暗一些，但都是转瞬而已。人类，注定要陷入难以摆脱的自卑之中……。

一位师长曾经不无感叹地对我说：到了你这个年纪，慢慢地就要面临生离死别之痛。的确，人生最大的悲哀莫过于无法抗拒死亡。在构思博士毕业论文之际，经历了至亲长辈的辞世，这种悲哀更深深地刺痛着我。一切爱你的人和你爱的人终将离你而去，而你，却是那么地渺小无力！生命是美好的，却又残酷得似一根扎入肺腑的刺，谁又能躲开呢？这样想着，悲哀忽而化成了悲悯，对生命的悲悯！上帝制造了人类，却又无情地切断了人类重返伊甸园的退路，人也因此而成为最软弱最无能的存在。再强大的人终究只是一颗尘埃，一颗在终极意义上与所有人都平等的尘埃。

生让死注定成为事实，但死却赋予生以意义。悲悯不是悲凉，无奈也不是绝望。真正的生命必须是对有限生命的否定和超越。生命中总有几段旅程是美好和令人振奋的：充满诗意的青春年华、三尺讲台的飞扬激情、南京大学的社会学之旅、做妈妈的骄傲和幸福……生命中的这些亮色始终激励着我前行的脚步。更让我感激的是，在我美好的生命旅途中，一直有众多师长的教诲和关心，有同学、朋友的鼓励和祝福，有父母和家人的担当与支持，有可爱的小女儿时常带给我的幸福和感动。

一直感念于在南京大学求学的美好时光。母校浓厚的学术氛围和优越的学习条件让我十分享受并珍惜做学生的怡然乐趣，乃至今日仍念念不忘，在南大"诚朴雄伟"的古朴校园里，穿行在光影浪漫的梧桐树下，或聆听大师思想，感受教授们思维跳跃的火花；或静处遐思，与一本好书来一次心灵对话；或与奋发上进的同窗热烈讨论，疏解困惑……。

生活的机缘让我有幸能够拜潘知常教授为师。作为学生，找出一大堆片断化的赞美之词来形容我的导师并非难事，但为教授画一幅完整的画像却并非易事。潘教授常常用才华横溢的文字、涉猎广泛的兴趣、特立独行的创意启发着学生，却又将孤傲和谦逊，严厉与幽默，大气却偶尔有些孩子气的矛盾气质集于一身。从刚进南大开始，导师就严厉地教导我，做学问要"从山顶开始"，要以认真的态度对待每一个学习任务。这让我时时都记得要以更高的标准来要求自己。而更为重要的，是潘教授常说，做学问要"举重若轻"，并告诫我们要"追求成长，而不是追求成功"，这让我懂得了如何处理好学问与生活、学问与人生的关系。

感谢南京大学社会学院的周晓虹教授、风笑天教授、张鸿雁教授和翟学伟教授带给我的"社会学的想象力"。感谢我的硕士导师、上海师范大学的钱扑教授一直以来对我的学习、生活上的支持与帮助。也非常感谢与我分享欢乐与痛苦的朋友和学术共进的同窗、同事。最后需要特别鸣谢的是，台湾师范大学心理学所的雷庚玲教授为本书的研究提供量表，并耐心介绍和解答关于量表的有关问题。同时也感谢山东省社科规划青少年研究专项（山东省青少年研究基地资助项目）"当代流行文化对青少年自我认同的影响研究——基于山东的调查"（12CQSZ04）与鲁东大学人文社会科学项目博士基金（WY2013019）的大力支持。

让生命去等候，等候下一个未知的精彩。

未来，且行且珍惜。

刘芳
2012 年 5 月初稿于南京大学
2015 年 7 月成稿于鲁东大学